Afrique :
Ton développement en question

Collection « Études africaines »
dirigée par Denis Pryen et son équipe

Forte de plus de mille titres publiés à ce jour, la collection « Études africaines » fait peau neuve. Elle présentera toujours les essais généraux qui ont fait son succès, mais se déclinera désormais également par séries thématiques : droit, économie, politique, sociologie, etc.

Dernières parutions

Boureïma Nikiema OUÉDRAOGO, *Sociologie des violences contre l'État au Burkina Faso. Question nationale et identités*, 2020.
Jean-Fernand BÉDIA, *Lumières postcoloniales, Pour un nouvel esprit critique littéraire en Afrique francophone*, 2020
Simon NGONO (dir.), *La communication de l'État en Afrique. Discours, ressorts et positionnements*, 2020.
Martin Fortuné MUKENDJI MBANDAKULU, *L'éthique de l'enseignant face aux antivaleurs. Le contexte de la République démocratique du Congo*, 2020.
Jean-Célestin EDJANGUE, *Urgence climatique et développement en Afrique. Les médias en première ligne*, 2020.
Jean-Célestin EDJANGUE, *Jeunes d'Afrique, jeunes du monde. Les combats de tous les espoirs*, 2020.
Cyrille MBIAGA, *Diaspora et système diasporique. Moteur de développement du Cameroun*, 2019.
Nakpane LABANTE, *La Compagnie togolaise des mines du Bénin (CTMB) et l'exploitation des phosphates du Togo (1954-1974)*, 2019.
Pierre MOUKOKO MBONJO, *Le Ghana : La marche vers la démocratie*, 2019.
Pierre MOUKOKO MBONJO, *Armée, pouvoir et démocratie en Afrique : l'exemple du Nigéria*, 2019.
Odilon OBAMI, *Le contentieux électoral au Congo*, 2019.
Joseph KOKOLO ZASSI, *La démocratie en Afrique noire : les contours de son enracinement, Le cas du Congo-Brazzaville*, 2019.
Gampoko DUMA DI BULA, *Dictionnaire étymologique lingala – français, français – lingala, Yikaloba*, 2019.
Méké MÉÏTÉ (dir.), *Le peuple mandéka et la charte de Kurukan Fuga*, 2019.
Gaston Dyndo ZABONDO, *Démocratie et Ethique, Émancipation politique et sociale de l'Afrique*, 2019
Gilbert TSHILUMBA KALOMBO, *RD Congo, Syndrome d'un échec politique*, 2019.

Jean-Claude ELOUNDOU

Afrique :
Ton développement en question

5-7, rue de l'École-Polytechnique, 75005 Paris
http://www.editions-harmattan.fr
ISBN : 978-2-343-19107-2
EAN : 9782343191072

RÉSERVES ET REMERCIEMENTS

L'histoire du continent africain étant liée à celle de l'Europe continentale, ne fût-ce que depuis le début de XXe siècle au travers de la colonisation et des indépendances des années 1960, il était quasiment impossible de traiter ce sujet sans faire référence aux pays qui ont été les principaux acteurs dans ce processus, notamment l'Allemagne, la Belgique, la France et la Grande-Bretagne. Qu'il me soit permis de dire d'emblée que ma référence à ces pays sous-entend uniquement la présidence et le gouvernement de ces pays. Lorsque j'y ai fait référence, je me suis basé essentiellement sur des éléments factuels, présentés rigoureusement et objectivement. C'est également avec les mêmes rigueur et objectivité que j'ai analysé l'action ou l'attitude des dirigeants et acteurs socio-politico-économiques des pays africains.

D'avance, j'aimerais inviter le lecteur (la lectrice) à faire preuve de compréhension au cas où il (elle) serait contrarié(e) de quelque manière que ce soit, par rapport à mon analyse sur un sujet donné. Ce n'était nullement pas mon intention de l'offenser. C'est tout simplement parce que j'ai choisi de cheminer vers la vérité, au sujet de laquelle le philosophe et poète allemand Nietzche disait : « Se taire est pire encore, toutes les vérités tues deviennent vénéneuses ».

Au moment où, dans ce monde, les uns et les autres devraient s'écouter et faire preuve de tolérance entre eux pour faire face à leurs problèmes et défis, je me devais d'avoir une parole apaisante, respectueuse, empreinte de rigueur, vérité, sincérité et amour. C'est dans cet esprit que j'ai voulu apporter ma modeste contribution à la question du développement du continent africain. En tout cas, j'espère que le lecteur (la lectrice) prendra plaisir à parcourir ce livre, animé(e) de ce même esprit.

Je tiens à remercier tous ceux qui de près ou de loin, n'ont cessé de m'encourager depuis que je me suis décidé d'écrire ce livre. En effet, traiter un sujet aussi complexe et passionnant que la problématique du développement de l'Afrique demande d'avoir une certaine dose de motivation et de courage. Si je pense y être parvenu, c'est aussi grâce à eux, au travers de nos discussions et échanges. J'exprime également ma gratitude à Jean-Marie A., Eugène. E., Mathieu M., Auguste M., Emmanuel M.,

Théo N., Léopold T. et Serge T. d'avoir eu la gentillesse et la patience de me relire, en plus de nos échanges sur le thème du livre. Leurs remarques pertinentes m'ont été très précieuses. Merci à ma fille Christelle pour sa merveilleuse idée de m'avoir fait insérer une pensée forte, en début de certains chapitres.

En tout état de cause, j'ai véritablement puisé cette motivation dans les diverses souffrances de ces enfants et femmes du continent africain, dont les nouvelles me parvenaient tous les matins, très tôt, par une radio internationale. Je leur dédis ce livre, espérant que celui-ci apportera l'espoir d'un avenir meilleur pour le continent africain.

Chapitre 1
PRÉAMBULE ET PRÉSENTATION

Je suis né en 1966 à Douala au Cameroun, mon pays d'origine, un pays d'Afrique centrale situé au niveau de l'équateur, dont la côte littorale fait face à l'océan Atlantique.
L'origine historique du nom Cameroun est le fait de marins, membres de l'équipe de l'explorateur portugais Fernando Po, qui, en entrant dans l'estuaire du fleuve Wouri dans le Littoral à Douala, découvrent avec émerveillement l'abondance des crevettes dans ce cours d'eau et l'appellent aussitôt « *Rio dos Camarões »,* et qui signifie la rivière aux crevettes.
Le Cameroun a été un territoire sous protectorat allemand de 1884 jusqu'en janvier 1916, pendant la Première Guerre mondiale (1914-1918). En 1922, il fut ensuite partagé en deux territoires - francophone et anglophone - confiés en 1922 à la France et la Grande-Bretagne, par des mandats de la Société des Nations (SDN), pour en assurer l'administration. La partie francophone représentait géographiquement quatre cinquièmes du pays contre un cinquième pour la partie anglophone. Le 1er janvier 1960, le Cameroun accédait douloureusement[1] à son indépendance. Ahmadou Ahidjo fut le premier président de la République fédérale du Cameroun du 1er octobre 1961 au 20 mai 1972 (référendum pour l'unification du Cameroun) ; puis, à partir de cette date, président de la République unie du Cameroun jusqu'au 6 novembre 1982. L'actuel président de la République, Paul Biya, qui lui a succédé depuis lors, a été réélu en octobre 2018. Le 25 janvier 1984, il prit la décision de changer la dénomination du Cameroun, en le faisant passer de République unie du Cameroun à République du Cameroun.
Jusqu'à récemment, le Cameroun vivait encore dans une relative paix sociale avant de faire face au terrorisme de la secte Boko-Haram dans la partie du Nord Cameroun, frontalière du Nigéria et du Tchad. Par ailleurs, depuis 2016, le pays est englué dans une crise interne, dite « crise anglophone », à laquelle est venue s'ajouter une autre crise politique liée à la contestation des résultats des dernières élections présidentielles par l'un des candidats à celles-ci. A cela se sont additionnés, à l'est du Cameroun, les effets collatéraux de l'interminable crise politique et sociale en Centrafrique.
J'ai été éduqué principalement par mes grands-mères paternelles. Celles-ci m'ont transmis des valeurs fondamentales qui ont largement contribué à édifier ma personnalité. Sur le plan scolaire, après l'école publique de Messa à Yaoundé, j'ai effectué mes études secondaires au Lycée Général Leclerc, puis à l'université de Yaoundé, la seule université généraliste à l'époque, connue sous le nom de « Ngoa-ékelé ». En 1990, j'émigrais en France pour continuer - en principe - mes études post-licence de mathématiques. En fait, la vraie raison de mon départ était que je caressais encore le rêve de devenir

[1] Au travers d'une répression lourde en pertes humaines, imposée par l'administration coloniale française aux mouvements indépendantistes qui avaient été contraints d'opérer dans la clandestinité en prenant le maquis afin de continuer leur lutte pour l'obtention d'une indépendance complète du Cameroun.

footballeur professionnel, avec un objectif bien précis : faire partir de l'équipe nationale de football - Les lions indomptables - à la coupe du monde 1994 aux États-Unis. J'y croyais dur comme fer. Mais arrivé en France et après avoir essayé de me trouver un club de première ou deuxième division française, j'ai vite compris qu'à vingt-quatre ans rompus, n'ayant pas d'agent de joueurs, il me serait difficile d'intégrer ce milieu tant convoité mais assez hermétique. En effet, à cet âge, le milieu du football européen commence à vous qualifier de « vieux », car la formation professionnelle démarre très tôt. Il aurait fallu que j'arrivasse autour de l'âge de quatorze ans, pour augmenter mes chances de réaliser mon rêve initial. Et encore, la réussite n'était pas garantie ; les « places au soleil » étant souvent chères, avec très peu d'élus pour devenir footballeur professionnel de haut niveau. Heureusement, ayant comme alternative la poursuite de mes études en mathématiques appliquées - malgré d'autres défis qui m'attendaient notamment le financement personnel de mes études - je n'ai pas hésité à me concentrer sur un objectif plus réaliste et moins aléatoire.

Depuis, le temps s'en est allé. Il y a presque trente ans que j'ai quitté le Cameroun auquel je suis resté profondément attaché. J'y vais régulièrement pour des raisons personnelles et professionnelles, notamment pour initier des projets d'intérêt général ou encore dispenser des cours en actuariat - domaine des mathématiques appliquées à l'assurance, la finance et la gestion des risques. Ainsi, je continue de suivre avec beaucoup d'intérêt l'évolution du continent africain, le Cameroun en particulier. Tout ceci dans un contexte mondial où les pays africains et l'Afrique en tant que continent, ont du mal à faire entendre leur voix sur le plan international, aussi bien économiquement que politiquement. Ils sont plutôt victimes de leurs faiblesses, de leur balkanisation. Ceci faisant de l'Afrique, un champ fertile pour les conflits et guerres, dont les causes inavouées sont généralement liées aux innombrables matières premières dont regorge ce continent.

J'ai vécu une enfance simple et heureuse au Cameroun, nourrie de rêves pour m'accomplir dans la vie. En effet, je pratiquais le football avec passion dans les championnats inter-quartiers de la ville de Yaoundé et ses environs, en même temps que je fréquentais l'école de la République. Celle-ci constituait un véritable ascenseur social, en dépit des inégalités sociales inhérentes à toute société. C'était l'instrument par excellence qui favorisait la mixité sociale. Je garde notamment un excellent souvenir de ma scolarité au Lycée Général Leclerc de Yaoundé - dans les années quatre vingt [1] - que fréquentaient également les enfants du président de la République M. Ahidjo et ceux de hautes personnalités de l'État (membres du corps diplomatique,

---

1 Théo Ngongang Ouandji, un de mes anciens camarades dans ce lycée, a d'ailleurs écrit un livre, « Nos années 80, On va faire comment ? », Editions Persée, 2018. Ce livre raconte de manière joviale et pertinente cinquante anecdotes de notre époque, reflétant parfaitement cette enfance heureuse que j'évoque avec nostalgie.

médecins, avocats, magistrats...). Ceux-ci se fondaient dans la mêlée des autres élèves dont je faisais partie, issus de classes sociales intermédiaires ou de classes économiquement plus modestes, voire pauvres (fonctionnaire, enseignant, cordonnier, « buyer and seller[1] »…). Les élèves étaient inspirés par leurs enseignants. Ces derniers dont la plupart étaient formés à l'Ecole Normale Supérieure, devenaient des cadres A2[2] de la fonction publique camerounaise. De plus, ils étaient bien rémunérés pour se dédier à leur métier qu'ils exerçaient avec enthousiasme, compétence et respect. Ils constituaient pour nous, élèves, de véritables exemples à suivre, une source de motivation supplémentaire pour l'acquisition de connaissances.
C'est ainsi que j'ai été marqué particulièrement par mon professeur d'histoire-géographie en classe de quatrième, Monsieur Monkam. En cours, celui-ci rappelait souvent que le Cameroun est une Afrique en miniature ; ceci en raison notamment de la variété de son relief composé de plaines, montagnes et hautes montagnes telles que le Mont-Cameroun qui mesure 4070 mètres ; de son réseau hydrographique composé de lacs, cours d'eaux et chutes d'eaux ; de sa végétation constituée d'une grande forêt avec une variété d'arbres, de savanes, de steppes associées avec une avancée du désert vers le Tchad ; de son sous-sol tant convoité car composé d'innombrables matières premières (pétrole, gaz naturel...) ; de sa faune (lions, panthères, éléphants...). Pour la première fois, à treize ans, je commençais à réaliser ce que représentait mon pays d'origine : un petit coin de paradis. J'en suis reconnaissant à ce professeur car, au fil du temps j'ai réalisé la justesse de cette comparaison avec l'Afrique, cet immense continent. Depuis lors, je me sers parfois de cette expression pour présenter le Cameroun en quelques mots à mes amis et collègues européens, en leur précisant que ça l'est en toute objectivité, et non pas par simple chauvinisme.

Cher ami lecteur, toi et moi allons dialoguer sur le développement du continent africain tout au long de ce livre. J'aimerais tout d'abord que tu t'interroges sur ta motivation profonde à aborder ce sujet qui me passionne, car il est question du destin des peuples, de leur développement humain, de leur bien-être individuel et collectif. Ce qui de mon point de vue, va au-delà du simple développement économique et social. Pour ce faire, nous allons aborder différents sujets pour lesquels tu n'es pas forcément spécialiste, même si je compte sur ton adaptabilité et ta motivation à aller au fond des choses. J'essaierai de faire preuve de pédagogie autant que faire se peut. Notre objectif est de rendre cette discussion utile au débat sur le développement de l'Afrique. Une discussion qui soit utile à la jeunesse africaine dont la majeure partie est désemparée, déboussolée. Une discussion qui soit utile aux politiques africains afin que par humilité intellectuelle, ils

---

[1] Souvent prononcé « bayam salam ».

[2] Grade le plus élevé dans la fonction publique camerounaise.

sachent se remettre en question, pour se mettre véritablement au service de leur peuple, être de vrais patriotes. De manière générale, une discussion qui soit utile aux Africains, seuls artisans véritables du développement de l'Afrique quoi que l'on puisse en dire. Cela suppose donc une analyse objective, rigoureuse, sereine, respectueuse et sans polémique. En effet, c'est dans un débat d'idées profond, ouvert et franc qu'émergeront des solutions gagnant-gagnant pour tous, aussi bien pour les Africains que leurs différents partenaires.

Nous allons parcourir ensemble différents aspects relatifs au développement d'un pays dont certains pourront te sembler techniques ou bien ne relèveront pas de tes connaissances actuelles. Pour y remédier et assurer la fluidité de notre échange, je mettrai à ta disposition quatre analyses spécifiques complémentaires appelées « *Dossier 1* », « *Dossier 2* », « *Dossier 3* » et « *Dossier 4* » respectivement[1].

Je souhaite que notre dialogue soit le plus interactif possible, que tu puisses m'interrompre librement pour me poser toutes les questions qui te viendraient à l'esprit concernant la problématique du développement de l'Afrique. De même, n'hésite pas à intervenir pour compléter toute idée que je n'aurais pas suffisamment développée ou pour me contredire sur un point donné.

[1] Ces quatre analyses se trouvent à partir de la page 169 de ce livre.

Chapitre 2

L'AFRIQUE, CE CONTINENT QUI PEINE À SE « DÉVELOPPER » SOIXANTE ANS APRÈS LES INDÉPENDANCES

Graphique 1 : Carte géographique du continent africain

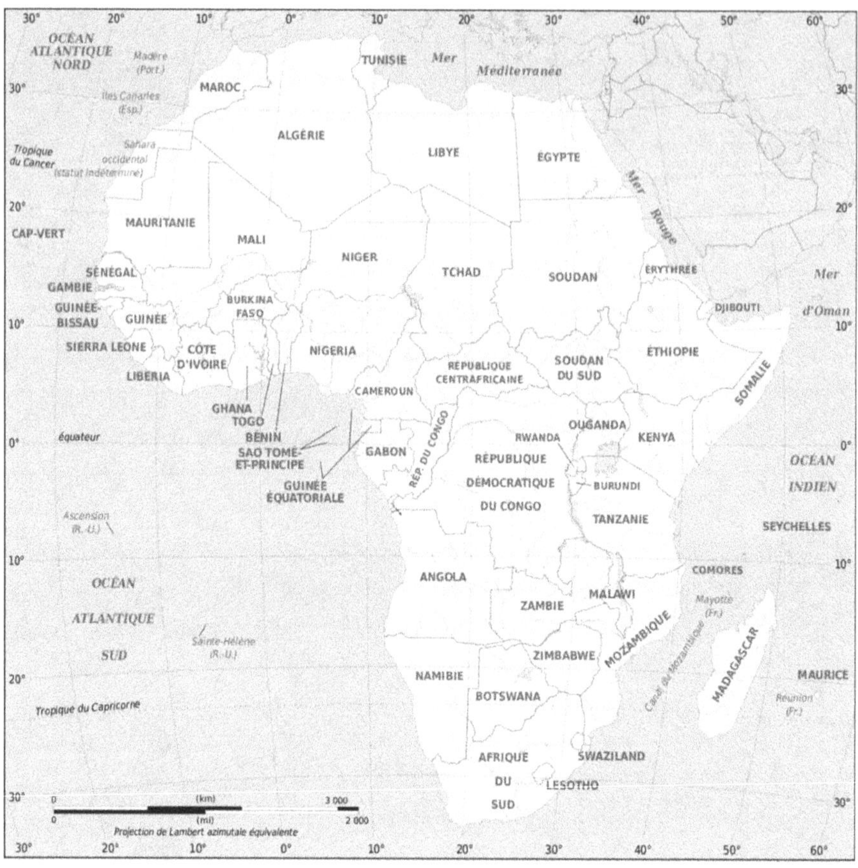

- Comme je te l'ai dit en me présentant, sur nombre d'aspects que nous aborderons, le Cameroun que je considère à plus d'un titre comme une « Afrique en miniature » me semble être un des pays qui cristallisent le mieux aussi bien les leviers que les freins au développement de l'Afrique. Bien évidemment, il faudrait garder à l'esprit qu'il y a des singularités propres à chacun des pays africains, notamment l'Afrique du Sud ou encore les pays d'Afrique du Nord.

Pour faire la transition vers l'Afrique, j'aimerais commencer par rétablir une vérité sur le plan géographique souvent occultée subtilement, à savoir que l'Afrique est le troisième plus grand continent en termes de superficie - après l'Amérique et l'Asie (cf. *Tableau 1*). En effet, l'échelle de représentation de l'Afrique sur les différentes cartes géographiques (dans les livres, manuels scolaires…) ne rend véritablement pas compte de l'immensité géographique de ce continent. La superficie de l'Afrique est aussi grande que celle des

États-Unis d'Amérique, la Chine, l'Inde et un tiers de l'Europe, tous réunis. Il est important de bien avoir à l'esprit que les cartes géographiques sont des cartes mentales qui influencent la manière dont un pays ou un continent se projette dans le monde. C'est pour cette raison que certains pays, notamment le Japon et l'Australie, ont fait le choix d'utiliser des cartes géographiques spécifiques, différentes de la carte utilisée en Europe[1].
Par ailleurs, du fait de la concentration d'innombrables ressources naturelles dans ce continent, il est assez évident de comprendre les raisons pour lesquelles l'Afrique est au centre de diverses stratégies géopolitiques et économiques d'autres continents et pays. Force est de constater que non seulement le niveau de développement actuel de l'Afrique n'est pas à la hauteur de ses nombreux atouts, mais également, les conditions fondamentales pour amorcer un développement pérenne ne sont pas encore réunies ; bien que quelques progrès encourageants soient notables de manière éparse. Le Cameroun est une illustration de ce constat. Actuellement considéré comme pays à revenu intermédiaire de la tranche inférieure, le Cameroun a un potentiel de développement économique et social extraordinaire mais celui-ci tarde à se déployer de manière perceptible dans la vie des citoyens.

- *Qu'est-ce qui te le fait dire ?*

- Premièrement, de par ma propre analyse des faits observables concernant l'évolution de certains aspects fondamentaux de la vie économique et sociale du Cameroun, entre les années quatre-vingt et aujourd'hui. Au cours des trente dernières années, le système scolaire et universitaire d'une part et le système de santé d'autre part – pour ne citer que ces deux domaines vitaux - se sont détériorés. En effet, jadis, l'éducation et la santé faisaient partie des plans d'actions prioritaires de l'État, aussi bien théoriquement que pratiquement. En l'occurrence, les frais de scolarité étaient relativement modestes pour tous, de manière à permettre aux familles à faible revenu de faire face à l'éducation de leurs enfants. De plus, dans les enseignements publics secondaire et universitaire, l'État avait conçu un système de bourses nationales pour stimuler l'excellence. Autrement dit, l'école représentait un véritable ascenseur social, à la portée de tous. En même temps, les enseignants avaient une rémunération décente leur permettant de se concentrer à la transmission de leurs connaissances avec amour et dévotion, et ainsi d'éviter de se compromettre dans des actes répréhensibles. De même, sur le plan de la santé, il était plus facile d'accéder aux soins médicaux, car les dispensaires et hôpitaux publics fournissaient gratuitement les premiers soins. Aujourd'hui, les coûts de scolarité et des soins médicaux sont devenus

---

[1] Il s'agit de la carte de Mercator (datant du 16e siècle). Celle-ci ne représente pas les superficies réelles des pays et continents, contrairement à la carte de Peter qui est beaucoup plus conforme à la réalité.

tellement onéreux qu'ils constituent un élément de fracture sociale néfaste au bien-être, au développement et à l'épanouissement de la société. Ce d'autant que les niveaux de revenu des ménages ont diminué de moitié, voire plus, du fait de la dévaluation du franc CFA subie par les pays de la zone CFA en 1994 et des plans d'ajustement structurel imposés par les bailleurs de fonds internationaux à ces pays.

Ensuite, ce constat se confirme avec le croisement des conclusions de nombreuses études externes réalisées par des organismes de référence tels que la Fondation Mo Ibrahim, la Banque Mondiale et le Fonds Monétaire International ; ces deux derniers étant les principaux bailleurs de fonds internationaux des pays en voie de développement. Les rapports de ces études permettent d'avoir une assez bonne perception de la situation socio-économique, politique et administrative d'un pays et d'effectuer des comparaisons pertinentes avec d'autres pays. Notamment, le rapport sur la gouvernance en Afrique - publié en 2018 par la Fondation Mo Ibrahim - constate qu'au cours de la décennie 2008-2017, l'Afrique a modérément progressé dans ce domaine, tirée essentiellement par une poignée de pays (sur cinquante-quatre pays au total). En même temps, la population du continent s'est accrue de +26%, atteignant 1.25 milliard d'individus, dont 60% ont moins de vingt-cinq ans. Par ailleurs, la croissance économique conséquente réalisée pendant cette période ne s'est pas traduite par une progression du développement économique durable pour les citoyens.

Tableau 1 ci-après a été établi à partir du bulletin mensuel « Populations & Sociétés », n° 547 de septembre 2017, intitulé, « *Tous les pays du monde* », et publié par l'Institut National d'Etudes Démographiques (INED). Il en ressort que :

- Sur le plan économique, l'Afrique est le continent le plus pauvre de la planète, au sens où le RNB PPA[1] par habitant en 2017, estimé à 4 854 $US, représente moins de 15% de celui de l'Amérique, de l'Europe et de l'Océanie, et moins de 40% de celui de l'Asie ;
- Sur le plan démographique, à mi-2017, la population de l'Afrique était estimée à 1.250 milliard, dont une proportion de 41% correspond à des enfants de moins de 15 ans. Par ailleurs il est projeté que la population du continent africain doublera d'ici à 2050.

La situation actuelle de pauvreté de l'Afrique prise dans sa globalité, combinée à la perspective d'une explosion démographique dans les trois prochaines décennies est un signal d'alarme ou d'espoir. Du moins, c'est un vibrant appel à une véritable prise de conscience des défis et opportunités de ce continent, conjuguée à l'action, avant qu'il ne soit trop tard. En effet, l'Afrique a pris du retard dans son processus de développement compte tenu de ses innombrables richesses naturelles, mal exploitées ou souvent pillées

[1] Revenu national brut compte tenu de la parité de pouvoir d'achat.

par les grandes puissances économiques. Elle doit s'atteler à penser son développement en profondeur, en fonction des aspirations du peuple africain. Ce d'autant que les principales puissances occidentales et asiatiques (États-Unis d'Amérique, Europe, Russie, Chine) déploient des stratégies économiques sur ses sols et sous-sols. A défaut d'être le maître de sa vision sociétale, l'Afrique risque à moyen-long terme de signer officiellement sa propre « mort économique et sociale », c'est-à-dire subir une nouvelle ère de colonisation « officielle » par ces puissances.

Tableau 1 : Structure de la population africaine par rapport aux autres continents

	Superficie (en milliers km2)	Population (en millions)	Proportion des moins de 15 ans	Proportion des plus de 65 ans	Projection Population 2050 (en millions)	RNB par habitant (en $US)
Afrique	30 312	1 250	41%	3%	2 574	4 854
Amériq.	42 322	1 005	23%	10%	1 227	30 440
Asie	31 877	4 494	24%	8%	5 245	12 910
Europe	23 061	745	18%	16%	736	33 528
Océanie	8 564	42	23%	12%	63	34 091
Total	**136 136**	**7 536**	**26%**	**9%**	**9 845**	**16 316**

Pour te donner une idée plus précise de la situation individuelle des 54 pays africains, je t'invite à consulter l'analyse complète de leurs performances dans différents aspects de la vie économique, sociale et politique (macro-économie, qualité des infrastructures, gouvernance, corruption, innovation, démocratie…), présentée dans *Dossier 1* (cf. pages 169-214).

A titre d'exemple, le Cameroun réalise un score en gouvernance globale qui le classe en trente-sixième position sur cinquante-quatre. Dans leurs rapports respectifs, la Banque Mondiale et le Fonds Monétaire International soulignent également le problème de gouvernance qui se pose dans la plupart des pays africains. Un aspect qui entrave significativement le développement de ces pays qui de fait, s'avèrent moins attrayants aux yeux d'investisseurs « normaux ». Du coup, la question d'un développement pérenne d'un pays africain donné devient problématique. C'est notamment le cas pour le Cameroun qui envisage de devenir un pays à revenu intermédiaire de la tranche supérieure d'ici à 2035, au travers de la mise en œuvre d'un vaste programme de développement des infrastructures et de redynamisation de l'agriculture.

- Tu as pris l'exemple particulier du Cameroun pour illustrer le retard de développement de l'Afrique. La situation sociale et économique de ce pays est comparable à la plupart des autres pays africains, à quelques différences près. Je continue de penser que le développement de ces pays est hypothétique, car l'Occident les en empêche d'une certaine manière afin de perpétrer sa domination.

- Je ne partage pas tout à fait cet avis. Penser que l'Afrique, le Cameroun ou tout autre pays du continent, ne seraient que des victimes dans l'affaire, me semble pour le moins réducteur. Il faudrait peut-être que l'Afrique jette un coup d'œil dans son rétroviseur avant de tourner à droite ou à gauche, qu'elle arrête de s'ériger en victime, qu'elle se remette en question et se mette véritablement au travail. Les responsabilités ne sont-elles pas partagées ?

- J'ai hâte d'en savoir plus sur les raisons qui t'amènent à poser le problème de cette manière. Mais avant de continuer, pourrais-tu d'emblée préciser ta définition de la notion de « développement » ? En effet, il me semble paradoxal que l'Afrique ait enregistré une croissance économique soutenue au cours de la période 2008-2017 mais que celle-ci ne se soit pas traduite par un développement économique pérenne.

- Ta question est pertinente et fondamentale, car le développement de l'Afrique sera au cœur de notre discussion. La réponse à celle-ci peut paraître relativement complexe, mais je vais essayer de dégager quelques points essentiels à une meilleure compréhension des notions de développement et de sous-développement. Ces deux notions s'apparentent souvent à deux faces de la même médaille, au sens où l'une pourrait se définir par rapport à l'autre et inversement.
La notion de « développement » est plurielle, car elle comporte des dimensions économique, sociale, politique et environnementale ; cette dernière composante n'ayant été intégrée dans la réflexion que récemment.
Cette notion de « développement » a pris naissance à la fin de la Seconde Guerre mondiale avec le mouvement de décolonisation amorcé par l'Inde en 1947 ; période pendant laquelle les pays riches économiquement ont été invités - devant l'Organisation des Nations Unies (ONU) - à aider les nations pauvres à se développer, d'où la notion de pays sous-développés. C'est ainsi que sont nées les différentes théories du développement, fondées essentiellement sur le développement économique. Celles-ci ont profondément influencé les stratégies de développement élaborées pour « développer » les pays « sous-développés ». Certains de ces pays sous-développés dans les années 1950 ont ensuite transformé leurs économies, au point d'être qualifiés de « pays émergents » (Argentine, Brésil, Inde, Corée du Sud, Chine) quelques années plus tard. D'ailleurs, la

Corée du Sud fait désormais partie des « pays développés ». Nous aurons l'occasion d'analyser sa fulgurante évolution économique, en moins de quatre décennies, après la guerre de Corée (1950-1953).
Les théories de développement écrites durant les années 1950-1960, aussi qualifiées de « théories du rattrapage », avaient pour objet d'expliquer comment les pays sous-développés pouvaient rattraper leur retard sur les pays industrialisés (considérés alors comme la référence ou l'objectif à atteindre). Parmi celles-ci, on pouvait distinguer les théories marxistes des théories capitalistes. Si ces deux théories divergeaient idéologiquement, elles accordaient à l'État une place de moteur du développement. En même temps, au cours de ces années, on assista à la création de nombreuses agences de développement dont le Programme des Nations Unies pour le développement (PNUD). S'agissant de l'Afrique en particulier, la Banque africaine de développement fut créée en 1964[1].
Les théories marxistes (néo-marxistes ou dépendantistes) qui ont marqué les années 1960-1970 étaient principalement fondées sur le constat d'un déséquilibre entre les pays du Nord et du Sud, qualifié de « détérioration des termes de l'échange ». Cette prise de conscience, déclenchée en Amérique latine, conduisit à la création de la Commission économique de l'ONU pour l'Amérique latine (CEPAL). La CEPAL allait s'ériger en laboratoire de la naissance des théories de l'indépendance et accompagner le processus d'industrialisation des pays d'Amérique latine. Un processus dans lequel l'État allait être au centre de la décision de l'appareil productif[2].
Les théories capitalistes (ou néoclassiques) étaient plutôt fondées sur une économie de marché où le commerce international, au travers du libéralisme (ou libre échange), devait être le facteur de croissance permettant aux pays sous-développés de mettre en valeur leurs avantages spécifiques afin de s'insérer dans l'économie mondiale et se développer. Il avait ainsi été considéré que l'Afrique devait se spécialiser dans l'exportation de matières premières et l'Asie dans la production de biens manufacturés de masse (nécessitant beaucoup de main-d'œuvre). C'est cette théorie néoclassique, reprise dans « Le Consensus de Washington »[3], que les institutions de

[1] Cette institution multinationale de développement comporte 81 pays membres dont les 54 pays africains. Les 27 autres membres représentent les pays européens, américains et asiatiques.

[2] C'est ainsi que cette stratégie du CEPAL permit aux grands pays d'Amérique latine (Argentine, Brésil et Mexique) d'atteindre un degré important d'intégration industrielle et d'autonomie, et aux pays moyens, un essor industriel considérable.

[3] Le Consensus de Washington est l'inspiration de l'économiste américain Williamson qui, dans un article paru en 1989, visant à apporter une solution aux pays faisant face à une crise de la dette accompagnée de récession et d'hyperinflation, comme ce fut notamment le cas en Amérique latine dans les années 1980. Cette solution est fondée sur dix propositions, fortement inspirées de l'idéologie libérale de l'école de pensée économique de Chicago : discipline budgétaire, réorientation des dépenses publiques vers des secteurs offrant un fort retour sur investissement, réforme fiscale, libéralisation des taux d'intérêt, taux de change

Bretton Woods - le Fonds Monétaire International (FMI), la Banque Mondiale et l'Organisation Mondiale du Commerce (OMC)[1] - allaient mettre en place à partir du début des années 1980 avec les programmes d'ajustements structurels.

Comme tu peux le remarquer, par construction, dans ces théories de rattrapage (néo-marxistes ou néo-classiques), l'industrialisation des pays sous-développés se révélait comme une étape obligée sur le chemin du développement. Toutefois l'Afrique faisait exception parce que l'objectif qui lui était assigné par les pays occidentaux consistait à « se développer » par l'exportation de matières premières. Ce n'était donc pas au travers de la transformation – donc l'industrialisation – comme ce fut le cas pour les pays asiatiques. Les méthodes d'industrialisation utilisées au cours des différentes phases de développement étaient principalement l'industrialisation par substitution des importations[2] et l'industrialisation par la promotion des exportations[3]. En plus des théories de développement précédentes, il y avait la théorie d'une économie de rupture avec le marché mondial, notamment pour faire face à l'asymétrie des relations internationales. Ici, la finalité de l'action de l'État était la centralisation des décisions économiques, afin de s'assurer qu'il en avait une maîtrise totale. On parle aussi d'une stratégie de développement « autocentré »[4].

Enfin, à partir des années 1970, on se rendait compte que la croissance économique n'impliquait pas forcément le développement social. Ce qui a conduit à la création d'une multitude d'Organisations non gouvernementales (ONG). Celles-ci allaient soulever de nombreuses questions aux États sur les problématiques du développement, notamment de la définition et la sémantique de la notion « développement », des rôles de l'État et de l'industrie dans le processus de développement. De plus, ces questions se

---

unique, libéralisation du commerce extérieur, élimination des barrières aux investissements directs de l'étranger (IDE), privatisation des monopoles ou participations ou entreprises de l'État (qu'il soit idéologiquement considéré comme mauvais actionnaire ou pratiquement dans une optique de désendettement), déréglementation des marchés et protection de la propriété privée (y compris la propriété intellectuelle).

[1] En 1995, remplacement du GATT (General Agreement on Tariffs and Trade) par l'OMC.

[2] Cette stratégie vise à encourager la fabrication des produits locaux afin de remplacer les produits en provenance de l'extérieur du pays.

[3] Les pays de l'Asie de l'est et l'Asie du sud-est, contrairement aux pays d'Amérique latine qui restaient bloqués dans l'industrialisation par substitution aux importations, ont très vite changé vers une orientation pour l'exportation (favorisée par le concours des États-Unis qui souhaitaient que ces pays s'industrialisent pour pouvoir se défendre contre le communisme).

[4] Cette stratégie avait notamment été utilisée par l'Algérie pour mettre en place ses industries de base dans les branches sidérurgiques et pétrochimiques. Toutefois, à cette époque, l'Algérie fut confrontée à des problèmes de formation professionnelle de la main-d'œuvre et à l'inexistence d'une infrastructure adéquate. La Tanzanie en a également fait usage avec pour objectif d'atteindre une autosuffisance alimentaire à partir du développement des communautés villageoises autogérées. La croissance agricole résultante fut importante et régulière, dépassant parfois 10% jusqu'en 1979.

posaient avec acuité surtout du fait que les modèles de développement existants - essentiellement fondés sur la croissance économique - ne prenaient pas en compte l'environnement. C'est ainsi que :

- En 1987, le rapport de la Commission mondiale sur l'environnement et le développement des Nations Unies définit le développement durable [1] (ou « sustainable development » en anglais) comme étant un mode de développement qui répond aux besoins du présent sans compromettre la capacité des générations futures de répondre aux leurs ;
- Dans les années 1990, la notion de développement humain fut introduite, avec la création de l'indice de développement humain (IDH) par le PNUD. Ce qui conduisait en quelque sorte à la théorie de développement humain qui vient élargir la portée du développement, au-delà l'aspect purement économique, en mettant en avant la satisfaction des besoins essentiels (santé, éducation, nutrition/alimentation, assainissement, eau, électricité). C'est ainsi que chaque année, le PNUD publie un classement mondial des pays en fonction du calcul de leur IDH.

Enfin, il est à noter qu'il y a une certaine nomenclature (ou classification) des pays dits développés en fonction d'un ou plusieurs critères (économiques, sociaux, politiques, de gouvernance...). Il y a notamment :

- Le Groupe des sept (or G7) : groupe de discussion et de partenariat économique constitué des sept plus grandes puissances avancées du monde (Allemagne, Canada, États-Unis, France, Italie, Japon et Royaume-Uni, lors du sommet du G7 en août 2019) ;
- Le Groupe des vingt (or G20) : groupe composé de l'Union européenne et 19 États[2], créé en 1997 en réaction des effets néfastes de la crise financière des pays émergents de 1997-1998 ;
- Les pays membres de l'OCDE – au nombre de 36 au 31 décembre 2018[3] – à l'issue d'un examen d'admission fondé sur des critères exigeants propres à l'OCDE (gouvernance, politique).

---

[1] D'après les théoriciens du développement durable, il est urgent de renverser les équilibres prévalant depuis la révolution industrielle. Les vieux pays du Nord doivent ralentir leur croissance (avoir un comportement plus sobre). Le Sud peut garder une forte croissance mais doit en changer le contenu. Il faut une croissance « verte » mais aussi déconnecter le développement de sa logique marchande et le rapprocher des besoins.

[2] Les membres du G7, des sept pays émergents (Chine, Inde, Russie, Brésil, Indonésie, Mexique et Turquie), Afrique du Sud, Argentine, Australie, Brésil et Corée du Sud.

[3] Allemagne, Australie, Autriche, Belgique, Canada, Chili, Corée du Sud, Danemark, Espagne, Estonie, Finlande, France, Grèce, Hongrie, Irlande, Islande, Israël, Italie, Japon, Lettonie, Lituanie, Luxembourg, Mexique, Norvège, Nouvelle-Zélande, Pays-Bas, Pologne, Portugal, Royaume-Uni, République slovaque, République tchèque, Slovénie, Suisse, Suède, Turquie et États-Unis. La Colombie étant pressentie comme futur membre.

Voilà, très rapidement, une synthèse de l'évolution de la notion de développement au cours du temps, ainsi que des principales théories et stratégies de développement. Pour répondre à ta question initiale quant à « ma » définition de « développement », je retiendrais celle indiquée dans l'encadré ci-après.

« Un pays est développé, lorsque son économie a une vigueur pérenne (i.e. éprouvée sur le long terme) et qu'elle est fondée sur des capacités industrielles et d'offre de services permettant à sa population - du moins à la grande majorité de celle-ci - de s'épanouir économiquement, socialement, politiquement et culturellement. Un tel pays permet notamment de :

- Accéder facilement à des services de santé, d'éducation, de protection sociale performants ;
- Disposer d'infrastructures de qualité (principalement routière /autoroutière, ferroviaire et aérien) ;
- Vivre dans un environnement de paix et de sécurité, encadré par un système judiciaire performant, respectueux des libertés individuelles et collectives ;
- Exprimer le potentiel humain (émotionnel et intellectuel) pour créer de la valeur propice au bien-être (épanouissement) individuel et collectif ».

- Il me semble que le Consensus de Washington ait systématiquement été appliqué par le Fonds Monétaire International (FMI) dans les pays africains, bien que ce concept ne soit pas toujours adapté à leurs besoins réels ; ce qui lui a d'ailleurs valu de nombreuses critiques.

- Tu mets le doigt sur un point crucial qui pose le problème de la stratégie (ou vision) du développement des pays africains. Nous aurons l'occasion d'y revenir dans la suite de notre échange. Effectivement, la vision du développement résumée par le Consensus de Washington [1] est que le développement est associé à la croissance économique mesurée par le produit intérieur brut (PIB)[2]. Le moteur de la croissance est l'activité privée

[1] Cf. les dix propositions qui le caractérisent.

[2] C'est un indice macroéconomique qui mesure la richesse produite par l'économie d'un pays au cours d'une période. Cet indicateur utile est à manier avec précaution : lorsque la richesse brute est essentiellement produite par les investissements étrangers comme c'est le cas actuellement le cas en Afrique, la richesse nette produite par l'économie domestique ne permet pas toujours de constituer les bases d'une économie solide et pérenne, capable

issue des partenaires externes tant pour la production, les investissements directs étrangers, que pour les débouchés, les marchés internationaux. Ici, le rôle de l'État est d'assurer une stabilité macro-économique par le contrôle de l'inflation et des comptes publics, et de mettre les conditions propices à l'attraction des investissements au travers de la libéralisation du commerce extérieur et en adoptant des dispositions fiscales, législatives, réglementaires et administratives facilitant l'activité des entreprises (privées). Autrement dit, dans ce modèle de développement, l'État ne joue pas un rôle stratégique. De plus, une priorité est donnée aux flux externes et moins d'attention est portée sur une option de financement alternative potentiellement significative, celle de la mobilisation de ressources financières et fiscales domestiques (i.e. dans le pays concerné). Je suis de ceux qui pensent que l'État devrait être un stratège[1], c'est-à-dire un acteur davantage impliqué dans le processus développement qu'il ne l'est dans le modèle libéral (ou néolibéral) sous-jacent au Consensus de Washington.

- *L'absence de la Russie et surtout de Chine dans le G7 n'est-elle pas paradoxale au vu de la puissance de ces deux grands pays, membres permanents du Conseil de sécurité des Nations Unies ?*

- En effet. La Russie faisait partie du G8 (y compris les membres du G7 actuel) mais en a été exclue pour des raisons politiques, à la suite de la crise ukrainienne. L'absence de la Chine de ce noyau de pays puissants économiquement est difficilement justifiable d'un point de vue strictement économique, au vu de la situation de l'économie mondiale actuelle, dominée par la Chine et les États-Unis qui se livrent une guerre commerciale avec d'éventuelles conséquences collatérales pour les autres économies. De ce fait, le G20, qui, à juste titre, ne comporte qu'un seul pays africain (l'Afrique du Sud), me semble plus représentatif de la situation économique mondiale actuelle que le G7 ne l'est.
Après ce détour fort instructif sur la notion de développement et les principales théories de développement, je te propose de continuer notre discussion sur le partage des responsabilités concernant le sous-développement de l'Afrique, soixante ans après les indépendances des années 1960.

---

d'assurer une meilleure redistribution des fruits de cette croissance. Ce d'autant que la plupart des pays africains sont souvent confrontés à une forte inflation.

[1] La question de l'interventionnisme de l'État est une question qui me semblait déjà fondamentale au début des années 1990 alors que j'étais étudiant dans le domaine des mathématiques.

« Il est plus facile de s'en prendre à autrui que de tenter de comprendre les raisons de notre trouble lorsque quelque chose nous dérange et nous déstabilise. »

Dalaï Lama

Chapitre 3

L'Occident, cet « autre » ! Serait-il seul responsable du sous-développement de l'Afrique ?

- Tu conviendras tout de même que les pays africains ont accédé à leur indépendance dans des conditions défavorables ; après avoir subi les effets néfastes de la période de colonisation pendant laquelle leurs richesses en matières premières ont été pillées par les puissances occidentales.

- C'est à la Conférence de Berlin du 15 novembre 1884, à l'initiative de l'Allemand Otto van Bismark, que furent édictées les règles officielles de la colonisation de l'Afrique par les pays européens et les États-Unis. Ainsi l'Afrique fut divisée en territoires artificiels, faisant l'objet d'un partage, sous la forme de colonies, entre les différentes puissances[1]. Un processus qui allait survivre aux deux guerres mondiales. Au lendemain de la Seconde Guerre mondiale, au cours de laquelle les Africains eurent un rôle décisif dans l'issue des combats[2], l'idée de l'indépendance des pays africains commença à germer. C'est ainsi que dans les années 1960, nombre de pays africains accédèrent à leur indépendance juridique, au prix d'énormes pertes humaines dans les colonies. Ce fut notamment le cas du Cameroun qui obtint son indépendance en 1960 auprès de la France, après que celle-ci ait mené une véritable guerre contre les opposants camerounais. Ceux-ci avaient une perception de l'indépendance du Cameroun plus revendicatrice et contraignante pour la France. Si bien que cette dernière finit par installer au pouvoir de jeunes dirigeants plus « modérés » et prêts à défendre ses intérêts économiques et politiques. Autrement dit, dans les faits, les indépendances ont débouché sur une nouvelle forme de colonisation – ou néo-colonialisme – notamment s'agissant des pays d'Afrique francophone, pilotés à distance par la France. Ce terme se justifie du fait que les pays nouvellement indépendants n'avaient pas les mains libres, leurs dirigeants ayant été installés et maintenus au pouvoir au gré de la France. D'un point de vue stratégique, la France pouvait ainsi continuer à avoir la main mise sur les matières premières de ces pays. A titre illustratif, s'agissant du pétrole, la compagnie ELF (rachetée par Total en 2000) opérait comme un État dans un État au Gabon et au Congo ; exploitant à outrance les gisements de pétrole sans se soucier du bien-être des populations locales. La Belgique en a fait de même, avec son ancienne colonie la République démocratique du Congo (ex-Zaïre). En plus, ce néo-colonialisme lié à la chasse aux matières premières a généré des conflits de pouvoir dans la plupart de ces pays (Côte d'Ivoire, Tchad, Congo, République démocratique du Congo, République centrafricaine). De ce fait, celui-ci est un véritable obstacle au développement économique et social de ces pays. Force est de constater que

[1] A cette conférence prirent part : l'Allemagne, l'Autriche-Hongrie, la Belgique, le Danemark, l'Empire ottoman, l'Espagne, la France, la Grande-Bretagne, l'Italie, les Pays-Bas, le Portugal, la Russie, la Suède-Norvège et les États-Unis.

[2] A travers la mobilisation de leurs soldats et de leur aide matérielle au déroulement de la guerre ; ce que l'on a appelé « l'effort de guerre » demandé aux populations des colonies africaines.

c'est la même stratégie qui a été perpétrée, « diviser pour mieux régner ». Une stratégie héritée de la Conférence de Berlin de 1884, utilisée par les pays colonisateurs, pour administrer, contrôler politiquement et économiquement les colonies de la manière la plus efficace possible, au détriment des populations de ces dernières.

- Est-ce normal qu'un grand groupe industriel ou une multinationale se comporte comme un État dans un État, quelle que soit sa puissance financière ?

- Absolument pas, si l'État concerné se respecte. En effet, il est question de l'exercice de sa souveraineté et de son indépendance, pour autant que celui-ci se reconnaisse comme souverain et indépendant. La puissance financière d'une multinationale peut lui conférer un avantage compétitif généralement assorti d'une contrepartie économiquement bénéfique pour ce pays, notamment en matière de création d'emplois. En revanche, lorsqu'une multinationale vient à opérer dans le pays d'accueil en toute impunité, se plaçant au-dessus des lois auxquelles elle doit respecter, alors ce pays devient un terrain fertile à la prolifération du clientélisme et de la corruption. J'ai encore en mémoire l' « Affaire Elf » instruite par la juge française Eva Joly dans la seconde moitié des années 1990. Un procès exceptionnel où il avait été clairement établi que la société Elf avait abrité un vaste système de corruption permettant non seulement l'enrichissement de ses principaux cadres, mais également la rémunération de dirigeants « amis » de la France en Afrique. En outre, des sommes colossales transitant sur des comptes à l'étranger servaient à financer les principaux partis politiques français. Force est de reconnaître que c'est ce système qui a été à la base de la Françafrique, une pratique très dommageable pour les peuples des pays concernés ; expression d'une nouvelle forme de colonialisme (ou néo-colonialisme), après les années dites d' « indépendances ». Enfin, d'une manière générale, la question de l'hyperpuissance de certaines multinationales pose un problème crucial dans les relations internationales entre États. C'est un problème que les pays africains peuvent difficilement éviter, quand bien même leurs dirigeants auraient une vision pour leur pays et feraient preuve de courage politique, pour limiter les effets néfastes à l'économie de leur pays de cette hyperpuissance.

- Ne penses-tu pas que le déséquilibre des accords d'indépendance ait contribué d'une certaine manière à freiner ce développement ?

- En effet, ça a été un point déterminant au moment de la lutte pour l'accession à l'indépendance des pays africains. Les leaders politiques n'avaient pas la même conception de l'indépendance au sein d'un même pays. Il y avait notamment les « modérés » pour une indépendance graduelle et les « radicaux » pour une indépendance complète. Au Cameroun par exemple, ces derniers ont subi une violente répression de la France qui laisse à penser que les dirigeants africains du courant des « modérés » n'avaient pas de marge de manœuvre pour infléchir la stratégie de domination perpétuelle de la France vis-à-vis de ses nouvelles « ex-colonies », au lendemain des indépendances. La véritable question est de savoir pourquoi, à la demande des dirigeants africains, certains aspects de ces accords n'ont pas été renégociés au lendemain des indépendances ? D'ailleurs, cette question est toujours d'actualité. En effet, il est évident d'établir que la France, avec un vaste empire colonial constitué de 14 pays en Afrique francophone, a toujours veillé à ses intérêts stratégiques dans ses anciennes colonies, en s'ingérant activement dans la vie politique et économique de ces pays pourtant réputés indépendants.

- Les accords militaires signés lors de l'indépendance de ces pays ne sont-ils pas l'expression par excellence de ce néo impérialisme ?

- Ils matérialisent concrètement l'ingérence de la France dans la politique de ces pays, avec des conséquences sociales dramatiques et néfastes au développement pérenne de ces pays. Ce fut le cas avec la crise ivoirienne de 2010-2012, ou encore récemment au Tchad, en février 2019, où la France est intervenue militairement pour « sauver » le président tchadien d'une attaque par des opposants. Au nom de la défense de ses intérêts économiques au travers des sociétés telles que Total ou Areva, cette ingérence est plutôt un facteur portant atteinte à la stabilité et la souveraineté des pays d'Afrique. Toutefois, on perçoit bien les limites opérationnelles de cet impérialisme. La déstabilisation du président libyen Mouammar El Kadhafi en 2011 par la France et ses alliés est un échec total de la communauté internationale. En effet, presque une décennie après cette intervention, toute la région qui va du Sahara jusqu'au du Lac Tchad, en passant par le Niger, le Mali et le Burkina Faso est plongée dans une insécurité qui se nourrit de la circulation et prolifération des armes comme jamais par le passé. L'invasion de l'Irak en 2003 par les Américains, avec la complicité de certains pays européens, illustre les conséquences humanitaires désastreuses de cet impérialisme des pays occidentaux. La rhétorique est souvent la même : sous le couvert de la démocratie, on envahit la proie pour la déstabiliser et ainsi mieux défendre ses propres intérêts économiques, au détriment de ceux de la population locale. Ni l'Irak, ni la Libye ne se portent guère mieux aujourd'hui, bien au contraire.

- *Que dire des accords économiques, notamment la question monétaire suscitée par le franc CFA ?*

- Plus de soixante ans après l'indépendance des pays d'Afrique francophone, la politique monétaire des quatorze pays de la zone franc est exercée par la Direction du Trésor du Ministère de l'Economie et des Finances français. Le franc CFA a une parité fixe avec l'euro et les pays de la zone franc ont l'obligation de déposer 50% de leurs réserves de change, dans leur Compte d'opérations auprès du Trésor public français. De plus, il est à noter que les transactions faites par les États africains concernés doivent recevoir, préalablement, l'approbation du Trésor français.

- *Malgré la garantie d'une parité fixe entre le franc CFA et l'euro qui pourrait devenir un inconvénient pour la croissance économique de ces pays, la liberté de choix de partenaires commerciaux de ceux-ci me semble limitée.*

- Pour aller dans ton sens, cette restriction se traduit au sein des banques centrales régionales d'Afrique de l'ouest et d'Afrique centrale, la BCEAO et la BEAC respectivement. Dans le conseil d'administration de ces banques centrales, la France est représentée par un membre qui dispose d'un droit de veto. Par conséquent, l'autorisation de Paris est une épée de Damoclès dans la validation de politiques macro-économiques. C'est un aspect politique qui peut être préjudiciable aux intérêts des pays africains. De plus, le franc CFA est une monnaie qui n'est ni échangeable entre les deux sous-zones CFA (Afrique de l'ouest et Afrique centrale) ni négociable ou échangeable sur les marchés financiers, comme le sont l'Euro, le Dollar américain ou encore le Yuan chinois.

- *Plus concrètement, il me semble que les flux monétaires issus d'une opération commerciale entre deux acteurs économiques des deux sous-zones CFA passent par le Compte d'opérations du Trésor français.*

- Exactement. Dans la situation actuelle, une opération commerciale bilatérale entre deux entreprises relevant de deux sous-zones CFA différentes (Afrique centrale, Afrique de l'ouest) - par exemple, entre le Cameroun et la Côte d'Ivoire - est transformée en une opération tripartite. C'est-à-dire, en une opération où le Trésor public français s'interpose comme contrepartie centrale entre ces deux opérateurs. De ce fait, le franc CFA est une monnaie purement locale. Il ne fait office de valeur d'échange qu'entre pays de la même sous-zone et non entre deux sous-zones différentes. Par ailleurs, que ce soit au Trésor public français ou à la Banque de France à Paris, en charge de la gestion et de la convertibilité du franc CFA, il n'est pas possible de changer des francs CFA en euros.

- Je comprends mieux la portée des débats actuels autour de la souveraineté monétaire des pays de la zone franc.

- Presque soixante ans après les indépendances politiques de ces pays, cette problématique de la souveraineté monétaire est revenue sur le devant de l'actualité en début d'année 2019. C'est un sujet très important de l'économie de ces pays qui doit faire l'objet d'une réflexion de fond, sans passion, afin de les aider à mieux cheminer vers une souveraineté monétaire durable et efficace, plus en phase avec le modèle de développement économique que les peuples auront choisi.
Les citoyens de ces pays devraient s'approprier rigoureusement et objectivement ce sujet complexe qu'est la monnaie dans la sphère économique. Quant à eux, les gouvernants de ces pays devraient faire preuve de courage politique - quitte à perdre leur soutien politique auprès de la France - et avoir une vision stratégique favorable à l'émergence du peuple africain. La seule évidence est que ce n'est pas la France qui viendra pousser les pays de la zone franc à se défaire du franc CFA.

- Le 29 juin dernier, les chefs d'État de 15 pays de l'Afrique de l'ouest ont annoncé que leur nouvelle monnaie commune, l'« ECO », sera lancée en 2020, c'est à dire dans quelques mois. C'est plutôt une avancée et une bonne nouvelle, non ?

- Comme je l'ai dit précédemment, la monnaie est un outil essentiel dans l'économie d'un pays, et elle l'est encore plus lorsqu'elle concerne un ensemble de pays, en l'occurrence, les 15 pays de l'Afrique de l'ouest concernés par le projet de monnaie unique, l' « ECO », dont le lancement est prévu en 2020. C'est une très bonne nouvelle sur le plan symbolique, quand on se rappelle la grande vague de débats qui ont ondulé à travers les médias et les réseaux sociaux. Mais, dans une de tes questions précédentes j'attirais ton attention sur la complexité de la problématique monétaire, en appelant les uns et les autres à aller au fond des analyses qui s'imposent. Ceci afin de bâtir un outil qui sera vraiment utile (politiquement, socialement, culturellement, et économiquement) aux peuples des pays concernés. Pour ce faire, il est indispensable qu'il y ait un certain nombre de préalables à la définition d'une monnaie commune : un mécanisme d'intégration régionale, une politique budgétaire et fiscale fédérale, une politique de gestion des risques monétaires, une politique économique favorisant des investissements transnationaux pour stimuler les échanges entre les différents acteurs économiques des différents pays, des plans de formation, des projets d'infrastructures permettant de stimuler l'activité intra régionale qui se situe à

un très faible niveau à ce jour (9.7% en 2017)[1]. À cela s'ajoutent les problématiques de réduction de la corruption et d'amélioration de la gouvernance. Celles-ci font partie du processus, afin de réduire les risques que je viens de mentionner, car faut-il le rappeler, la monnaie est aussi une question de confiance entre les différents opérateurs.
D'après ce qui précède, il est aisé de comprendre que la future monnaie à créer représente plus qu'une monnaie. Chaque pays doit pouvoir y trouver son compte, c'est à dire, pouvoir l'utiliser comme un élément positif pour son développement. C'est la raison pour laquelle sa structuration et son ingénierie financière devraient être pensées scrupuleusement et rigoureusement. La motivation à cette création doit être objective afin d'éviter de se « défaire » du franc CFA de manière réactionnaire, au seul motif qu'il est une « monnaie coloniale », même si la symbolique est cruciale. En revanche, si l'on venait à le remplacer par une nouvelle monnaie, il ne faudrait pas se tromper dans le processus de décision. Par conséquent, le processus menant à la création de l' « ECO » devrait intégrer les risques sous-jacents ainsi que les modalités de la gestion de ces risques. Plus précisément, il s'agit d'analyser et anticiper les différents risques, c'est-à-dire, les identifier, les quantifier et se donner les moyens de leur financement (transfert, autofinancement du soutien de la monnaie), de manière à les réduire, puis à les maîtriser. Le projet de monnaie unique, l' « ECO », est un grand pas en avant, mais je pense qu'un travail préalable reste à effectuer - un travail stimulant en plus - à condition de ne pas se mentir. Il y va de l'intérêt de toutes les nations concernées. Ce travail est d'autant plus important à faire que le Nigeria à lui seul pèse plus de 60% de la région en termes économique et démographique (population). Il est donc fort à penser que l' « ECO » sera fortement pondéré par l'ancien Naira nigérian par rapport à l'ancien franc CFA des pays ouest-africains utilisant cette monnaie commune. Le Nigeria (exportateur de pétrole essentiellement) et les autres pays de l'Afrique de l'ouest (en général, importateurs de produits manufacturés) n'ont pas la même structure macroéconomique. De tels aspects doivent être pris en compte dans l'ingénierie financière de l'« ECO ». Le bon fonctionnement de cette monnaie commune suppose également de « renoncer » à la souveraineté monétaire, d'une certaine manière ; un aspect souvent mis en avant pour l'abandon du franc CFA. Adhérer à une monnaie unique impliquera de renoncer à une partie importante de son indépendance, parce que chaque pays devra respecter un certain nombre de critères de convergence (ou contraintes). Mais cela ne sera possible que si ces contraintes n'asphyxient pas les pays dans leur développement. Les Africains

[1] Dans la Communauté Economique et Monétaire de l'Afrique Centrale (CEMAC) le commerce intra régional y est de l'ordre de 5 % ; un pourcentage très faible compte tenu d'une intégration monétaire datant de plus de soixante-dix ans.

ont aussi le droit d'innover et pas seulement faire du « copier, coller » pour reproduire des recettes toutes faites et non adaptées à leur réalité.

- Enfin, l'économie des pays africains est vulnérable, car fortement tournée vers l'exportation de matières premières dont les cours sont fixés par les bourses de valeurs occidentales. N'est-ce pas là un autre aspect pouvant entraver la pérennité du développement de ces pays ?

- C'est un constat exact. Mais ce n'est pas une donnée immuable. Si des mesures de diversification sont prises en amont pour éviter une telle dépendance, ces économies auront plus de flexibilité. De manière générale, la diversification est une technique de gestion des risques utilisée notamment dans la gestion de portefeuilles financiers pour mieux maîtriser les risques sous-jacents. Elle était déjà utilisée de manière efficace en agriculture vivrière par les ancêtres des peuples africains.
Prenons l'exemple du Cameroun, qui, bien qu'étant l'un des pays ayant les ressources naturelles les plus diversifiées du continent africain, a une économie dépendant fortement des cours du pétrole. A qui la faute ? Bien évidemment que ce ne sont pas les pays occidentaux qui vont favoriser l'émergence de ces pays, du stade primaire aux stades secondaire et tertiaire, comme ils l'ont permis dans le cas des pays asiatiques. La politique du développement de l'Afrique est fortement inspirée du « Consensus de Washington » auquel j'ai déjà fait référence, où l'Afrique a initialement été cantonnée à un rôle d'approvisionnement et surtout pas à un rôle de transformation comme l'Asie en a eu la possibilité du fait de l'importance de sa main d'œuvre potentielle. Dès lors, il y a une logique occidentale à maintenir l'Afrique au stade primaire - c'est-à-dire, dans l'industrie d'exportation de matières premières exclusivement, sans transformation. De ce fait, ce sont les pays occidentaux qui bénéficient de la vraie valeur ajoutée tirée des produits dérivés de ces matières premières ; faisant même des pays africains, leurs potentiels acheteurs ou importateurs de produits manufacturés, plus rentables. Au-delà de certaines dérives sur les plans éthique et moral - maintenir l'autre dans l'état de dépendance et l'exploiter - je dirais que les pays occidentaux se sont donné les moyens de leur politique de domination économique : conscients que leur sol est faiblement doté en matières premières indispensables à leur survie, ils ont cherché à se les procurer au meilleur prix possible, voire gratuitement au travers de leur impérialisme politique, quitte à déstabiliser les pays sources de matières premières (Irak, Syrie, Libye, Mali…). Ensuite, ils ont massivement investi en recherche et développement pour innover et créer de nouveaux produits manufacturés et services, à partir de matières premières issues pour la plupart des colonies d'Afrique. Enfin, ils ont créé des bourses de matières premières afin de mieux en contrôler les cours, voire de faire de la spéculation sur les marchés financiers. C'est notamment le cas du cacao et

du chocolat : la Côte d'Ivoire est le premier producteur mondial de cacao, avec à peine une véritable usine de fabrication du chocolat. A contrario, la Suisse qui ne produit aucune fève de cacao et n'a pas de passé colonial en Afrique est un champion mondial de la fabrication du chocolat dans toutes ses formes.

- A la suite de tes deux dernières argumentations sur la monnaie et le caractère primaire de l'économie des pays africains, une réflexion me traverse l'esprit. La dépendance monétaire des pays de la zone franc n'est pas le seul frein à la gestion efficace des politiques macro-économiques de ces pays. Une absence de vision stratégique économique et politique de la plupart de leurs dirigeants expliquerait aussi le retard du développement de l'Afrique.

- Tout à fait. Il serait illusoire pour les pays africains d'attendre la manne du ciel, que ce soit les occidentaux qui viennent élaborer à leur place la vision stratégique de développement de ces pays ou de l'Afrique. Pour conduire un pays à un stade de développement avancé, il faut des dirigeants libres, avec une vision stratégique à long terme, ambitieuse, courageuse et empreinte de patriotisme, travail, rigueurs morale et intellectuelle. Regarde la Chine, la Corée du Sud ou encore les pays émergents d'Asie du sud-est. Comment ont-ils décollé ? Figure-toi qu'en 1960, la Corée du Sud avait un PIB par habitant (à peine de 100 $ US) comparable à celui du Cameroun. Aujourd'hui, en 2019, ces deux pays sont incomparables. Il faudrait chercher à comprendre pourquoi et agir en conséquence, au lieu de se détourner de la réalité de ce monde en évolution perpétuelle, se lamenter et subir le cours des événements.

C'est la raison pour laquelle je soulignais qu'un sujet tel que le rôle de la monnaie dans l'économie devrait être traité avec sérieux, car il s'agit du destin des peuples qui aspirent à de meilleures conditions de vie. D'ailleurs, certains économistes vous diront que la monnaie est en économie ce que la sève est pour une plante. C'est dire ô combien la monnaie est importante dans une économie ! Toutefois, je pense que la monnaie n'est pas l'alpha et l'oméga du processus de développement de l'Afrique. Actuellement la plupart des pays africains devraient aussi résoudre des problèmes essentiels liés à la gouvernance, à la démocratie en phase avec les aspirations du peuple - et non à la démocratie au service du capitalisme effréné -, à la productivité et à la compétitivité. Pourquoi ne pas s'atteler en priorité à bâtir la force de son économie, qui inspirerait alors confiance au travers de la solidité de ses fondamentaux, quitte à acquérir cette souveraineté monétaire par étapes ? A mon humble avis, ce n'est qu'ainsi que la monnaie, devenue souveraine, jouerait véritablement son rôle de sève pour les économies de ces pays et deviendrait un outil de mesure du rapport de force et de confiance avec d'autres économies.

- Je constate tout de même que jusqu'à présent le contenu de notre conversation est plutôt à charge contre la politique des pays occidentaux sur le continent africain, la France en particulier.

- Il est indiscutable que la responsabilité des politiques occidentales - principalement la politique de l'Elysée et de Matignon en France - est clairement établie et très dommageable pour le continent africain. En plus de nombreux ouvrages dans la littérature, depuis les indépendances à nos jours, nous pourrions en dire davantage au travers de nombreux exemples et faits historiques très récents. Mais, une fois ce constat fait, les Africains ne devraient pas se contenter de dire « On va faire comment ? » ou bien « ça va aller »[1]. Je pense que la vraie question qui se pose à l'Afrique est de savoir quels sont les actions à mener et le comportement à avoir, pour assurer son propre développement dans un environnement de globalisation de l'économie. Tout manquement à de telles actions et toutes attitudes néfastes (collectives ou individuelles) viennent stimuler son enlisement dans le sous-développement. A titre illustratif, il y a les guerres qui sont menées entre tribus ou peuples d'un même État - notamment au Mali, entre les Peuls et les Dogons-, l'intolérance, ou encore le drame actuel de la jeunesse africaine. Pour des raisons de survie, de jeunes Africains tentent d'émigrer par vagues successives en Europe, alors que leurs pays d'origine sont naturellement riches pour qu'ils s'y épanouissent. D'ailleurs, aussi paradoxal que cela puisse paraître, l'Europe est secouée par cette crise migratoire et son paysage politique s'en trouve bouleversé, avec la poussée des mouvements nationalistes. C'est en quelque sorte le revers de la médaille, car d'une certaine manière, l'Europe récolte aujourd'hui les fruits amers de son travail d'exploitation du continent africain qu'elle n'a pas aidé véritablement à sortir du sous-développement.
« L'autre » - (ou l'impérialiste, le fauve « politico-économique ») - qui est pointé du doigt aujourd'hui c'est bien l'Occident. Il convient de préciser que la Chine qui est devenue le principal acteur dans les projets de développement en Afrique pourrait devenir un « autre » de plus, à sa manière, d'ici à quelques années, si les Africains venaient à mal gérer ce nouveau partenariat. Bien évidemment, loin de moi l'idée de faire un procès d'intention à cette nouvelle grande puissance mondiale qui a su faire évoluer son projet de société, par la vision de ses dirigeants. Si bien qu'aujourd'hui, l'ordre mondial, sur les plans économique et politique, est en profonde mutation. Les Africains doivent avoir conscience que la Chine n'est pas le bon samaritain. Elle est en Afrique pour ses intérêts économiques. Ce qui est normal en soi, dans les relations internationales. En revanche, il revient à

[1] Ce sont des expressions - fort sympathiques au demeurant - utilisées au Cameroun et en Côte d'Ivoire respectivement, pour exprimer une sorte de résignation ou d'espoir que les choses se feront toutes seules, certainement par la grâce de Dieu (pour les croyants).

l'Afrique de savoir où elle veut aller avec son peuple. A elle d'avoir sa propre vision stratégique et ensuite de comprendre, intégrer la stratégie des autres, y compris la Chine, afin d'arriver à bâtir des relations gagnant-gagnant qui lui permettront de matérialiser cette vision.
Tout en lui reconnaissant des circonstances atténuantes dans sa situation actuelle, je pense que l'Afrique a sa part de responsabilité. Elle est à la croisée des chemins avec une jeunesse qui a soif d'avenir dans ce monde qui se globalise autour de trois pôles principaux : Europe, États-Unis et Chine/Asie. Elle n'a plus d'excuses aujourd'hui pour ne pas s'atteler à définir sa propre vision de société, de développement pérenne ; ceci compte tenu compte des forces en présence (Europe, États-Unis, Chine, Russie...). A défaut de se mettre véritablement au travail comme le Japon, la Corée du Sud et la Chine ont su le faire, l'Afrique restera l'éternelle fournisseuse de matières premières et consommatrice de produits manufacturés, cloîtrée dans son économie primaire. Demain c'est maintenant. Marche ou crève !

- Qu'attends-tu par « l'Afrique n'a plus d'excuses aujourd'hui » ? Est-ce du fait que les leaders de mouvements de lutte pour l'indépendance dans les années 1950 et 1960 n'avaient pas de repères ainsi que le recul nécessaire pour optimiser leur stratégie de négociation avec le pouvoir colonial ; ce d'autant plus que ces événements se déroulaient en pleine guerre froide ?

- C'est une dimension que toi et moi n'arrivons pas à intégrer suffisamment aujourd'hui dans nos réflexions sur le passé. En réalité, nous faisons une analyse ex-post, c'est-à-dire, après l'action. Nous ne disposons pas de « ralenti » suffisamment clair pour revivre l'action en direct, ce que les leaders de mouvement de lutte pour l'indépendance ont vécu pendant cette période. D'ailleurs, de nos jours, même la Video Assistant Referee – appelée VAR – qui assiste les arbitres de football professionnel dans les grandes compétitions est parfois décriée pour ses erreurs. Ces leaders devaient non seulement gérer leurs oppositions (rivalités et/ou divisions) internes par rapport à l'idéal qu'ils se faisaient de l'indépendance d'un pays, mais également ils devaient faire face au pouvoir colonial qui avait une stratégie bien rompue. En effet, celui-ci, quand il n'était pas l'artisan de la division au sein des mouvements de lutte pour l'indépendance, imposait ses conditions sous peine de représailles (suspension, sanctions financières, élimination physique, envoi de mercenaires, organisation de complots...). Probablement, ces leaders s'y seraient pris différemment aujourd'hui si dans leurs projections d'il y a soixante ans, ils avaient imaginé que la situation économique et politique de l'Afrique serait celle d'aujourd'hui. C'est-à-dire, une Afrique divisée et faible, une Afrique riche en matières premières mais pauvre économiquement et politiquement, une Afrique rongée de l'intérieur comme de l'extérieur, une Afrique dont la voix compte très peu voire pas du tout, une Afrique victime de la trahison de ses propres fils et filles, une

Afrique qui pleure, une Afrique qui fuit son propre regard, une Afrique qui se déchire par les guerres importées (Sahel, Libye) et conflits intertribaux et religieux.
Ces leaders, dont certains ont payé de leur vie souvent à la fleur de l'âge, méritent une reconnaissance du peuple africain. En effet, ils ont courageusement mené leurs combats, sans filet de sécurité, sans avoir de l'expérience sur la gestion de problèmes géopolitiques aussi complexes. Une telle expérience les aurait sans doute aidés à ajuster leur stratégie en temps opportun. Aujourd'hui, s'il est beaucoup plus aisé de critiquer certaines de leurs « erreurs » de stratégie, nous devrions également manifester à leur mémoire une certaine indulgence, compte tenu du contexte que je viens de rappeler.
En revanche, chaque Africain, en particulier chaque responsable ou dirigeant politique africain, devrait être imprégné des faits marquants de la lutte pour l'indépendance, menée par les différents mouvements politiques après la Seconde Guerre mondiale. Ceci afin de capitaliser sur l'expérience politique tirée des prédécesseurs, analyser leurs forces et faiblesses, ainsi que les résultats obtenus à partir de leurs diverses stratégies politiques. C'est la raison pour laquelle je dis *« l'Afrique n'a plus d'excuses aujourd'hui »*. Et, je ne le répéterai jamais assez, car cela me semble être une évidence.
Justement, afin que tu n'aies pas d'excuses à faire valoir, je te propose de te faire un aperçu des principales étapes des indépendances des années 1960. A mon sens, l'analyse du comportement des différentes parties prenantes - pays colonisé et colonisateur - dans ce processus éclaire nombre de blocages politiques et institutionnels que l'on retrouve encore aujourd'hui. En plus, cette analyse est une bonne transition pour essayer de te convaincre que l'Afrique a une part importante de responsabilité dans son sous-développement actuel, du moins son non-développement. Elle n'a vraisemblablement pas tiré toutes les leçons du passé.

« Plus vous saurez regarder loin dans le passé, plus vous verrez loin dans le futur »

Winston Churchill

Chapitre 4

LES PRINCIPALES ÉTAPES DES INDÉPENDANCES DES PAYS AFRICAINS DANS LES ANNÉES 1960

I. Organisation des mouvements de lutte pour l'indépendance à partir fin de la Seconde Guerre mondiale

Au lendemain de la Seconde Guerre mondiale, les indépendances des pays africains ont pris la forme de mouvements de libération nationale s'inspirant de la Révolution française et du principe de l'égalité entre les individus. Ce d'autant plus que les populations colonisées avaient été massivement mises à contribution lors des deux guerres mondiales, comme le témoigne le discours du Général de Gaulle à la Conférence de Brazzaville[1] (Congo) le 30 janvier 1944, qui recevra un large écho à travers tout le continent, celui d'une disposition de décolonisation des territoires français d'Afrique, sans toutefois que le Général de Gaulle ait prononcé le mot « indépendance » dans son discours.

Ces mouvements avaient vocation à structurer les aspirations de leurs populations, par la négociation avec les autorités coloniales, en passant éventuellement par la Société des Nations (SDN)[2]. Le cas échéant, les deux parties se livraient à des conflits armés ou des guerres coloniales qui ont conduit à des pertes humaines colossales, en l'occurrence les guerres d'Algérie et du Vietnam. Les indépendances du Maroc et de la Tunisie en 1956, puis celles des pays d'Afrique noire entre 1958 et 1960, venaient marquer un coup d'arrêt avant l'indépendance de l'Algérie en 1962. Tous ces mouvements avaient des leaders charismatiques, dont la plupart rayonnaient au niveau international. Toutefois, les autorités coloniales tentaient de censurer leurs représentations. Parfois, elles n'hésitaient pas à éliminer physiquement ces leaders et leurs troupes par des opérations militaires ou de renseignement.

C'est notamment dans ce contexte qu'une fédération de partis politiques d'Afrique noire, le Rassemblement démocratique africain (RDA), parti anticolonial non séparatiste, naquit au congrès de Bamako en octobre 1946, où Félix Houphouët-Boigny (Côte d'Ivoire)[3] fut désigné comme président. Toutefois, sous les conseils - plutôt sous la pression du ministre socialiste français -, les délégués socialistes africains avec à leur tête Léopold Sedar Senghor et Lamine Guèye (Sénégal) ne prirent pas part[4] à ce congrès.

---

[1] Capitale de l'Afrique équatoriale française (AEF), zone stratégique d'où étaient parties les premières forces armées de la France Libre.

[2] C'est l'actuelle Organisation des Nations Unies (ONU). Cette dernière fut créée en 1945, au lendemain de la Seconde Guerre mondiale.

[3] Membre du Parti Démocrate de Côte d'Ivoire (PDCI). Il était plutôt communiste en 1946 avant d'entrer dans le gouvernement français en 1956.

[4] Une attitude que Senghor reconnaîtra par la suite comme une « erreur ».

Les délégués de l'Afrique équatoriale française (AEF)[1]n'y participèrent pas non plus. En effet, à sa création, le RDA était plutôt composé majoritairement de partis politiques et de membres proches du communisme, du parti communiste français (PCF) et de l'Union soviétique. Au lendemain de la Seconde Guerre mondiale, cette idéologie avait une grande influence sur les élites politiques africaines ; ce d'autant que celles-ci étaient encadrées et formées par les communistes européens qui s'érigeaient en défenseurs des intérêts et droits des Africains. Autant dire qu'une bataille politique, entre les deux principaux partis français sur le sol africain, s'annonçait déjà à l'aube de la création du RDA. Par la suite, cette bataille allait avoir des conséquences importantes sur la stratégie d'indépendance des pays africains. C'est ainsi que les militants du RDA furent accusés de « collusion » avec l'Union soviétique, et réprimés, comme en Côte d'Ivoire en 1949-1950. Des partis indépendantistes naquirent après 1945, mais furent aussi rapidement dissous, notamment le Mouvement démocratique de la rénovation malgache dont les dirigeants avaient été poursuivis après l'insurrection de 1947 ; l'Union des Populations du Cameroun (UPC) de Ruben Um Nyobè, un parti politique créé en 1948, affilié au RDA jusqu'en 1950, qui fut interdit en 1955 avant d'être à nouveau autorisé à partir de 1959. Le changement d'orientation du RDA à partir de 1950, lors de sa séparation du parti communiste, permit un rapprochement avec les partis français de gouvernement. A la suite de ce revirement, l'UPC cessa son affiliation au RDA en 1950.

II. L'indépendance du Cameroun

Le Cameroun et le Togo étaient deux territoires sous mandat de la Société des Nations (SDN) ; cette dernière ayant été remplacée par l'Organisation des Nations Unies (ONU) en 1945.

Au Cameroun, la marche vers l'indépendance fut plus violente que dans d'autres territoires sous domination française. De 1948 à 1958, Um Nyobè (en tant que secrétaire général de l'UPC) et ses camarades se sont attelés à dénoncer l'État colonial, le sort des indigènes et la collaboration entre Camerounais et responsables coloniaux. Pour Um Nyobè, le combat pour l'indépendance se situait sur les plans politique et juridique. C'est dans cette optique qu'entre 1952 et 1954, il se rendit trois fois à l'ONU, non sans peine, après que les autorités françaises aient effectué de multiples pressions pour l'en empêcher. Le 17 décembre 1952, devant un auditoire clairsemé, il s'illustrait par un discours exposant sa vision pour le Cameroun. Ce discours exposait les conditions d'indépendance d'un Cameroun réunifié à travers un programme sur dix ans. Celui-ci consistait notamment à former et à préparer

[1] L'Afrique équatoriale française était divisée en quatre régions (colonies) :
Le Gabon, le Moyen-Congo (devenu la République du Congo), l'Oubangui-Chari (devenu la République centrafricaine) et le Tchad.

les futurs cadres camerounais, sous la supervision des Nations Unies dont l'Assemblée générale invita la France à accélérer le processus d'émancipation inscrit dans sa charte. Dès lors l'UPC, considérée comme communiste, devint la cible du Haut-commissaire français, Roland Pré, qui multiplia des arrestations et finit par interdire l'UPC après les émeutes du 25 mai 1955. De ce fait, il contraignit ce parti indépendantiste à opérer dans la clandestinité et à recourir à la lutte armée et au sabotage. L'armée française, soutenant des autorités camerounaises qui revendiquaient l'autonomie nationale, notamment André-Marie Mbida et Ahmadou Ahidjo, mena pendant plusieurs années une guerre « cachée [1] » au Cameroun, localisée en Sanaga-maritime (entre Douala et Yaoundé) et à l'Ouest, pour éradiquer l'UPC. Cette guerre qui se déroula dans une indifférence totale, parallèlement à la guerre d'Algérie, se termina avec un lourd bilan humain dont le nombre de victimes varie selon les sources[2].

Les troubles auxquels le gouvernement français faisait face[3], les luttes syndicales et politiques locales, ainsi que les succès électoraux du RDA (malgré certains obstacles auxquels celui-ci fut confronté), allaient accélérer le processus d'indépendance des colonies, en passant par leur autonomie. La « loi-cadre » de 1956 de Gaston Defferre, ministre de la France d'outre-mer[4], avait vocation à transformer la façon de gouverner les colonies françaises d'Afrique : notamment, la gestion des affaires intérieures allait être confiée aux assemblées territoriales élues au suffrage universel.

C'est ainsi qu'au Cameroun, conformément à cette réforme, l'assemblée territoriale fut élue en fin 1956, sans la participation de l'UPC qui invita au boycott en 1956 et tenta d'empêcher le déroulement du processus électoral. La répression du gouvernement français et du nouveau Haut-commissaire, Pierre Messmer, fut immédiate, ouvrant une longue période de guerre, de lutte armée au Cameroun. Parallèlement à celle-ci, le passage à l'autonomie du Cameroun fut négocié avec la France. En 1957, André-Marie Mbida devenait le Premier ministre de la république autonome du Cameroun. Toutefois, l'intransigeance de celui-ci[5] envers les dirigeants de l'UPC pendant leur lutte armée et la déception des autorités coloniales en son encontre[6] provoquèrent une crise gouvernementale qui se dénoua en faveur d'Ahmadou Ahidjo. Après plusieurs consultations, ce dernier se révéla

---

[1] Kamerun! Une guerre cachée aux origines de la Françafrique (1948 - 1971), Manuel Domergue, Jacob Tatsitsa, Thomas Deltombe, Editions La Découverte, Paris 2011.

[2] Selon les archives britanniques citées par l'historienne Meredith Terretta, de 61 300 à 76 300 civils tués de 1956 à 1964.

[3] Notamment la fin de la guerre d'Indochine et le début de l'enlisement de la guerre d'Algérie.

[4] Elaborée avec l'aide de Félix Houphouët-Boigny.

[5] C'est la version officielle de cette éviction. Certains évoquent son côté « rebelle » qui aurait fait de lui un allié difficilement manipulable.

[6] Le percevant comme un autocrate en puissance, moins rassurant politiquement et ne voulant pas l'indépendance.

comme la personnalité la plus proche des positions françaises ; devenant ainsi le nouveau Premier ministre le 18 février 1958. Quelques mois plus tard (en septembre 1958), Um Nyobè était tué dans le maquis par l'armée française.

III. L'indépendance de la Guinée avec Ahmed Sékou Touré

En mai 1958, de retour au pouvoir en France pour l'avènement de la Ve République, le Général de Gaulle proposa aux deux territoires sous-tutelle de l'Organisation des Nations Unies (ONU), le Togo et le Cameroun, de faire le choix d'une indépendance dans le cadre d'une communauté franco-africaine conforme à l'esprit de la communauté proposée aux territoires d'Afrique occidentale et d'Afrique équatoriale françaises non sous-tutelle de l'ONU. L'alternative de ce choix était de voter « non » à la communauté, c'est-à-dire, de voter pour l'accession directe à l'indépendance en toute souveraineté. C'est ce dilemme auquel les pays africains sous domination française étaient confrontés. Ce qui mettait à mal la stratégie de l'unité africaine tant prônée par les plus fervents panafricanistes qu'étaient Ahmed Sékou Touré (Guinée), Kwame Nkrumah (Ghana) et Modibo Keita (Mali[1]). En 1957, le Congrès du RDA à Bamako s'était déjà prononcé en faveur du maintien de la communauté franco-africaine, sans toutefois abandonner l'idée du droit à la séparation.
Un mois avant le référendum devant doter la France d'une nouvelle Constitution de la Ve république, le Général de Gaulle effectua une tournée africaine du 20 août au 29 août 1958, visitant successivement Madagascar, Brazzaville, Abidjan, Conakry et Dakar. Dans chacune de ces villes, il souligna le choix proposé aux populations africaines à l'occasion de cette élection : la Communauté sous forme confédérale ou l'indépendance. Il reçut un écho favorable dans tous ces pays, sauf en Guinée où il se sentit humilié par le discours de Sékou Touré, chef du Parti démocratique de Guinée (PDG). Ce dernier prononça un discours rythmé, offensif et audacieux, laissant entrevoir que dans le mois qui allait suivre (le 28 septembre), la Guinée voterait « non » à la proposition de la France d'accorder l'indépendance au travers d'une adhésion à la communauté française. En voici un extrait :

« Nous avons, quant à nous, un premier et indispensable besoin, celui de notre dignité. Or, il n'y a pas de dignité sans liberté, car tout assujettissement, toute contrainte imposée et subie dégrade celui sur qui elle pèse, lui retire une part de sa qualité d'Homme et en fait arbitrairement un être inférieur. Nous préférons la pauvreté dans la liberté à la richesse dans l'esclavage. »

[1] Ex Soudan français.

Et, en guise de réponse, le Général de Gaulle, vexé, réagit immédiatement avec le même ton offensif, avant de quitter furieusement la salle[1], en disant : *« Cette Communauté, la France la propose ; personne n'est tenu d'y adhérer. On a parlé d'indépendance, je dis ici plus haut encore qu'ailleurs que l'indépendance est à la disposition de la Guinée. Elle peut la prendre, elle peut la prendre le 28 septembre en disant "non" à la proposition qui lui est faite et dans ce cas je garantis que la Métropole n'y fera pas obstacle. Elle en tirera bien sûr les conséquences, mais d'obstacles elle n'en fera pas. Et votre territoire sera comme il voudra, dans les conditions qu'il voudra, suivre la route qu'il voudra ».*

Le 28 septembre 1958, les Français votèrent « oui » à la nouvelle Constitution. La Guinée fut le seul DOM-TOM[2] à voter « non » et ce à plus de 95%. C'est ainsi que la Guinée accéda à son indépendance le 2 octobre 1958. Dès le lendemain, le Gouverneur français informa Sékou Touré qu'à partir du 30 septembre, Paris allait mettre fin à toutes les aides jusqu'alors consenties, ne plus s'investir en Guinée et retirer tout son personnel technique, y compris les forces armées. Pourtant, Sékou Touré était resté dans l'idée que la communauté franco-africaine permettrait à des pays ayant dit « non » au référendum d'être associés à la France. D'ailleurs, en octobre 1958, il envoya en émissaires, Nabi Youla[3] à Paris pour rassurer le Général de Gaulle, et Diallo Telli[4] aux Nations Unies pour préparer les formalités de reconnaissance du nouvel État. Finalement, de manière habile et diplomatique, la France maintint sa sanction en proposant à la Guinée des conditions de collaboration coercitives et dissuasives qui rendaient impossible toute réconciliation entre les deux pays. Une réconciliation qui n'allait se faire qu'en 1982, après que la France (du Général de Gaulle vexé) ait fait payer[5] à la Guinée son choix d'aspirer à la liberté, à la souveraineté. En effet, sous la contrainte et dans un contexte de guerre froide, la Guinée allait se tourner vers les pays de l'Est (URSS, Tchécoslovaquie, Bulgarie, Allemagne de l'Est) sur le plan économique et les États-Unis sur le plan de la sécurité. Un choix politique qui continue d'avoir des conséquences sur le

[1] A la suite de son discours, le Général de Gaulle annula toutes les réceptions prévues ce jour, avant de repartir le lendemain au Sénégal sans revoir Sékou Touré.

[2] Département d'Outremer - Territoire d'Outremer.

[3] Ancien ambassadeur de Guinée en Allemagne, qui plus tard déclina son affectation par Sékou Touré en Yougoslavie et fut condamné par contumace.

[4] Homme politique guinéen brillant, ancien Secrétaire Général de l'Organisation de l'Unité Africaine (OUA) qui fut accusé par le régime de Sékou Touré de complot « peul » contre le pouvoir, incarcéré au camp Boiro de Conakry où il mourra en 1977, privé de boisson et nourriture.

[5] En plus de la rupture de sa coopération avec la Guinée, les autorités françaises décidèrent de déstabiliser l'économie guinéenne, notamment en y mettant en circulation de la fausse monnaie. Ceci, alors que le pays était doté d'un potentiel de développement extraordinaire en Afrique, avec deux tiers des richesses de toute l'Afrique de l'ouest.

non-développement économique et politique de la Guinée[1] en particulier, et dans une certaine mesure, de l'Afrique en général. Une analyse objective de ces conséquences serait d'autant plus utile que Sékou Touré fut une figure marquante de l'idée d'une unité africaine qui a volé en éclats dès la création de l'Organisation de l'Unité africaine (OUA)[2]. Toujours est-il qu'en octobre 1958, la Guinée devenait le premier pays indépendant d'Afrique francophone, véritablement indépendant pourrait-on dire, malgré les conséquences de ce choix solitaire.

IV. 1960 : l'année de l'indépendance de 17 pays africains

En novembre 1958, le Cameroun qui était favorable à la proposition de la France - pour une indépendance dans le cadre de la communauté française - demanda la levée de la tutelle de l'Organisation des Nations Unies (ONU) et l'indépendance. Au cours de l'Assemblée générale de l'ONU du 13 mars 1959, à laquelle Ahmadou Ahidjo avait expressément assisté, et, contrairement aux exigences de l'UPC, cette levée fut accordée au Cameroun, sans imposer le préalable de nouvelles élections législatives libres. Le 1er janvier 1960, le Cameroun devenait le premier des 17 États qui allaient accéder à l'indépendance au cours de l'année 1960, avec Ahmadou Ahidjo comme président de la République.
Il est toutefois à noter que, quelques mois plus tard, s'agissant du Togo qui était également sous sa tutelle, l'ONU n'allait pas lever sa tutelle, mais bien conditionner cette levée à la tenue d'élections libres.

---

[1] Qui est pourtant dotée d'importantes ressources (hydraulique, climatique, minérale) en quête d'investissements viables.
[2] Remplacée par l'Union africaine (UA) en juillet 2002.

L'encadré ci-après rappelle la date d'indépendance des 54 pays africains au cours du temps.

9 Pays africains indépendants avant 1960

Liberia (26 juillet 1847), Égypte (28 février 1922), Ethiopie (5 mai 1941), Libye (24 décembre 1951), Soudan (1er janvier 1956), Maroc (2 mars 1956), Tunisie (20 mars 1956), Ghana (6 mars 1957) et Guinée Conakry (2 octobre 1958).

17 Pays africains indépendants en 1960

Cameroun (1er janvier), Togo (27 avril), Madagascar (26 juin), République démocratique du Congo (30 juin), Somalie (1er juillet), Bénin (1er août), Niger (3 août), Burkina Faso (5 août), Côte d'Ivoire (7 août), Tchad (11 août), Centrafrique (13 août), Congo (15 août), Gabon (17 août), Sénégal (20 août), Mali (22 septembre), Nigeria (1er octobre) et Mauritanie (28 novembre).

28 Pays africains indépendants après 1960

Sierra Leone (27 avril 1961), Afrique du Sud (31 mai 1961), Rwanda (1er juillet 1962), Burundi (1er juillet 1962), Algérie (3 juillet 1962), Ouganda (9 octobre 1962), Kenya (12 décembre 1963), Tanzanie (24 avril 1964), Malawi (6 juillet 1964), Zambie (24 octobre 1964), Gambie (18 février 1965), Botswana (30 septembre 1966), Lesotho (4 octobre 1966), Maurice (12 mars 1968), Eswatini (6 septembre 1968), Guinée Équatoriale (12 octobre 1968), Guinée-Bissau (20 septembre 1974), Mozambique (25 juin 1975), Cap-Vert (5 juillet 1975), Comores (6 juillet 1975), Sao Tomé-et-Principe (12 juillet 1975), Angola (11 novembre 1975), Seychelles (29 juin 976), Djibouti (27 juin 1977), Zimbabwe (18 avril 1980), Namibie (21 mars 1990), Érythrée (24 mai 1993) et Soudan du Sud (9 juillet 2011).

Dans l'optique d'une meilleure compréhension des enjeux auxquels les différentes parties prenantes à l'indépendance des pays africains – pays colonisateur (France, Belgique, Grande-Bretagne, Portugal) d'une part, et pays colonisés d'autre part – étaient confrontées, les cas du Togo, de la

République démocratique du Congo[1] et du Mali[2] méritent une rapide analyse ex-post.
Une fois de plus, il est plus aisé de faire une telle analyse aujourd'hui, car elle n'intègre pas la réalité des pressions de tout genre auxquelles les dirigeants africains de l'époque coloniale étaient confrontés vis-à-vis de la puissance coloniale. Leur vision du développement de leur pays ne s'alignait pas avec les intérêts du pays colonisateur. Cependant, cette analyse permet de mettre en exergue l'importance d'avoir une vision stratégique cohérente, de savoir clairement où l'on veut se diriger et d'avoir les moyens de sa politique.

V. L'indépendance du Togo avec Sylvanus Olympio

En guise de rappel, le Togo, au même titre que le Cameroun, était un territoire sous tutelle de Société des Nations (SDN) dont l'administration avait été confiée à la France et à la Grande-Bretagne, à la fin de la Première Guerre mondiale. A la suite de cette division, la France hérita de la partie la plus large et la partie la plus peuplée du territoire. Quant à elle, la Grande-Bretagne prit le contrôle de la partie la plus occidentale entourant la *Gold Coast*. Et, dans le même temps, l'ethnie « Ewé » fut partagée entre les Français et les Anglais. Au terme d'un référendum organisé en 1956 sous le contrôle des Nations Unies, le Togo anglais fut rattaché à la colonie de la *Gold Coast*, promise à l'indépendance l'année suivante. En effet, le 6 mars 1957, ce territoire devint indépendant sous le nom de Ghana, avec Kwame Nkrumah comme père de l'indépendance et premier président du nouvel État.
Face à cette situation, le gouvernement français décida d'insérer dans la loi-cadre Defferre du 23 juin 1956, un article prévoyant un nouveau statut pour le Togo, pour éviter toute velléité d'annexion du reste du Togo par le Ghana du président Nkrumah. En juillet 1956, ce nouveau statut fut présenté au Conseil de tutelle des Nations Unies qui le refusa. Au cours de son Assemblée générale de novembre 1957, celles-ci refusèrent de nouveau la demande de la France, concernant la levée de la tutelle du Togo après le renouvellement de l'Assemblée législative togolaise au suffrage universel. Toutefois, l'Assemblée générale fixa les conditions de levée de cette tutelle : renouvellement de l'Assemblée législative togolaise en présence d'observateurs des Nations Unies, transfert de nouveaux pouvoirs au gouvernement togolais et, un an après, cessation de la tutelle prononcée par l'Assemblée générale, une fois connues les intentions de l'Assemblée togolaise élue au suffrage universel. Lors des élections pour le renouvellement de l'Assemblée togolaise en avril 1958, contre toute attente, le parti au pouvoir - Parti Togolais du Progrès (PTP) dirigé par Nicolas

[1] Ex Congo belge.
[2] Ex Soudan français.

Grunitzky, plutôt favorable à une intense coopération avec la France, fut défait par le parti d'opposition, le Comité de l'Unité Togolaise (CUT) dont leader Sylvanus Olympio fut chargé de former le futur gouvernement succédant à celui dirigé par Grunitzky. C'est ainsi qu'Olympio allait conduire le Togo jusqu'à son indépendance le 27 avril 1960.
Mais qui était donc ce père atypique de l'indépendance du Togo ? Quelles ont été ses relations avec la puissance coloniale en cheminant vers l'indépendance ? Quelle fut sa position vis-à-vis de l'adhésion à la communauté française proposée par le Général de Gaulle ? Quels furent ses rapports avec les autres leaders africains, notamment avec le Rassemblement démocratique africain (RDA) ou encore le projet de l'unité africaine prônée par Sékou Touré, Nkrumah et Modibo Keita ? Quelle était sa vision ? Ce qui va suivre apporte les principaux éléments de réponse à ces questions.
Après avoir fait ses études en Grande-Bretagne à la London Business School, il fit sa carrière au sein de United Africa Company, une filiale africaine du Groupe anglo-néerlandais Unilever, dont il allait être nommé directeur général pour le Togo en 1932. Par ailleurs, sur le plan politique il a occupé la fonction de président de l'Assemblée territoriale du Togo dès sa création en 1946 jusqu'en 1952. Toutefois, n'inspirant pas confiance à Paris, du fait de son anglophilie, il fut évincé par les autorités françaises et remplacé par Grunitzky, leader du PTP et proche de l'administration coloniale. Du fait de sa formation et son expérience professionnelle anglophones, Olympio était un leader africain complètement atypique, comparé à ses pairs africains. Il est important de rappeler ici que pendant ces années, le RDA représentait une structure panafricaine stratégique ayant vocation à accompagner les partis nationaux dans leurs démarches pour conduire leurs pays vers l'indépendance. Il était principalement miné par une divergence idéologique majeure entre deux courants indépendantistes : le courant pro-français incarné par Houphouët-Boigny (Côte d'Ivoire) et Senghor (Sénégal) d'une part, et le courant « radical », plutôt panafricaniste comme Nkrumah, représenté par Sékou Touré (Guinée) et Modibo Keita (Soudan français ou Mali). Olympio ne faisait partie d'aucun de ces deux courants. Il n'adhérait pas au RDA et n'avait pas participé à la conférence du RDA à Bamako. Entre 1958 et 1960, il s'attela à assurer l'obtention de l'indépendance du Togo prévue en 1960, en collaborant avec la France, malgré certains désaccords sur les modalités. Il était conscient des besoins du Togo et de l'aide apportée par la France. L'aide française était d'autant plus précieuse que Olympio se méfiait de Nkrumah (Ghana) qui, fort du désir de réunification de l'ethnie Ewé, était intéressé par l'annexion du Togo français. Une fois le plan de gouvernement approuvé par l'Assemblée générale des Nations Unies et le Conseil de tutelle en décembre 1958 et juillet 1959 respectivement, l'indépendance du Togo fut fixée au 27 avril 1960. Le processus vers l'indépendance étant lancé, Olympio s'empressa de définir une convention monétaire avec la France, où le Togo resterait dans la

zone franc, tout en disposant de la liberté de négocier et conclure des accords avec les pays étrangers. Une proposition que la France allait rejeter, en proposant à Olympio d'attendre l'indépendance pour établir une nouvelle convention monétaire. Au travers de celle-ci, le Togo pourrait bénéficier des mêmes conditions que les autres membres de la communauté française, ou créer une monnaie togolaise autonome en supportant les responsabilités et les risques d'une telle opération.

C'est ainsi qu'au mois de mars 1960 – un mois avant l'indépendance – un compromis fut trouvé sur la partie monétaire, dans le cadre de la négociation des accords à Paris : il était reconnu au Togo la possibilité de créer une monnaie et un institut national d'émission, mais en même temps, le gouvernement togolais confirmait son adhésion à l'Union monétaire ouest-africaine et reconnaissait le franc CFA comme monnaie légale. En faisant ainsi un compromis sur la partie financière, Olympio ne voulait pas céder sur les questions commerciales. Ce qui devait permettre au Togo de nouer librement des accords avec les pays étrangers, plutôt que de définir un programme d'importation avec les responsables français ou de consulter ceux-ci préalablement à toute négociation commerciale hors de la zone franc. Cette volonté d'assumer pleinement l'indépendance du Togo allait davantage se manifester dans la relation avec la Communauté économique européenne (CEE)[1]. Avant la proclamation de son indépendance, le Togo, comme les autres territoires français, était associé à la CEE (articles 131 à 136, Partie IV). Cependant, à une semaine du jour de l'indépendance du Togo, Olympio, en sa qualité de Premier ministre, envoya une lettre au président de la Commission lui faisant la demande de négocier un nouveau traité d'association sur la base de l'article 238 du traité de la CEE.

Une fois l'indépendance proclamée le 27 avril 1960, le président Olympio s'employa à développer des liens bilatéraux avec l'Allemagne et les États-Unis. Washington, considérant le Togo comme un élément de stabilité de la région, partageait la politique d'ouverture commerciale d'Olympio en allant jusqu'à soutenir son engagement auprès des Nations Unies et sa tentative de créer des liens entre les États francophones et anglophones. Ses relations avec la France allaient continuer de se dégrader, notamment avec son refus d'adhérer au groupe des États africains de langue française créé par la France. Cette divergence allait s'amplifier avec son engagement pour la constitution d'une unité africaine. C'est ainsi que le Togo n'avait pas participé aux conférences d'Abidjan et de Brazzaville de 1960, et par conséquent, ne faisait pas partie de l'Union africaine et malgache de coopération économique. En revanche, les représentants togolais avaient participé aux réunions préparatoires à la création de l'Organisation de l'unité

[1] Dont le traité fut signé le 25 mars 1957.

africaine (OUA)[1] et proposé aux Nigeria et Dahomey (l'actuel Bénin), la création d'une union régionale. Pour Olympio, il était essentiel de développer des relations commerciales avec le Ghana et le Nigeria, et de ne pas limiter les importations à la zone franc où les prix étaient généralement supérieurs aux cours mondiaux.

En ce qui concerne son association avec la Communauté économique européenne (CEE), il voulait certes bénéficier des ressources du Fonds européen de développement (FED), mais également, il était prêt à y renoncer pour matérialiser l'indépendance du Togo, appliquer sa vision économique et instaurer des relations directes avec la CEE. Dans cette configuration, on comprend mieux pourquoi ses divergences de vues avec la France se sont accrues après l'indépendance, et par conséquent, les difficultés qui se sont posées lors de la définition et la négociation d'un nouveau statut monétaire et la signature des accords de coopération avec la France.

C'est ainsi qu'Olympio s'était entouré d'un conseiller monétaire allemand, von Mann, pour structurer et individualiser[2] l'ingénierie et la circulation monétaire du Togo au sein de la zone franc, tout en utilisant la raison sociale de la Banque Centrale des États de l'Afrique occidentale (BCEAO). Naturellement, en cohérence avec sa stratégie, la France ne pouvait pas accepter des propositions élaborées sur cette base, de nature à signer la fin de la zone franc. En mars 1961 à Paris, les deux parties ne parvinrent pas non plus à un accord lors de la réunion de renégociation de la réforme générale de l'Union monétaire ouest-africaine (UMOA), à laquelle le Togo fut également convié. Ce n'est finalement que le 28 septembre 1962 qu'elles finirent par sceller un accord monétaire prévoyant la création d'un institut d'émission national, dirigé par un conseil d'administration paritaire ; le président du conseil d'administration étant désigné par un Togolais et le directeur général nommé par le gouvernement français. La monnaie togolaise, appelée « franc togolais », allait être garantie par le Trésor français. Les pouvoirs du président du conseil d'administration étant jugés faibles par les Togolais, il avait également été décidé que le conseil pourra accorder certaines délégations à son président. Ces dispositions devaient entrer en vigueur après le transfert de l'émission par la BCEAO à la banque togolaise. De plus, celles-ci étaient conditionnées à la conclusion des accords de coopération économique dont les négociations étaient en cours. Dans la nuit du 12 au 13 janvier 1963, alors que la situation semblait s'acheminer vers une solution entre les deux parties, Olympio était assassiné devant l'ambassade américaine de Lomé, par un groupe de militaires togolais démobilisés par la France à la suite de la guerre d'Algérie. Ce groupe voulait

---

[1] Créée le 25 mai 1963 (devenue Union Africaine), dont la charte fut rédigée notamment par le président malien Modibo Keïta et le président togolais Olympio avant la mort de ce dernier.

[2] Cette individualisation de la gestion monétaire consistait notamment à assurer la libre convertibilité du franc CFA émis au Togo par le mécanisme des avances et non par le mécanisme du Compte d'opérations qui garantit une convertibilité illimitée.

obliger le chef de l'État à le réintégrer dans l'armée nationale. Sur le plan national, la politique d'Olympio n'était pas convaincante au niveau de la population. Celui-ci était accusé notamment d'avoir institué un régime autocratique, en mettant fin au multipartisme et en érigeant son parti - Parti de l'Unité Togolaise (PUT) - en parti unique, et en transformant le régime parlementaire en un régime semi-présidentiel avec des pleins pouvoirs.
Quant à la relation avec la France, si cette dernière avait accepté - malgré elle - le verdict surprenant des élections législatives d'avril 1958, elle n'a jamais apprécié ce leader atypique qu'était Olympio, qui l'avait énormément agacée et contrariée. D'ailleurs, lorsque le successeur d'Olympio - Nicolas Grunitzky - fut rappelé au pouvoir par les militaires, celui-ci rétablit immédiatement la politique voulue par la France au Togo, en se rapprochant notamment des États africains francophones modérés : à partir de 1963, le Togo allait adhérer à l'Union africaine et malgache (UAM), ainsi qu'à l'Union douanière ouest-africaine. Dès lors, il n'était plus question de créer un institut monétaire national, ni de sortir de l'Union monétaire ouest-africaine. Finalement, en octobre 1963, le Togo signait les accords de coopération avec France et revenait au sein de la communauté française.

VI. La Fédération du Mali et son éclatement : Modibo Keita (Mali) vs L.S Senghor (Sénégal)

Il convient de rappeler ici que le Général de Gaulle, arrivé au pouvoir en mai 1958, envisageait une nouvelle Constitution stipulant de nouvelles relations entre la France et ses colonies. Dans cette perspective, il s'associa à Houphouët-Boigny (Côte d'Ivoire) pour mettre en place la communauté française unissant la France et ses anciennes colonies. Toutefois, la forme de cette communauté française ne satisfaisait pas pleinement les nationalistes africains. Ces derniers réclamèrent l'indépendance totale et immédiate lors du congrès du Parti du Regroupement Africain (PRA) des 25, 26 et 27 juillet 1958, au centre international Unafrica de Cotonou [1]. Lors du Congrès de Bamako (Soudan français) des 29 et 30 décembre 1958, les représentants du Sénégal, du Soudan français, du Dahomey et de la Haute-Volta[2] projetèrent de créer une fédération de leurs quatre pays au cours d'une assemblée constituante qui devait se tenir le mois suivant. Celle-ci eut lieu le 14 janvier 1959, en présence de 44 délégués représentant les quatre États (Sénégal, Soudan français, Dahomey et Haute-Volta). Trois jours plus tard, la Constitution était adoptée par acclamation, donnant naissance à la Fédération du Mali. Celle-ci dépendait encore du pouvoir colonial, en attendant que cette Constitution soit ratifiée par les assemblées législatives des États membres. Les 21 et 22 janvier 1959, la Constitution de

[1] Au Dahomey (actuel Bénin), où environ 350 délégués représentaient les partis politiques hors Rassemblement démocratique africain (RDA).
[2] Actuel Burkina Faso.

la Fédération du Mali fut ratifiée par le Sénégal et le Soudan français seulement ; la Haute-Volta et le Dahomey ayant finalement renoncé, sous l'influence de la Côte d'Ivoire et de la France.

Le 4 avril 1959, l'Assemblée fédérale du Mali se réunit pour réviser la Constitution fédérale et former le gouvernement fédéral. Léopold Sedar Senghor (Sénégal) fut désigné président de l'assemblée. Modibo Keita (Soudan français) fut élu président du gouvernement et Mamadou Dia (Sénégal) fut choisi comme Vice-président. Deux semaines plus tard, le gouvernement fédéral était constitué de huit ministres, chacun des deux pays en disposant de quatre. Le 15 mai 1959, le Général de Gaulle recevait Modibo Keita à l'Elysée (Paris) et reconnaissait la Fédération du Mali au sein de la communauté française. Au cours du mois de janvier 1960, des négociations devant conduire à l'indépendance de la Fédération du Mali s'ouvrirent à Paris. Le 20 juin 1960, l'Assemblée se réunit en séance solennelle au cours de laquelle elle vota l'indépendance de la Fédération du Mali, proclamée séance tenante par Senghor, le président de cette assemblée. Malheureusement, pendant les deux mois qui suivirent, en plus des ambitions personnelles des uns et des autres, de profonds désaccords sur les plans politique et organisationnel – notamment concernant les nominations au sein de la Fédération – se firent jour entre les dirigeants sénégalais et soudanais. Les élections fédérales approchant, trois groupes politiques ressortaient au sein de la Fédération du Mali : un groupe fidèle à la Fédération du Mali composé de tous les Soudanais et quelques Sénégalais (groupe apparenté soudanais) ; un groupe pro Lamine Guèye[1] (un premier groupe apparenté sénégalais) et un groupe en faveur du tandem Léopold Sedar Senghor - Mamadou Dia, fortement appuyé par la plupart de grands marabouts du Sénégal, dont Thierno Seydou Nourou Tall (un deuxième groupe apparenté sénégalais). Le fait que les Sénégalais soient divisés en deux groupes, réduisait considérablement leurs chances aux élections devant désigner le chef d'État de la Fédération et ses ministres ; Senghor s'étant déclaré candidat, sous les couleurs de l'Union progressiste sénégalaise. En revanche, il y avait de fortes chances que les Soudanais, unis, fassent facilement triompher Modibo Kéita, leur candidat.

C'est dans ce contexte de méfiance mutuelle, que Modibo Kéita, le 18 août 1960, nomma le Colonel Soumaré (soudanais) à la tête de l'État-major des armées, sans prévenir Mamadou Dia. Ce dernier était soupçonné de vouloir nommer le Colonel Fall (sénégalais) à la tête de l'État-major des armées. Ce jour, le Colonel Soumaré mobilisa les unités de l'armée malienne stationnées

[1] Grand combattant pour l'égalité des droits politiques dans la République coloniale, Lamine Guèye est une figure fondatrice du monde politique sénégalais et ouest-africain. Maire de Dakar de 1945 à 1961 ; sénateur de la Communauté de 1958 à 1959. A partir de 1956, il appela à la fusion des partis politiques, d'où la création de l'UPS (Union progressiste sénégalaise) qui allait amener le pays à l'indépendance dans la Fédération du Mali (1959-1960). Il fut ensuite président de l'assemblée du Sénégal de 1960 à 1968.

à Podor et Bignona pour sécuriser le prochain scrutin présidentiel ; les Soudanais craignant une sécession des Sénégalais et ces derniers redoutant quant à eux un coup de force soudanais. Le conseil des ministres extraordinaire du lendemain, en présence d'un seul ministre sénégalais, démit Mamadou Dia de ses fonctions et décréta l'état d'urgence. En annonçant cette mesure dans une allocution radiodiffusée le jour même, Modibo Keita affirma à « Radio-Mali » qu'il avait agi ainsi parce que des menaces graves pesaient sur l'avenir de la Fédération. Dans un studio voisin, à « Radio-Sénégal », Mamadou Dia déclara : *« Le président Modibo Keita vient de tenter un coup d'État. Il prend les Sénégalais pour des femmes ».* Réagissant spontanément à cette crise, Senghor et Dia, soutenus par la gendarmerie sénégalaise, firent arrêter le Colonel Soumaré le 20 août par le commandant de la Garde républicaine sénégalaise. Ce même jour, le Conseil des ministres sénégalais décida le remaniement du cabinet et l'assemblée sénégalaise annonça le retrait du Sénégal de la Fédération du Mali, en proclamant, l'indépendance du Sénégal. Le gouvernement de Dakar reçut les pleins pouvoirs pour trois mois et l'état d'urgence fut proclamé pour une durée illimitée. Senghor invita ses concitoyens à se constituer en milices populaires et accusa Modibo Keita d'avoir tenté un coup de force. Les frontières du Sénégal ont été fermées et le trafic ferroviaire avec le Soudan a été interrompu, après que les Sénégalais aient reconduit sous bonne escorte, Modibo Keïta et les représentants soudanais, par train jusqu'à la frontière malienne.
Modibo Keita protesta auprès du Général de Gaulle afin que la France n'eût pas reconnu le nouvel État indépendant, le Sénégal. La France fut mise en difficulté dans ce différent, accusée même d'avoir ouvertement pris parti pour Senghor et Dia. Tandis que le Sénégal demandait son admission à l'ONU, le 23 août, Modibo Keita répondait au Général de Gaulle qu'il considérait *« comme extrêmement grave que des officiers français aient été les principaux artisans de la situation créée... que la France considère comme rompus les liens de la Fédération alors que la rupture constitutionnellement est impossible... »* ; et il ajoutait *« j'exprime le souhait que la France ne prenne à l'égard du Sénégal aucune mesure pouvant être interprétée comme une reconnaissance de la sécession de cet État... ».* Finalement, après tous ces vains efforts de « sauver » la Fédération du Mali, le 22 septembre 1960, Modibo Keita, proclamait l'indépendance du Soudan français qui devint République du Mali.

Modibo Keita fut véritablement le père de l'indépendance du Mali. Il a dirigé le Mali jusqu'au coup d'État du 19 novembre 1968 mené par le lieutenant Moussa Traoré. Ce dernier envoya Modibo Keita en prison qui y passa neuf ans avant sa mort à Bamako le 16 mai 1977, à l'âge de 61 ans, dans des circonstances suspectes. A son décès, les autorités maliennes de l'époque firent diffuser à « Radio-Mali », un communiqué annonçant :

« Modibo Keïta, ancien instituteur à la retraite, est décédé des suites d'un œdème aigu des poumons. ». Ce qui, lors de ses obsèques, donna lieu à d'importantes manifestations, réprimées violemment par les services de sécurité, obligeant le président Moussa Traoré d'intervenir à « Radio-Mali » pour donner une version « officielle » du décès de Modibo Keïta, qui ne convainquit personne. Fort heureusement pour le peuple malien, sa mémoire allait être réhabilitée par le président Alpha Oumar Konaré en 1992. Un mémorial en son nom fut construit et inauguré le 6 juin 1999. En janvier 2016, l'aéroport international de Bamako-Sénou fut rebaptisé « aéroport international Modibo-Keïta ». Une vraie reconnaissance pour cet immense panafricaniste qui a œuvré toute sa vie pour l'unité africaine. D'abord, en participant activement à la création de la Fédération du Mali avec Léopold Sedar Senghor, et en tant que membre du mouvement des « non-alignés » où il a défendu les mouvements nationalistes comme le Front de Libération Nationale (FLN) algérien. De plus, il a apporté son aide à d'autres causes internationales, notamment en interpellant l'ONU pour intervenir dans la sécession du Katanga au Congo belge nouvellement indépendant, ou encore en œuvrant au règlement du conflit frontalier entre l'Algérie et le Maroc. En 1963, il participa à la rédaction de la charte de l'Organisation de l'unité africaine (OUA) dont il est l'un des principaux artisans. Par rapport à l'éclatement de la Fédération du Mali, le 25 juin 1963, il se réconcilia avec Senghor.

Bien que ses relations avec la France eussent été difficiles, il sut collaborer avec la communauté française tout en exprimant ses différences, en assumant son idéologie marxiste ; une posture difficile à tenir en pleine période de guerre froide. Soucieux d'industrialiser le Mali, il a eu l'audace d'adopter une politique monétaire différente de la zone CFA, tout en restant membre de la BCEAO.

VII. L'indépendance de la République démocratique du Congo avec Patrice Lumumba

Avant de parler de l'indépendance de la République démocratique du Congo, anciennement Congo belge, dont Patrice Lumumba fut l'éphémère premier chef de gouvernement à son indépendance le 30 juin 1960, un bref rappel de la genèse de ce pays permet de mieux percevoir sa singularité et ainsi de comprendre la forme du discours mémorable de Lumumba devant Baudouin - roi des Belges - lors de la célébration de l'indépendance, sans la justifier forcément.

Le roi des Belges, Léopold II, bien avant son accession au trône en 1865, s'intéressait au système économique relatif à la colonisation, qui fut mis en place par les Hollandais, le « système des cultures ». Selon lui, ce système : « *consistait non seulement à acheter le produit des plantations à un prix fixé arbitrairement, mais aussi à mettre en place des fonctionnaires qui obtenaient des primes en fonction de la production* ». C'est ainsi qu'en 1876, il organisa une association internationale comme support de son projet privé d'exploitation des richesses de l'Afrique centrale (caoutchouc, ivoire). En 1879, son partenaire, l'explorateur Henry Morton Stanley, fit signer à des centaines de chefs africains illettrés, des traités dans lesquels ils reconnaissaient à Léopold II la pleine propriété de leurs terres et s'engageaient à lui fournir le personnel nécessaire à l'exploitation et au transport de l'ivoire et du caoutchouc. Ces « contrats » d'exploitation des terres étaient signés au profit de l'Association internationale du Congo (AIC) dont Léopold II était le président. C'est ainsi qu'à la conférence de Berlin organisée par Bismarck en 1885 - prenant acte du partage de l'Afrique intertropicale par les puissances industrielles européennes - les représentants de 14 pays européens et des États-Unis reconnaissaient à l'AIC, la souveraineté sur l'État indépendant du Congo (EIC). Avant la fin du XIXe siècle, Léopold établit une ligne ferroviaire le long du fleuve Congo et de ses affluents afin d'écouler vers la côte, les produits dont la vente dans le monde devait créer des sources de revenus indispensables à l'autofinancement du Congo et à l'autogestion de son territoire. Au début du XXe siècle, la concurrence coloniale arrivait à son apogée avec le développement de l'industrie automobile. Le caoutchouc, principale production de l'EIC d'alors, était destiné aux industries automobiles naissantes (Rover, Ford, Mercedes, etc.) ou aux industries textiles.

Des témoignages établissant l'exploitation indigne et les mauvais traitements dont la population indigène était victime (esclavage, malnutrition, mutilation[1]...), en particulier dans l'industrie du caoutchouc, entraînèrent un mouvement international de protestation mené par le Royaume-Uni et les États-Unis à partir des années 1894-1895. Une commission d'enquête sur les exactions commises dans l'État indépendant du Congo - Commission Edmond Janssens[2] - fut envoyée sur le terrain pendant quatre mois. A la suite de pressions étrangères et, comme résultante du rapport de cette commission, le roi Léopold II fut contraint de léguer l'EIC à la Belgique, par le biais d'une annexion votée au Parlement en 1908. Dès lors, l'EIC devint le Congo belge, mais ce n'est qu'à la fin des années 1920 que ses frontières furent définitives.

C'est donc ce Congo belge, avec la Belgique comme puissance colonisatrice, que nous resituons à la fin de la Seconde Guerre mondiale, et principalement au début des années 1950 à partir desquelles les mouvements indépendantistes africains ont commencé à s'activer.

Au Congo belge, contrairement aux autres pays d'Afrique subsaharienne, le nationalisme congolais ne s'amorça véritablement qu'après la parution du

[1] Notamment l'affaire des mains coupées qui allait conduire à une commission d'enquête internationale et indépendante en 1904-1905.

[2] Avocat général de la Cour de cassation de Bruxelles.

plan proposé par l'universitaire belge J. Van Bilsen intitulé *« Un plan de trente ans pour l'émancipation de l'Afrique belge »,* qui, par la suite, avait vocation à devenir un manifeste de la décolonisation belge. Dans ce document, Bilsen émettait l'hypothèse qu'une période de trente ans était nécessaire pour préparer l'élite congolaise avant d'accéder à l'indépendance. Sans toutefois parler d'indépendance, il recommandait à la Belgique d'admettre de manière définitive une politique d'émancipation nette pour sa colonie du Congo et des territoires sous tutelle du Ruanda-Urundi, permettant une décolonisation progressive en l'espace d'une génération. Son rapport allait susciter une réaction de part et d'autre, d'autant que la loi-cadre Defferre du 23 juin 1956 établie par la France avait vocation à conduire les pays d'Afrique francophone vers l'autonomie. C'est ainsi que trois manifestes ont été publiés en 1956.
Le 1er juillet 1956, encouragés par le Plan de trente ans de Bilsen, des Congolais rédigèrent et publièrent le manifeste de *Conscience africaine*[1], dont la cheville ouvrière était Joseph Iléo, lequel plaidait pour *« une émancipation progressive mais totale du pays »* et à propos des relations entre la Belgique et le Congo en précisant *« qu'une telle communauté devait être un jour le fruit d'une libre collaboration entre deux nations indépendantes liées par une unité durable ».* Rédigé en termes modérés, ce document fut suivi le 26 août 1956 par un contre-manifeste publié par l'Alliance des Bakongo (Abako)[2], présidée par J. Kasa-Vubu, réclamant *« l'émancipation immédiate ».* En septembre 1956, le mouvement d'émancipation fut encouragé par la Déclaration des évêques du Congo belge et du Ruanda-Urundi[3] qui proclama l'existence du droit pour les habitants d'un pays *« de prendre part à la conduite des affaires publiques »,* et l'obligation pour la nation tutrice de *« respecter ce droit et d'en favoriser l'exercice par une éducation politique progressive ».* Cette déclaration prônait une politique de désengagement de l'Église catholique du système colonialiste, insistant sur le respect des droits des populations autochtones. Une prise de position défavorablement perçue par la haute administration coloniale, qui y vit un encouragement au nationalisme naissant. Il est indéniable que cette attitude de l'Église catholique fut déterminante, car celle-ci exerçait une influence prépondérante depuis la création de l'État indépendant du Congo en 1908. C'est ainsi que pendant la période de 1956 à 1959, ses prises de position allaient trancher avec son attitude conservatrice durant de nombreuses années auparavant. Afin de maintenir son avantage par rapport aux institutions concurrentes d'inspiration non catholique,

---

[1] Le Manifeste de Conscience Africaine, Périodique de Conscience Africaine, Numéro spécial, juillet-août 1956, Léopoldville.
[2] À sa création, elle s'appelait « Association des Bakongo pour l'unification, la conservation et l'expansion de la langue kikongo ».
[3] « Déclaration solennelle de l'Épiscopat congolais », in Le Congo. Documents 1956, De Linie Bruxelles.

l'Église catholique était favorable au raccourcissement du processus d'émancipation prôné par Bilsen.
En décembre 1957, l'autorité coloniale organisa les premières élections communales dans trois villes du Congo. L'Abako triompha à Léopoldville[1]. Ce qui encouragea Patrice Lumumba, originaire de la province du Kasaï et qui n'avait alors que trente-trois ans, à fonder le Mouvement National Congolais (MNC) en 1958[2]. Le MNC était le seul parti politique constitué sur des bases non tribales. D'une manière générale ce n'est qu'en 1958 (deux ans seulement avant l'indépendance du pays) que la pensée nationaliste commença réellement à se structurer au Congo belge, notamment avec deux événements majeurs : l'exposition universelle de Bruxelles[3] et la constitution d'un groupe de travail chargé de formuler un plan de décolonisation. Plus précisément, l'objet de ce plan consistait à *« définir une politique d'union nationale »*, sur la base d'une consultation sur place de représentants noirs et blancs appartenant à diverses catégories d'intérêts. Le groupe de travail[4] qui se rendit au Congo belge du 20 octobre 1958 au 14 novembre 1958 rencontra deux cent douze Africains et deux cent cinquante Européens issus de différents milieux (politique, judiciaire, ecclésiastique et universitaire). Ce groupe de travail rendit son rapport le 24 décembre 1958, de manière quasiment inaperçue, car il fut largement occulté par les circonstances des jours suivants : les émeutes du 4 janvier 1959 à Léopoldville, dont la répression causa de nombreux morts et blessés[5]. Ce qui allait venir secouer la quiétude belge, provoquer un choc psychologique important dans l'opinion publique de la métropole et favoriser l'émergence généralisée du nationalisme africain.
Toutefois, le pouvoir colonial réagit rapidement, le 13 janvier 1959, avec le message royal et la déclaration gouvernementale sur l'avenir du Congo. Le roi Baudouin fit une déclaration[6] d'une grande concision devant la Chambre des députés, dans laquelle il déclarait dans des termes non équivoques que

---

[1] L'actuelle Kinshasa.
[2] En décembre 1959, Lumumba - panafricaniste convaincu - assistait avec une délégation de nationalistes congolais à la première conférence panafricaine des peuples organisée à Accra (Ghana), au cours de laquelle il fut élu au secrétariat permanent. Par ailleurs, en mars 1959, à Ibadan (Nigeria) lors d'un séminaire international sur la culture, il fit un discours défendant l'unité africaine.
[3] Inaugurée par le 17 octobre 1958, ce grand événement international réunira près de 42 millions de personnes pendant trois jours. Ce sera l'occasion de réunir les Congolais au Pavillon du Congo, parmi lesquels bon nombre de représentants très qualifiés de la nouvelle élite, de divers centres urbains.
[4] Initié par Pétillon, ministre du Congo belge et du Ruanda-Urundi (ancien Département des Colonies), réputé et reconnu comme étant favorable à l'émancipation des noirs qu'il voulait associer à la prise de décision concernant le Congo. Mais, il sera remplacé le 6 novembre 1958 par Maurice Van Hemelrijck à la suite de l'élargissement du Gouvernement Eykens (initialement social-chrétien) aux libéraux.
[5] 49 morts et 290 blessés, selon les chiffres de la Commission d'enquête parlementaire.
[6] Cf. Congo 1959. Documents belges et africains, op. cit., pp. 10-16. 40 Ibidem.

l'intention de la Belgique était de mener le Congo à la souveraineté : « *Notre résolution est aujourd'hui de conduire, sans atermoiements funestes, mais sans précipitation inconsidérée, les populations congolaises à l'indépendance, dans la prospérité et la paix* ».
Pour y arriver, le souverain estimait que certaines conditions de base devaient être réunies : *« L'indépendance ne se conçoit que moyennant : des institutions solides et bien équilibrées, des cadres administratifs expérimentés, une organisation sociale, économique et financière, bien assise, aux mains de techniciens éprouvés, une formation intellectuelle et morale de la population sans laquelle un régime démocratique n'est que dérision, duperie et tyrannie »* déclarait-il. Par conséquent, son message sous-entendait que ce processus allait prendre du temps.
En revanche la déclaration gouvernementale ne fut pas aussi claire que le message royal prononcé une heure plus tôt : *« La Belgique entend organiser au Congo une démocratie capable d'exercer les prérogatives de la souveraineté et de décider de son indépendance. »* La déclaration conditionnait la progression vers l'indépendance à l'établissement d'institutions fonctionnant démocratiquement. Celle-ci précisait : *« Au terme de l'évolution, il est souhaitable, dans l'intérêt des deux pays, que des liens d'association soient maintenus entre le Congo et la Belgique qui en décideront librement à ce moment. ».* D'une certaine manière, le pouvoir colonial croyait encore pouvoir organiser lui-même les étapes conduisant le Congo belge à l'indépendance et à la démocratie parlementaire.
C'est ainsi que l'année 1959 fut très mouvementée avec l'autorisation du pluralisme politique qui allait favoriser l'émergence d'autres partis politiques[1]. Le paysage politique congolais était divisé : d'un côté les partisans d'une indépendance totale, de l'autre, les « modérés » s'appuyant sur des milieux coutumiers ou proches de la société blanche. Il convient de noter ici que la plupart de ces partis politiques s'étaient constitués sur une base purement ethnique, sans véritable programme de gouvernement. Parallèlement, en juin 1959, au cours de son troisième séjour au Congo, Van Hemelrijck, ministre du Congo belge et du Ruanda-Urundi, jeta les bases d'un dialogue entre l'administration et les représentants de partis politiques. Ainsi, l'Abako et plusieurs partis, dont le MNC et le Parti du Peuple, demandèrent l'octroi d'une Constitution et la formation d'un gouvernement provisoire pour juin 1960. Mais les incidents qui s'étaient déroulés dans le Bas-Congo[2] allaient venir refroidir ce dialogue et entraîner la démission de Van Hemelrijck, remplacé par De Schryver à partir du 3 septembre 1959. Ce dernier a été très actif dans le processus qui allait conduire à l'indépendance,

---

[1] Notamment le Parti Solidaire Africain (PSA) d'Antoine Gizenga et le Parti National du Peuple (PNP).

[2] Région où seuls le parti Abako et son chef (J. Kasa-Vubu) avaient l'autorité sur la population.

en dépit de nombreux écueils rencontrés : à la suite de sa proposition du 16 octobre 1959, les partis modérés se rangèrent à ses côtés, mais son programme fut rejeté par l'Abako, le Parti solidaire africain, le MNC-Kalonji, le Parti du peuple et le MNC-Lumumba qui leur emboîta le pas en lançant un appel à la désobéissance civile[1]. Consécutivement à l'appel lancé le 20 novembre par le roi Baudoin à l'Université Libre de Bruxelles *« à tous ses compatriotes pour résoudre »* le problème congolais dans un *« esprit d'union qui est celui de notre devise »*, De Schryver se rendit au Congo. Le 26 novembre 1959, à Léopoldville, il déclara officiellement qu'une grande conférence allait se tenir à Bruxelles et que son objectif était d'examiner le fondement et l'organisation des futures institutions politiques congolaises. A la surprise générale du gouvernement, le 16 décembre 1959, le roi Baudouin décida d'effectuer un voyage[2] d'information au Congo sur « *l'état général du Congo et sur les aspirations des populations* ». Dans son discours à son arrivée, le souverain déclara à la radio de Stanleyville[3] qu'il était venu s'assurer sur place des aspirations des populations, ajoutant que *« l'heure approchait d'asseoir l'association de la Belgique et du Congo sur la base de l'émancipation des populations autochtones ».*

C'est la conférence de la Table ronde du 20 janvier au 20 février 1960 à Bruxelles, qui, réunissant les dirigeants des partis politiques congolais avec les gouvernement et parlement belges, allait prendre les décisions relatives à l'indépendance du Congo belge. A la veille de cette conférence, les délégations représentant les différents partis politiques congolais décidèrent de former un front commun avec pour objectif : *« Unir leurs efforts en vue de l'accession du Congo belge à l'indépendance immédiate dans l'unité nationale et demander une définition de la nature de la conférence avant d'entamer tout débat ».* D'un commun accord, la date de l'indépendance fut fixée le 30 juin 1960. En ce qui concernait le transfert intégral des compétences, de la métropole vers la colonie, les autorités belges estimaient qu'une période de transition maximum de deux ans était nécessaire pour le transfert complet de certaines compétences aux Congolais, notamment la défense, les affaires étrangères et la monnaie. Les Congolais ne s'y opposèrent pas, et finalement le transfert des compétences fut retenu sans aucune réserve. De même, la proposition du gouvernement que le roi des Belges assumât les fonctions de chef de l'État transitoirement entre le 1er juillet 1960 et la date de ratification de la Constitution avait été rejetée par les dirigeants du Cartel de tendance nationaliste. Ceux ci exigeaient que l'assemblée constituante puisse choisir le chef de l'État après le 1er juillet 1960.

---

[1] Le 30 octobre, des émeutes éclatèrent à Stanleyville, provoquant l'intervention de la Force publique.

[2] Il y séjourna jusqu'au 9 janvier 1960.

[3] Actuellement Kisangani.

En revanche, du point de la structure politique du pays, la solution adoptée par la conférence fut typiquement belge : un État unitaire largement décentralisé. En effet, le front commun congolais s'était profondément divisé sur le point relatif aux institutions : État fédéral ou État unitaire ? Lumumba (MNC) était absolument unitariste et réclamait un pouvoir central fort. À l'inverse, Tshombe (Conakat) - de la Province du Katanga - se prononçait pour un fédéralisme qui donnerait aux provinces une très large autonomie. Le fédéralisme défendu par Kasa-Vubu (Abako) dans le Bas-Congo était très différent du fédéralisme katangais de la Conakat. Il supposait une forme de gouvernement qui garantirait aux ressortissants du Bas-Congo leur autonomie culturelle ; considérant que leur région/province étant plus développée que les autres régions, leur indépendance n'avait pas à dépendre du développement des tribus voisines. Toutefois, il ne voyait aucun intérêt à l'aspect économique du fédéralisme ; l'unité économique du pays était souhaitable. Toujours est-il que les deux formes de fédéralismes se rejoignaient quant à leur manque de précision sur les modalités pratiques (répartition des pouvoirs en matière d'impôts, de police, de recrutement et de direction de l'administration, de la délimitation des provinces). Finalement, ce sont les délégués belges qui permirent d'aboutir à un compromis : les fédéralistes obtenant une répartition des compétences qui accordait une large autonomie politique et administrative aux provinces. Une représentation provinciale au sein du gouvernement était assurée et le Sénat devait compter un nombre égal de membres élus pour chacune des six provinces. Les compétences résiduelles devaient relever du pouvoir central, assurant ainsi la prééminence de celui-ci. Quant à la question du partage des ressources financières dont les redevances minières, elle était tout simplement reléguée à plus tard : il revenait au Congo indépendant de trancher le différend.
Les élections pour les assemblées provinciales et nationales se tinrent du 11 au 25 mai 1960 et se déroulèrent dans une ambiance très lourde, notamment avec des tensions politico-ethniques. À Stanleyville, au cours de la campagne, le MNC-Lumumba souleva le problème concernant les bases militaires belges au Congo, l'envoi de troupes supplémentaires de la métropole et la transformation de la Force publique en armée nationale. La question du gouvernement provisoire revint également au centre des préoccupations des différents partis. Un ton nouveau à l'égard des milieux d'affaires se fit jour. Différentes tentatives, fortement encouragées par les milieux coloniaux, eurent lieu en vue de sceller une coalition anti-Lumumba, mais celles-ci échouèrent. Les élections consacrèrent la victoire du MNC-Lumumba et ses alliés directs. Ils remportèrent 41 sièges sur 137, soit environ 30% des élus. Ceux-ci étaient donc loin d'être majoritaires. La victoire du MNC-Lumumba renforça son influence, avec les partis les plus engagés dans la revendication de l'indépendance immédiate ; l'Abako, le PSA, le Céréa et le MNC-Lumumba qui regroupaient 84 députés sur 137.

Le 23 juin 1960, le gouvernement de Patrice Lumumba était constitué. Le lendemain, le Sénat vota la confiance au gouvernement à une large majorité et, ce même jour, Joseph Kasa-Vubu fut élu chef de l'État dès le premier tour. Trois partis allaient cristalliser l'opposition aux nouveaux dirigeants : PUNA de Bolikango, MNC-Kalonji et Conakat de Tshombe. Le 27 juin, Kasa-Vubu, en tant que Chef de l'État, prêta serment devant les Chambres réunies. Il prononça un discours-programme qui provoqua immédiatement des remous au sein de l'assemblée, le gouvernement n'ayant pas eu connaissance du texte. Il convient de noter que le système qui avait été institué par les autorités belges était de type parlementaire classique, basé sur deux chambres, dont la clef de voûte était constituée par un chef d'État. En agissant ainsi, Kasa-Vubu affirmait sa conception personnelle de la notion de chef d'État qui se rapportait plutôt à la conception bantoue. Ce qui, de fait, l'opposait au rôle dévolu au chef de l'État dans une démocratie parlementaire. Cette distorsion fut à l'origine du conflit qui allait opposer le chef de l'État au Premier ministre, immédiatement à compter du jour de l'indépendance, le 30 juin 1960, en présence du roi Baudouin. Ce jour, lors de la cérémonie de la proclamation de l'indépendance au Palais de la Nation, dans son discours très paternaliste, le roi Baudouin déclara :

« L'indépendance du Congo constitue l'aboutissement de l'œuvre conçue par le génie du roi Léopold II, entreprise par lui avec un courage tenace et continuée avec persévérance par la Belgique. Pendant 80 ans, la Belgique a envoyé sur votre sol les meilleurs de ses fils, d'abord pour délivrer le bassin du Congo de l'odieux trafic esclavagiste qui décimait ses populations. En ce moment historique, notre pensée à tous, doit se tourner vers les pionniers de l'émancipation africaine et vers ceux qui, après eux, ont fait du Congo ce qu'il est aujourd'hui. » Rappelant l'œuvre de la Belgique au Congo, il termina en lançant un appel *: « N'ayez crainte de vous tourner vers nous. Nous sommes prêts à rester à vos côtés pour vous aider de nos conseils, pour former avec vous les techniciens et les fonctionnaires dont vous aurez besoin. »*

Après les discours du roi et du président Kasa-Vubu, le président de la Chambre, Kasongo, donna la parole au Premier ministre Lumumba, qui prononça une allocution non prévue dans le déroulement de la séance. Dans son discours, Lumumba déclara sous les applaudissements de l'assemblée :

« (...) cette indépendance du Congo, si elle est proclamée aujourd'hui dans l'entente avec la Belgique, pays ami avec qui nous traitons d'égal à égal, nul Congolais (...) ne pourra jamais oublier cependant que c'est par la lutte de tous les jours, une lutte ardente et idéaliste (...). Cette lutte qui fut de larmes, de feu et de sang, nous en sommes fiers (...) car ce fut une lutte noble et juste, une lutte indispensable pour mettre fin à l'humiliant esclavage qui nous était imposé par la force. (...). Nous avons connu le travail harassant,

exigé en échange de salaires qui ne nous permettaient ni de manger à notre faim ni de nous vêtir ou nous loger décemment, ni d'élever nos enfants comme des êtres chers. Nous avons connu les ironies, les insultes, les coups que nous devions subir matin, midi et soir, parce que nous étions des nègres. Qui oubliera qu'à un Noir on disait tu (...) parce que le vous honorable était réservé aux seuls Blancs ! Nous avons connu que nos terres furent spoliées au nom de textes prétendument légaux qui ne faisaient que reconnaître le droit du plus fort. Nous avons connu que la loi n'était jamais la même selon qu'il s'agissait d'un Blanc ou d'un Noir : accommodante pour les uns, cruelle et inhumaine pour les autres (...) ; qu'un Noir n'était admis ni dans les cinémas ni dans les restaurants (...). Qui oubliera enfin les fusillades où périrent tant de nos frères, les cachots où furent brutalement jetés ceux qui ne voulaient plus se soumettre au régime d'une justice d'oppression et d'exploitation ! (...) Vive l'indépendance et l'unité africaine. Vive le Congo indépendant et souverain ! »

Ce discours nationaliste, anticolonialiste et virulent fut très peu apprécié par le roi Baudouin et par les Belges présents. Selon le Premier ministre belge, Eyskens, les ministres *« échangeaient des regards effarés »*. Baudouin voulut se retirer et regagner Bruxelles. Mais Eyskens parvint à l'en dissuader, et le soir même, lors d'un banquet réunissant hommes politiques congolais et belges, Lumumba s'efforça de préciser ses paroles en prononçant un discours apaisant dans lequel il évoquait un avenir de coopération belgo-congolaise. Mais ce discours passa inaperçu. Le mal était fait. Les déboires de Lumumba allaient commencer, jusqu'à son assassinat quelques mois plus tard, le 17 janvier 1961.

Son discours humiliant pour le roi Baudouin, allait fournir à la nouvelle « ancienne puissance coloniale belge » - dont l'armée était toujours déployée au Congo - et aux dirigeants des provinces minières du Katanga (de Tshombe) et du Sud Kasaï, des soutiens accrus dans les milieux coloniaux, notamment le Général Emile Janssens, voire dans l'opinion métropolitaine. L'armée belge intervint à différents endroits du pays (Katanga, Kasaï, Matadi et Léopoldville) ; ce qui déclencha une suite d'événements aux conséquences catastrophiques pour la survie du gouvernement de Lumumba :

- Lutte des sécessionnistes contre l'armée nationale congolaise ;
- Assistance directe de la Belgique au Katanga puis au Sud Kasaï ;

- Proclamation d'un État sécessionniste au Katanga par Tshombe (rupture avec le gouvernement central de Léopoldville), bénéficiant de l'aide financière de l'Union minière du Haut Katanga (UMHK)[1] qui avait choisi son camp, en payant les impôts exclusivement au gouvernement fédéral de Tshombe, contribuant ainsi significativement à l'assèchement des finances du gouvernement central de Lumumba ;
- Proclamation d'un État sécessionniste au Sud Kasaï (rupture avec le gouvernement central de Léopoldville), bénéficiant de l'aide financière de la Forminière qui avait imité l'Union minière (Katanga) ;
- Rupture des relations entre la Belgique et les autorités centrales congolaises et rapatriement des Belges par pont aérien ;
- Envoi de Casques bleus des Nations Unies.

Le Premier ministre Lumumba qui était en froid avec le président Kasa-Vubu somma ce dernier d'exiger le retrait de l'armée belge. L'Union soviétique avec lequel Lumumba était en contact et le Mali de Modibo Keita œuvrèrent pour amener l'ONU à demander et obtenir de la Belgique le départ de ses militaires. Malgré tout, des mercenaires et instructeurs militaires subsistèrent dans le pays. Entre le début de la mutinerie (juillet 1960) et la chute de gouvernement (septembre 1960), Lumumba s'attela à asseoir l'autorité de son gouvernement, à anéantir des sécessions katangaise et Sud-Kasaï. Mais cela allait s'avérer une mission impossible, car non seulement il avait perdu le commandement de son armée, mais également, il avait du mal à gérer l'hétérogénéité de son gouvernement pléthorique, sans compter les relations tumultueuses avec le président Kasa-Vubu. Ayant compris que l'ONU ne lui viendrait pas en aide pour contenir la sécession du Katanga, Lumumba décida de lancer lui-même une offensive militaire contre le Sud-Kasaï et le Katanga, en août 1960. Malheureusement, la reconquête du Sud Kasaï se transforma en un massacre de la population civile Luba. Ce qui allait discréditer son gouvernement à un moment critique. Ce d'autant qu'au début de septembre, lorsqu'il reçut l'aide logistique des Soviétiques - 10 avions et 60 camions soviétiques, en pleine guerre froide -, il fut définitivement considéré comme un prosoviétique. Le 5 septembre 1960, le président Kasa-Vubu annonça sa révocation en tant que Premier ministre et chargea Ileo de former un nouveau gouvernement. Mais, deux jours plus tard, Kasa-Vubu fut déjugé par la Chambre congolaise des représentants et le Sénat en fit de même le lendemain.

Le 14 septembre, Lumumba fut arrêté par le Chef d'État-major Mobutu et mis en résidence surveillée dès le lendemain. Pendant ce temps, la

[1] Société belge qui a une histoire de plus de 200 ans. Depuis 2001 elle s'appelle Umicore. C'est un groupe mondial spécialisé dans la technologie des matériaux et le recyclage.

« coalition Kasa-Vubu/Mobutu/Collège des Commissaires » réussit à s'assurer le contrôle de Léopoldville et des corps constitués. En fin novembre, Lumumba réussit à s'échapper avant d'être capturé le 2 décembre et emprisonné au camp de Thysville[1]. Finalement, le 17 janvier 1961, il fut transféré au Katanga de Tshombe, où il fut exécuté le même jour.
Ce n'est qu'au début des années 2000, qu'une commission d'enquête parlementaire fut instituée en Belgique, afin de déterminer le rôle joué par la Belgique dans l'assassinat de Lumumba. Le rapport de cette commission rendu en 2001 établit clairement la complicité des autorités belges dans la déstabilisation du gouvernement de Lumumba et de la mort de celui-ci. Cette complicité se matérialisait notamment au travers de l'aide logistique et financière apportée aux sécessions du Katanga et du Sud Kasaï, à l'arrestation de Lumumba et à son transfert au Katanga, où celui-ci avait été exécuté le 17 janvier 1961.

Cette longue tragédie sur l'indépendance du Congo belge est riche d'enseignements aussi bien du point de vue des autorités belges que des Congolais qui ont tous une responsabilité dans l'échec de cette indépendance. De plus, elle en dit long sur la situation actuelle de la République démocratique du Congo – anciennement Zaïre et Congo belge – qui laisse encore planer l'ombre de Patrice Lumumba.

C'est ainsi que s'achève ce bref rappel historique sur les indépendances des pays africains dans les années 1960, qui se voulait expressément non-exhaustif. Ceci, afin ne pas s'écarter du thème principal que nous abordons dans notre échange, à savoir, la question du développement du continent africain. En revanche, ce rappel nous a permis de mettre en évidence le mode opératoire des différents protagonistes (pays colonisateurs et pays colonisés) au processus d'indépendance juridique des pays africains dans les années 1960.
Ainsi, au travers de ce coup d'œil dans le rétroviseur temporel, tu peux non seulement apprécier la divergence de stratégies entre les protagonistes dans ce processus, mais également à quel point les divisions au sein des mouvements de lutte pour l'indépendance ont fragilisé les contenus des accords qui s'en sont suivis. En effet, l'objectif des pays colonisateurs était avant tout de préserver leurs intérêts stratégiques (économique, politique, militaire) alors que les pays colonisés aspiraient à une indépendance complète qui leur permettrait de se développer économiquement, politiquement et socialement. Ce conflit d'intérêts a plutôt tourné à l'avantage des pays colonisateurs, les pays africains partant avec un handicap indéniable dans l'amorce de leur processus de développement humain,

[1] Actuellement, Mbanza-Ngungu, est une localité du Kongo - Central en République démocratique du Congo, située le long de la ligne de chemin de fer Matadi-Kinshasa.

social, économique et politique. En effet, les pays colonisateurs ont fini par imposer leur stratégie sans véritablement se soucier des intérêts des peuples africains.
Par ailleurs, s'agissant des pays colonisés, il ressort que leurs différents leaders de partis politiques étaient divisés quant à la meilleure stratégie de lutte pour l'indépendance, indispensable pour répondre aux aspirations de leurs peuples. Ces divisions se sont matérialisées tant sur le plan national que sur le plan panafricain. Ce qui a accru leur fragilité dans un processus de négociation difficile a priori et sous haute tension.
Cette analyse met en évidence le fait que certaines erreurs stratégiques ont été commises, voulues ou non. Ainsi, d'une certaine manière, la responsabilité politique de certains dirigeants africains dans le processus d'indépendance est un fait. Ce qui constitue une bonne transition pour continuer notre discussion. Dans la partie suivante, j'essaie de te sensibiliser sur le fait que l'Afrique porte en elle-même sa part de responsabilité concernant son non-développement. Ce n'est pas toujours l'autre ; peut-être c'est toi, Afrique !

« Qui a le courage de réparer ses fautes n'en fait pas longtemps »

Proverbe chinois

Chapitre 5

ET SI L'AUTRE C'ÉTAIT TOI ?

- Cet « autre » qui serait le grain de sable dans l'engrenage pourrait venir aussi bien de l'extérieur que de l'intérieur, même si dans le cas du développement du continent africain, il est évident que la colonisation des pays africains par l'Occident leur a été préjudiciable à plusieurs titres. C'est dans ce contexte que l'Occident est considéré comme « l'autre », au sens de celui qui vient de l'extérieur.

- Mais, s'il devait y avoir une responsabilité des Africains eux-mêmes, ce serait principalement de la part de leurs dirigeants, avec en tête de file les chefs de ces États, n'est-ce pas ?

- Il me semble évident que le premier « autre » venant de l'intérieur auquel on pense soit le chef de l'État concerné. C'est normal, car il (elle) est censé(e) avoir été élu(e) démocratiquement par le peuple, pour conduire son destin et ses aspirations. De ce fait, il (elle) incarne la souveraineté et est le (la) garant(e) des institutions de la République, chef de l'exécutif et des armées. Par conséquent, une responsabilité énorme pèse sur ses épaules. Nous en avons une illustration avec le président de la République française dont la politique nationale est décriée depuis mi-novembre 2018 par un mouvement de la société civile qualifié de « Gilets Jaunes ». Leurs revendications sont parties de l'annonce par le gouvernement français de la hausse du prix du carburant. Celles-ci se sont étendues par la suite avec un constat : la paupérisation de la société (sentiment de baisse du pouvoir d'achat) et le sentiment d'injustices sociale et fiscale. Les « Gilets Jaunes » prétendent que ce sont toujours les mêmes (la classe moyenne) à qui l'État demande des efforts en matière fiscale, contrairement à la classe aisée (« classe des riches ») qui bénéficie d'importantes exonérations fiscales. La France, bien qu'étant un pays développé[1], fait face à des problèmes sociaux divers (inégalités sociales, délinquance dans les quartiers dits « difficiles », crise de l'hôpital public, réforme des retraites) malgré la légère baisse du chômage. A cela vient s'ajouter la crise migratoire en Europe[2] qui alimente la poussée des tendances nationalistes, favorable au repli sur soi dans le Vieux continent, au sein des pays tels que l'Italie, la Hongrie, la France et l'Allemagne. Face à une telle crise sociale, le président français a dû s'expliquer devant le peuple français et a ouvert une série de débats citoyens dans le but d'obtenir une remontée d'informations utiles pour répondre à court terme à ces revendications sociales.
Dans une situation de développement moins favorable - comme c'est le cas en Afrique, la responsabilité d'un chef d'État est encore plus évidente, si tant

[1] Où les besoins des habitants sont bien plus tertiaires et ne relèvent quasiment plus du primaire voire du secondaire.
[2] Avec des vagues de migrations impliquant notamment de jeunes Africains, en quête d'avenir meilleur en Europe.

est qu'il soit libre de ses actions ou qu'il ait une vision de la destinée de son pays. Il porte sur ses épaules les aspirations du pays, de par son pouvoir de faire et de faire-faire. En effet, dans la plupart des pays africains, la grande majorité de la population n'arrive même pas à satisfaire ses besoins primaires (eau potable, électricité, alimentation, santé).
La responsabilité du chef de l'État s'accentue dans le cas de pays où celui-ci est installé au pouvoir depuis plusieurs décennies, avec des résultats souvent médiocres pour le peuple, socialement et économiquement. Par exemple on peut citer des pays tels que l'Algérie, la Guinée Équatoriale, le Cameroun, le Congo Brazzaville, le Togo ou encore le Gabon. La question de la succession de ces chefs d'État se pose avec acuité pour une gestion apaisée et efficace de ces pays, sur la base de règles démocratiques bien établies (sans manipulation des opinions, sans bourrage des urnes). Cette responsabilité du chef de l'État prend également une tout autre importance dans le cas des pays où la paix sociale est fragilisée par des événements récents (Kenya, Cameroun, Côte d'Ivoire, République centrafricaine...) ou encore par les perspectives liées aux futures élections présidentielles (Algérie, Burundi, Côte d'Ivoire, Ghana, Niger, Togo...).

- Je sens une certaine dualité dans ta manière de qualifier la notion de démocratie. Par ailleurs, tu laisses entrevoir un brin de scepticisme quant à la liberté de certains chefs d'État africains à conduire la destinée de leur pays.

- Le président américain Abraham Lincoln définissait la démocratie comme le gouvernement du peuple par le peuple et pour le peuple. C'est le mode de gouvernement « idéal » pour un peuple, à condition toutefois que celui-ci ait des citoyens plus avisés et mieux éclairés. Mais, force est de constater que cet objectif est quasiment inatteignable. Par conséquent, le système de démocratie n'est pas parfait. C'est un processus qui doit sans cesse s'améliorer pour tendre, le plus possible, vers son objectif. C'est certainement à ce propos que Winston Churchill considérait que la démocratie est le moins mauvais des systèmes.
A titre illustratif, prenons le cas de démocraties occidentales comme la France ou les États-Unis. En France, le président de la République est bien élu au suffrage universel. Aux des États-Unis, le président et le Vice-président sont élus par un Collège électoral dont la définition figure dans la Constitution. Et c'est ce collège qui est constitué des grands électeurs (ou « electors ») élus au suffrage universel dans chaque État. Dans ces deux pays, les élections sont libres et transparentes, au point que le verdict du résultat des urnes n'est presque jamais contesté. On pourrait donc raisonnablement penser que ce sont des démocraties parfaites, contrairement à la plupart des pays africains où les élections sont généralement supervisées, scrutées par des émissaires extérieurs provenant de pays

occidentaux, de l'Union européenne ou de l'Union africaine. C'est ainsi que nombre de pays occidentaux s'érigent régulièrement en donneurs de leçons de démocratie et de bonne gouvernance à leurs homologues africains.

Toutefois, dans le cas de la France, pour un citoyen un peu moins avisé[1], le fonctionnement de la démocratie peut être remis en question par rapport à son noble objectif énoncé plus haut[2]. Il est surprenant, voire choquant, de constater à quel point l'opinion publique peut être manipulée au travers de médias (télévision, radio, presse, institut de sondage d'opinion) contrôlés par une petite poignée de propriétaires de groupes aux intérêts financiers colossaux, ayant à cœur de soutenir un candidat qui assurera leur pérennité financière. C'est le moyen le plus efficace pour formater l'opinion publique « démocratiquement » sans que celle-ci s'en aperçoive vraiment, bien que toute l'information nécessaire à une opinion plus avisée soit disponible sur d'autres supports. D'ailleurs, aussi surprenant que cela puisse paraître, pendant la crise des « Gilets jaunes » la question de l'indépendance des journalistes s'est invitée au débat dans la société française, évoquant même la nécessité de revoir la formation des journalistes !

Les États-Unis constituent un autre exemple intéressant de démocratie occidentale à commenter : lors de la dernière élection présidentielle, la Russie a été accusée d'avoir influencé l'issue de cette élection, sans que cela puisse interpeller les autres démocraties occidentales ou sans que l'issue ne soit remise en cause par les Américains.

Dans les deux cas, une partie du peuple est quelque peu « orientée » dans son vote, convaincue qu'elle vote en connaissance de cause. En fait, dans ces cas précis, le vote est certes libre mais il est orienté selon des intérêts non avoués ou non avouables au peuple, sous peine de sanction au travers des urnes.

En ce qui concerne les pays africains, notamment les pays francophones, le processus électoral est souvent problématique, car il s'agit de maintenir au pouvoir, les chefs d'État qui préserveront les intérêts étrangers. Ces intérêts sont généralement représentés au sein de multinationales ayant des marchés importants, principalement dans l'industrie relative à l'extraction de matières premières (pétrole, gaz, uranium…) ou des contrats d'armement. C'est ainsi que les élections sont souvent empreintes de fraude électorale matérialisée souvent par le bourrage des urnes ou le refus du recomptage des voix. Dans

---

[1] i.e. n'ayant pas ou ne se donnant pas les moyens d'approfondir son information ou d'en vérifier les sources et l'objectivité.

[2] D'ailleurs, dans le classement mondial établi en 2019 par *The Econonist*, en matière de démocratie, portant sur 167 pays dont 50 pays africains, la France et les États-Unis ne figurent pas dans les dix premiers pays perçus comme les plus démocratiques. Ces dix pays sont : Norvège, Islande, Suède, Nouvelle-Zélande, Danemark, Irlande, Canada, Australie, Finlande et Suisse respectivement. Il est même à noter que l'île Maurice (pays africain) est perçue comme étant une démocratie plus avancée que la France.

ce cas, le vote du peuple est purement et simplement volé, souvent avec la complicité des pays occidentaux accrochés à sauvegarder leurs intérêts économiques et stratégiques (y compris militaires).

- Du coup je comprends mieux ta réserve quant à la liberté des chefs d'État africains à élaborer une vision conforme aux aspirations de leur pays.

- Cette réserve est juste un constat, au vu de la situation présente. Il est plutôt souhaitable que ceux-ci exercent pleinement cette liberté comme le font leurs homologues occidentaux. Mais, cette liberté a un prix : renoncer à se maintenir ou accéder au pouvoir avec l'appui logistique des pays occidentaux. La sagesse politique voudrait que les dirigeants acceptent honorablement le principe de l'alternance, quitte à se représenter aux élections quelques années plus tard, comme ce fut le cas au Nigeria récemment. C'est une manière élégante de mettre en avant les intérêts du peuple au détriment de leurs intérêts personnels, de faire preuve de patriotisme.

D'une manière générale, un président de la République nomme son chef de gouvernement et ses ministres pour implémenter sa vision stratégique du développement social, politique et économique du pays. Une telle vision devrait être le reflet du projet de société à partir duquel le peuple, le pays l'a élu. Je pars du principe qu'il doit avoir une vision, sinon il n'est pas à sa place. Une vision (stratégique) est une projection de la société à un horizon de temps donné, composée d'un ensemble d'objectifs à atteindre, dans cet espace de temps. C'est le carnet de route qui permet d'amener la société à un stade de développement humain, social, économique et politique préalablement défini. Vision sociétale rime avec planification et anticipation. C'est ainsi que, fort de sa vision, entérinée par le peuple, le Chef de l'État, en chef d'orchestre, devrait s'entourer d'une équipe - le gouvernement et ses ministres - chargée d'implémenter cette vision. Pour atteindre les objectifs qui leur auront été assignés par le chef de l'État, les ministres, au sein de leurs ministères et services rattachés, vont décomposer leurs responsabilités en un ensemble d'objectifs à atteindre. A leur tour, ils attribueront aux personnes qui leur sont rattachées hiérarchiquement, ainsi qu'aux différentes structures administratives et secteurs économiques sous le périmètre de leur champ de compétence (santé, éducation nationale, justice, travail, recherche scientifique, industrie...). Et ainsi de suite, jusqu'à chaque individu, chaque citoyen. En langage de management ce mode de déclinaison de la chaîne de responsabilités est une approche dite « top-down », c'est-à-dire, une approche où la réalisation du projet se fait de haut en bas, d'amont en aval. Un tel système va fonctionner si la chaîne de responsabilités est assurée avec le moins de failles possible de haut en bas, à chaque ramification du processus de développement du projet. Chaque membre de la chaîne - à commencer par le chef de l'État - doit non seulement rendre compte à celui

ou ceux qui lui ont assigné un objectif, mais également, demander des comptes à celui ou ceux à qui il a confié un objectif.
Dans le cas du chef de l'État, il devrait demander des comptes à ses ministres pour s'assurer que le plan d'exécution de sa vision stratégique se déroule convenablement et ainsi continuer d'encourager les principaux acteurs à poursuivre dans cette voie. Le cas échéant, il devrait apporter des changements d'orientation nécessaires, en termes de ressources matérielles et humaines, et si nécessaire, faire preuve de fermeté en sanctionnant avec justice, les personnes contreproductives ou néfastes au projet. Il devrait le faire avec d'autant plus de rigueur, car il est lui-même tenu de rendre des comptes à son peuple - le pays tout entier - qui l'a élu pour réaliser les aspirations du peuple, assurer son développement économique et social, son bien-être. Dans un régime démocratique, le peuple a le pouvoir de récompenser ou de sanctionner l'action du chef de l'État au travers du droit de vote de chaque citoyen-électeur.
Mais comme je l'ai déjà souligné, la mauvaise gouvernance est un frein bien huilé au développement des pays africains. Celle-ci s'accentue avec le phénomène de la corruption qui gangrène ces pays, de la base jusqu'au sommet de l'État. C'est notamment le cas du Cameroun où les journaux quotidiens de la presse nationale publient régulièrement des faits de corruption et de détournement de fonds publics - évalués à plusieurs milliards de F CFA - par quelques hauts fonctionnaires, ministres ou dirigeants de sociétés publiques ou parapubliques, en toute impunité. Certains de ces délinquants financiers sont emprisonnés sans que l'argent dérobé dans les caisses de l'État ait été récupéré. D'autres sont plutôt en liberté et « jouissent » de leur « manne du ciel », avec une insolence déconcertante vis-à-vis des plus pauvres qui n'ont pas souvent accès aux besoins les plus primaires (eau potable, électricité, soins de santé), car privés d'emploi et de minimas sociaux. C'est ainsi que dans les villes comme Yaoundé ou Douala l'on peut constater qu'il y a plus d'immeubles de luxe appartenant à des particuliers que d'immeubles appartenant à des entreprises ; pourtant le tissu industriel est faible.
On peut dont aisément comprendre que la chaîne de responsabilités à laquelle je faisais allusion est cassée depuis longtemps. De manière imagée, la chaîne du vélo étant cassée, il devient difficile de pédaler pour grimper jusqu'au sommet de la côte, c'est-à-dire atteindre l'objectif visé. A partir du moment où c'est le chef de l'État qui nomme son gouvernement, il devrait intervenir, sanctionner si besoin, et remettre de l'ordre pour recadrer ses collaborateurs, par rapport à sa vision stratégique. S'il tient vraiment à la matérialisation de sa promesse au peuple, il devrait s'entourer de collaborateurs directs compétents, loyaux, honnêtes et responsables. De surcroît, il devrait également leur exiger des résultats afin de s'assurer qu'ils sont alignés avec les orientations stratégiques établies au départ.

- A priori un président de la République s'entoure de collaborateurs compétents à qui il fait confiance. Ne penses-tu pas que ces derniers abusent parfois de sa confiance ?

- Ils ont certainement des compétences intellectuelles au vu de leurs différents parcours académiques. Cependant, d'autres compétences comportementales telles que l'honorabilité, l'exemplarité, l'éthique professionnelle, l'amour de la patrie, et l'intelligence émotionnelle sont essentielles pour être à la hauteur des missions qui leur sont confiées. En ce qui concerne les détournements de fonds publics, je ne pense pas un seul instant qu'un président de la République puisse demander à ses collaborateurs directs de piller les caisses de l'État, ou alors je n'ai rien compris. En revanche, s'il s'estime trahi, il devrait prendre des décisions à la mesure de sa déception. Sinon, il devient complice, donc autant coupable que ses collaborateurs. Et ce ne serait plus de la trahison de confiance, mais plutôt de la complicité sur le dos du peuple, des électeurs qui lui auront fait confiance et à qui il devrait rendre des comptes.

- En général ce sont les ministres et leurs proches collaborateurs qui sont amenés à piloter la réalisation des grands projets d'infrastructures. Force est de constater que la gestion de tels projets fait généralement appel à de compétences pointues dans différents domaines de l'économie (ingénierie financière, gestion des risques, analyse de performance, assurance et finance, travaux publics, partenariat public-privé...).

- Effectivement. En l'occurrence, ce sont eux qui vont négocier – du moins signer – pour le compte de leur pays, les contrats de prêts consentis par les banques internationales multilatérales telles que la Banque Mondiale et le Fonds Monétaire International (FMI). Ces prêts interviennent notamment dans le cadre de la réalisation de projets d'infrastructures (eau potable, électricité, éducation, ponts et chaussées, ports, aéroports...) visant à améliorer les conditions de vie des populations. De tels financements représentent généralement des sommes colossales qui viennent augmenter la dette de l'État – ou dette souveraine – supportée par le pays tout entier.
Au cas où tu ne serais pas à l'aise dans ce domaine, note que le coût de la dette d'un État sur les marchés financiers dépend de la qualité de la signature, ou rating (en anglais), de cet État. Ce rating est établi par les grandes agences de notation américaines (Standard & Poor's, Moody's et Fitch Ratings) afin d'évaluer le risque de crédit et/ou le risque pays (ou risque souverain) d'un État. Par exemple, l'Allemagne qui est notée AAA par Standard & Poor's bénéficie de conditions d'emprunt sur les marchés financiers très favorables par rapport à un pays en voie de développement. Malgré cette facilité d'emprunt, l'Allemagne est tenue de respecter le Pacte

de Stabilité et de Croissance[1] établi par l'Union européenne et se préoccupe du poids de sa dette dans son économie, principalement de la charge des intérêts de sa dette. Alors, que dire de la charge des intérêts de la dette des pays en voie de développement qui est calculée sur la base de taux d'intérêt plus importants ? Lorsque des fonds issus d'emprunts contractés par les pays en voie de développement sont détournés, ou bien lorsque ceux-ci ne sont pas utilisés à bon escient, c'est une double peine qui est infligée aux populations : non seulement ces dernières ne bénéficient pas des retombées économiques et sociales de l'infrastructure faisant l'objet du financement (hôpital, université, école, pont, route, stade, barrage, port..) mais elles sont tenues de rembourser une dette dont les fonds auront été détournés ou mal gérés par l'autorité publique ou privée. D'où l'absolue nécessité d'avoir des dirigeants patriotes, au fait des projets sous leur responsabilité, honnêtes, intègres et soucieux du bien-être commun. De plus, ceux-ci doivent être compétents, du moins être capables de s'entourer d'équipes et d'experts compétents et honnêtes.
D'ailleurs, parlant de valeurs, j'aimerais citer en exemple l'ancien ministre sénégalais de l'Énergie, Thierno Alassane Sall, à la suite de son désaccord avec le gouvernement sénégalais sur le résultat d'un appel d'offres concernant un contrat d'exploitation du pétrole et du gaz. Celui-ci a eu le courage de démissionner du gouvernement, reprochant à ce dernier de privilégier les intérêts de la France à ceux du peuple sénégalais. C'est une véritable leçon d'éthique, d'honnêteté et d'intégrité qu'il faut souligner et saluer. Un tel acte devrait servir d'exemple aux jeunes générations de dirigeants africains appelés à transformer leur pays.

- *En fait, au travers de la responsabilité du chef d'État et celle de son gouvernement, tu viens d'illustrer dans quelle mesure les Africains eux-mêmes peuvent être, à certains égards, une source de blocage de leur processus de développement. Si je poursuis la logique de ton raisonnement, ne serais-tu pas en train d'insinuer que chaque citoyen porte sa part de responsabilité dans ce processus, y compris moi ? Dans ce cas, je vois où tu veux en venir : en fonction des circonstances, « l'autre » peut-être le citoyen africain lui-même et non plus seulement l'Occident qui est souvent accusé d'être à l'origine de tous les maux, n'est-ce pas ?*

- Hihihi ! Tu es en train de m'amener sur un terrain philosophique. Bien qu'étant de formation initiale scientifique, j'aime bien philosopher. C'est une manière de se poser les bonnes questions, pour cheminer vers la vérité, tendre vers la sagesse.

---

[1] Dont les règles visent à éviter les effets négatifs de certaines politiques budgétaires ou à corriger des déficits budgétaires excessifs ou des dettes publiques très élevées.

- Je n'en ai pas l'intention. Ce d'autant plus que la philosophie n'est pas mon point fort. J'essaie juste de comprendre le fond de ta pensée.

- En tout cas, tu le fais très bien. Cela dit, en réalité, l'autre ne sera jamais toi et inversement.

- Si, dans certaines circonstances ! Notamment, en ce qui concerne la question du développement de l'Afrique : l'autre peut effectivement être un frein à mon épanouissement ou à mon développement, et en même temps, par mes propres actions ou inactions, je pourrais tout aussi bien contribuer à huiler les rouages de ce frein au développement.

- Je partage entièrement cette réflexion qui me semble fondamentale dans la perspective d'un changement complet d'état d'esprit. Il n'est pas question d'ignorer la responsabilité de l'autre, mais bien plus de se responsabiliser, être en alerte, prendre conscience, analyser, comprendre et maîtriser du mieux possible les enjeux auxquels les pays africains sont confrontés. En anglais je dirais : « To be aware of what is at stake ».

- S'agissant de la stratégie de développement de l'Afrique, visiblement c'est une approche complètement différente que tu suggères.

- Exactement, il me semble indispensable de changer le logiciel de pensée hérité de la période coloniale, et d'arrêter de, s'ériger en victime et s'apitoyer sur son sort. En anglais, je dirais : « You should change your mindset ». Il s'agit de se mettre en éveil permanent, c'est-à-dire, se donner les moyens de sa politique de survie, de bonheur et d'épanouissement ou développement. C'est la raison pour laquelle la question implicite au titre de ce livre est : « Et si l'autre c'était toi ? ».

- C'est une très belle formulation. Pourrais-tu la développer davantage ?

- Comme je l'ai déjà souligné, « toi » pourrait désigner le chef de l'État, son entourage ou les membres de son gouvernement. En effet, au-delà du fait qu'un chef d'État africain puisse éventuellement être pieds et mains liés à l'ancienne puissance coloniale[1], il a la responsabilité de conduire la destinée du pays. Il est le garant des institutions, le chef de l'exécutif et le chef des armées. Plus en aval de la société, « toi » pourrait tout aussi bien être le citoyen lambda, notre prochain qui nous entoure au quotidien , c'est-à-dire, cet « autre » qui nous empêche de nous épanouir, d'évoluer, de contribuer à la réussite d'un projet. Dans ce cas, c'est nous qui sommes victimes et lui (elle) le bourreau. Ceci, du fait qu'il (elle) fasse partie des causes de notre échec individuel ou collectif, au travers de son attitude négative ou son

[1] Un véritable paradoxe pour un pays indépendant dont le dirigeant est supposé avoir été élu dans la transparence et la normalité.

action néfaste (malhonnêteté, vice, acte de corruption ou de détournement de fonds publics, escroquerie, débauche...). Mais à l'inverse, au détriment des autres, « toi » pourrait être effectivement toi, toi qui me parles en ce moment ; autrement dit, celui qui, au travers de ses manquements tels que ceux décrits précédemment, vient causer du tort à autrui, aux autres, ou à la société tout entière. Je pourrais illustrer mes propos par des exemples concrets reflétant différents aspects de vie quotidienne. Cela concerne notamment l'éducation et l'enseignement, la diffusion de l'information (presse, radio, télévision...), la santé, la justice, la sécurité, le service public, le rôle du peuple dans son entièreté ainsi que celui du Parlement ou la Chambre des députés, le rôle d'autres autorités morales telles que les responsables religieux (christianisme, islam…) ou encore les chefs traditionnels souvent si influents dans la vie de la cité. Aurais-tu un ordre de préférence pour aborder ces différents thèmes ?

- Puisque tu me donnes la possibilité de choisir, pourrions-nous commencer par la responsabilité du peuple et le rôle de la citoyenneté ?

- Le Peuple ! C'est le cœur du dispositif et la cible du développement. La stratégie du développement du peuple devrait s'élaborer à partir des besoins de ce peuple et s'implémenter pour lui. Pour ce faire, le peuple désigne au suffrage universel celui qui l'incarne : le chef de l'État, le guide du peuple, chargé d'orchestrer la stratégie de développement, la vision validée par le peuple. Nous avons déjà abordé la lourde responsabilité du chef de l'État et de son gouvernement dans la destinée d'un pays ; celui-ci devant rendre compte au peuple sur le mandat qui lui a été confié. Bien que le peuple dispose de moyens démocratiques (élections présidentielles, législatives, municipales, tous les cinq ou sept ans par exemple) pour jauger l'action publique, ce dernier ne saurait s'exonérer de la responsabilité qui lui incombe : un contrôle permanent de l'exécution de la stratégie déployée par ses dirigeants pour répondre à ses aspirations au bien-être. En sa qualité de maître d'ouvrage de son propre destin, le peuple devrait intervenir régulièrement, si besoin est, signaler sa satisfaction ou son mécontentement au maître d'œuvre que constituent le chef de l'État et son gouvernement.
C'est notamment le cas en France, avec les « Gilets jaunes » qui, depuis décembre 2018, expriment leur mécontentement au gouvernement de la France, à travers des revendications sur la précarité, les injustices fiscale et sociale. En guise de réponse, le président français a initié un débat national pour sortir de cette crise sociale. Toujours est-il que j'ai été touché par le témoignage d'un jeune français de dix-sept ans qui interpellait le chef de l'État en arguant que la politique qui était actuellement menée le « dégoûtait », au regard de la vie qu'il voyait ses parents et grands-parents mener ; ceci, alors que lui-même n'avait pas encore commencé à travailler. Il invitait le chef de l'État à s'occuper aussi bien des jeunes que des anciens, au

motif que ces derniers ont contribué par leur travail au développement de la France.
Par ailleurs, depuis le mois de mars 2019 le peuple algérien - porté notamment par l'ardeur de sa jeunesse - a décidé de prendre son destin en main, en se mobilisant contre un cinquième mandat de son président, installé au pouvoir depuis vingt ans. Cette mobilisation pacifique du peuple a eu pour conséquence, la renonciation du président à briguer un cinquième mandat. Plus important encore, ils veulent que le changement se fasse avec le peuple qui est pris dans l'étau de la corruption, privé de ses richesses au profit une poignée d'individus. Bien que la prochaine élection présidentielle ait été arrêtée au 12 décembre 2019, le peuple algérien continue d'exprimer sa colère et son appel à un changement véritable de gouvernance.
En revanche, prenons un autre exemple pour lequel, à mon sens, le peuple a quelque peu failli à son rôle de contrôle, de thermomètre vis-à-vis de l'action gouvernementale. En novembre 2018, le Cameroun s'est vu retirer par le comité exécutif de la Confédération africaine de football (CAF), l'organisation de la Coupe d'Afrique des Nations de football en juin 2019, du fait principalement de retards dans la construction de diverses infrastructures. Dans ce pays où le football est assimilable à une religion, les Camerounais ont reçu un camouflet en pleine figure. Ce d'autant plus que le président de la République s'était engagé personnellement que le Cameroun serait prêt le jour J. De plus, ce fiasco[1] va coûter plusieurs milliards de francs CFA au contribuable camerounais, voire entraîner la ruine de certains investisseurs privés. Le président de la République aurait dû s'expliquer devant le peuple face à des manquements d'une telle gravité et sanctionner les responsables de ceux-ci. Le peuple non plus n'a pas joué son rôle de contrôle. Il eût notamment fallu que celui-ci manifestât civiquement et fermement son désarroi, en demandant des explications, et qu'il réclamât, en guise d'exemplarité, l'application de sanctions proportionnelles aux manquements, ainsi que la définition des mesures d'une rectification adéquate pour la suite du projet[2].

- Le peuple ne peut véritablement jouer ce rôle de thermomètre ou exercer son droit de regard que si la société civile est bien organisée et structurée.

- L'organisation de la société civile en association, ou en collectif - dans les quartiers, villages, les villes, établissements scolaires, universités, corps de métiers - est certainement essentielle pour de meilleures communication et interaction avec les autorités administratives. Mais à mon sens, de prime abord, chaque individu devrait prendre conscience de sa citoyenneté. En

---

[1] Avec, en toile de fond, la révélation d'un univers de corruption, surfacturation excessive, de coups bas et de connivences.
[2] Dont l'échéance a été différée en 2021 par les instances de la CAF.

effet, tout citoyen jouit des droits et devoirs vis-à-vis de la société dans laquelle il vit, encore faudrait-il qu'il le sache. Tout citoyen a droit à l'information, un aspect fondamental à l'exercice effectif de la démocratie. Il devrait donc s'informer et se former. En fonction de ses compétences sociales, ses capacités physiques et intellectuelles, il est également amené à jouer un rôle dans la société civile, une collectivité publique ou privée. Ainsi, en fonction de ses propres choix, il aura un impact plus ou moins important sur la vie économique et sociale de son pays ou celui dans lequel il vit. Il est par conséquent indispensable de recevoir une éducation de base à la citoyenneté afin que le peuple ne soit pas manipulable à souhait. Que ce peuple ne tombe pas dans le piège de la division, souvent source de conflits et guerres tribales - comme récemment au Mali entre les Peuls et les Dogons, au Burkina Faso, en République démocratique du Congo, ou pire encore avec le génocide rwandais entre les Hutu et les Tutsi, il y a vingt-cinq ans[1].

- Le droit à l'information du citoyen auquel tu fais allusion se fait principalement à travers les médias (presse, radio, télévision...). Cette information est-elle objective, libre et indépendante pour aider celui-ci à se forger sa propre opinion sur un sujet donné, et ainsi permettre à la démocratie de vivre pleinement ?

- Ta question est fondamentale et d'actualité. Figure-toi qu'elle se pose même dans les démocraties occidentales, souvent considérées comme des démocraties « avancées ». En effet, il y a une tendance générale à relativiser la question du droit de savoir des citoyens. Pourtant, ce droit de savoir est fondamental. En toute logique, celui-ci est même plus important que le droit de vote. Il est essentiel d'avoir accès à une information diverse et pluraliste, une information rigoureuse, une information libre et indépendante. En effet, si on n'y a pas accès, on peut certes voter, mais ce vote est un vote à l'aveugle, donc un vote sans valeur ; on peut voter pour le pire de ses malheurs ou pour son pire ennemi. Dès lors, il devient difficile de défendre l'émancipation, le développement des individus ou de défendre des valeurs telles que la justice ou l'égalité, sans défendre le droit de savoir. C'est la raison pour laquelle les médias, les journalistes en particulier, ont une haute responsabilité et une mission essentielle : travailler l'information, se battre pour l'intégrité de leur métier, indépendamment des pressions qu'ils subissent par ailleurs. Véritablement, le métier de journaliste est au cœur de la liberté démocratique dont la source est le droit de savoir du citoyen. Le rôle du journaliste est de restituer l'information telle quelle, objectivement ; d'apporter les informations utiles sur le monde, l'économie, la finance, la politique, la réalité sociale locale, nationale et internationale.

---

[1] En 1994, au terme duquel on a dénombré entre 800 000 et 1 000 000 de morts.

C'est ainsi que le peuple est manipulé[1], trompé et abusé – et parfois avec des conséquences dramatiques pour lui ou alors pour d'autres peuples – par les médias contrôlés par l'État ou des médias contrôlés par des groupes financiers ayant des intérêts dans des entreprises multinationales opérant dans des zones concernées par les décisions. Dans ce cas, le rôle assigné aux médias n'est pas d'informer le public ou le peuple, mais bien plus de lui faire accepter les décisions, les choix des gouvernements. La liste d'exemples illustratifs n'étant pas exhaustive, nous pouvons citer l'exemple des motifs de guerres perpétrées par la communauté internationale en Irak, en Syrie et en Libye. Il s'agit de guerres aux conséquences dramatiques pour les peuples cibles et pas pour les pays donneurs d'ordre. Les motifs officiels d'intervention généralement invoqués sont : la restauration de la démocratie, la protection des minorités, la promotion de l'émancipation des femmes ou encore la lutte contre le terrorisme. Singulièrement, puisque nous parlons de l'Afrique, prenons l'exemple de la Libye. En 2011, à l'instigation des président français et Premier ministre anglais - Nicolas Sarkozy et David Cameron respectivement -, les puissances occidentales (USA, France et Grande-Bretagne) ont décidé des actions militaires contre la Libye, au motif fallacieux (« fake news ») que le président Mouammar Kadhafi était un dictateur tirant sur la population qui manifestait[2]. Pourtant cette opération, validée par le vote au parlement de ces pays et le Conseil de sécurité des Nations Unies[3], cachait des motifs impérialistes. Violant les principes de démocratie souvent mis en avant par les pays occidentaux, il s'agissait en réalité de faire main basse sur le pétrole et les réserves d'argent colossales de la Libye au détriment du peuple concerné, de priver l'Afrique d'un sponsor financier ; la Libye ayant parfois fait office de banque multilatérale alternative aux institutions de Bretton Woods telles que le Fonds Monétaire International (FMI) et la Banque Mondiale. Huit années plus tard, le résultat de cette intervention est économiquement et socialement catastrophique pour le peuple libyen - qui vivait nettement mieux du temps du président Kadhafi qu'aujourd'hui. De plus cette intervention en Libye a complètement déstabilisé la sous-région qui est en proie à une insécurité sans précédent,

---

[1] Dans leur ouvrage « Fabriquer un consentement. La gestion politique des mécanismes de masses » E. Herman et N. Chomsky décrivent les cinq filtres mis en place par les médias de masse pour déformer l'information qu'ils communiquent à la population, de manière à fabriquer son consentement.

[2] A ce sujet, il est intéressant et stupéfiant de lire la bande dessinée intitulée « Sarkozy-Khadafi. Des billets et des bombes », Editions Delcourt. Elle a paru en décembre 2018, a été rédigée par cinq grands reporters (F. Arfi, B. Collombat, M. Despratx, E. Guéguen, et G. Le Guilcher) et comme metteur en scène T. Chavant. Une enquête qui assemble les révélations d'un immense scandale au plus haut niveau de la République française.

[3] La France et la Grande-Bretagne ont complètement outrepassé la résolution 1973 du Conseil de sécurité des Nations Unies dont le principe était de protéger les populations libyennes et non de se transformer en processus de renversement du régime libyen.

principalement dans les quatre pays suivants : Libye, Mali, Burkina Faso et Niger.
Parlant du génocide rwandais évoqué précédemment, il convient de rappeler qu'en 1994 la fameuse « Radio Mille Collines » était le média de propagation de la haine raciale d'extrémistes d'origine hutu envers leurs frères et sœurs d'origine Tutsi. Ce média a joué un rôle macabre en encourageant les massacres, en véhiculant des informations nécessaires pour accomplir ces actes odieux. Fort heureusement, il y a quelques mois, le Rwanda se remémorait le vingt-cinquième anniversaire de ce drame humanitaire. Je me réjouis que le Rwanda se soit relevé de ses cendres et ait gagné l'admiration du monde entier - et de l'Afrique en particulier[1] - par la rapidité avec laquelle il a su se reconstruire durablement. Ce qui n'était pas acquis d'avance.
Pour résumer ce point essentiel au fonctionnement d'une démocratie, les médias nationaux et internationaux ont une responsabilité cruciale dans la diffusion d'une information libre, indépendante et objective. Ce n'est qu'ainsi que les citoyens pourront mieux exercer leur citoyenneté, notamment leur droit de vote. De plus, les différents pays et la communauté internationale pourront éviter des prises de décisions dont les conséquences sociales et économiques sont parfois désastreuses sur les plans national ou international.

- En quoi les membres du Parlement (ou Chambre des députés) d'un pays pourraient être cet « autre » qui freine le développement de son pays ?

- J'ai évoqué précédemment la question de l'organisation du peuple afin que celui-ci soit en même d'exercer, du mieux possible, son rôle de contrôleur de l'action du chef de l'État et son gouvernement. En tant que maître de l'ouvrage[2], le peuple a confié la responsabilité de la construction du pays au chef de l'État, faisant ainsi de ce dernier le maître d'œuvre.
Or, à ce jour, dans nombre de pays africains, le peuple ne dispose pas toujours des outils nécessaires (formation, maturité organisationnelle...) pour structurer son interventionnisme dans la gestion courante des affaires qui le concernent ; lui qui a déjà du mal à satisfaire ses besoins primaires (eau potable, électricité, santé). A défaut de pouvoir exercer un tel contrôle, c'est l'efficacité de la gestion opérationnelle du pays qui se trouve ainsi mise à mal sérieusement, quand bien même le peuple ferait entièrement confiance au chef de l'État et son gouvernement. Une telle situation serait moins dommageable si la Chambre des députés élus par le peuple remplissait pleinement son rôle.
La Chambre des députés (le Parlement) ne doit pas être une simple chambre d'enregistrement des décisions prises par le chef d'État et son gouvernement.

---

[1] Au point de s'ériger en exemple pour nombre de pays africains, dans différents aspects du développement.

[2] En assimilant un pays à un ouvrage.

Celle-ci doit plutôt s'ériger en soupape démocratique du pays, où les députés non seulement votent des lois et des résolutions en cohérence avec le projet de société choisi, mais également, proposent des amendements aux lois dans tous les champs de compétence de l'activité économique et sociale de leur pays (agriculture, industrie, gestion des matières premières, éducation, santé, eau et énergie, emploi et innovation, fiscalité, partenariat public-privé...). La Chambre des députés est la représentante du peuple. Elle a pour mission de contrôler et stimuler l'action du chef de l'État avec exigence et compétence. Dès lors, les députés doivent s'efforcer de maîtriser des compétences pointues et variées, afin de contribuer utilement à l'élaboration des politiques économiques et sociales du pays. Au même titre que le chef de l'État, ils ont reçu un mandat de leurs électeurs – le peuple – à qui ils doivent rendre régulièrement des comptes et ne pas attendre seulement l'approche des prochaines élections législatives pour montrer patte blanche[1].
Cependant, force est de constater que la plupart de ces députés se transforment souvent en hommes (ou femmes) d'affaires, au point que l'on soit tenté de s'interroger quant à leurs véritables motivations à siéger au Parlement. Serait-ce pour protéger leurs affaires en s'appuyant sur l'immunité parlementaire dont ils bénéficient ? Une réponse par l'affirmative à cette question serait regrettable, car généralement, chaque député est appelé « Honorable ». Cela traduit tout le respect que les députés suscitent auprès des citoyens et la chance que ceux-ci ont de servir leur pays. C'est un véritable honneur de mériter la confiance du peuple, de parler et d'agir pour le compte du peuple. Tu peux donc aisément comprendre qu'un député qui ne s'implique pas dans le travail colossal qui l'attend, en étant une véritable force de proposition et de contrôle de l'action gouvernementale, est un frein au développement de son pays. Qui plus est, si celui-ci (ou celle-ci) ne fait aucun effort pour s'attaquer à la lutte contre les principaux fléaux qui minent l'Afrique, en l'occurrence la corruption et l'injustice sociale. Les députés doivent véritablement être d'honorables personnes à travers leurs savoir-être et savoir-faire.

- Tu y vas sans concession. En dirais-tu autant de certaines fonctions régaliennes de l'État telles que le maintien de l'ordre public, la sécurité et la justice ?

- Il ne saurait en être autrement, si l'on veut que les racines du développement des pays africains soient profondément ancrées dans le sol, pour parvenir à un développement durable. Vis-à-vis de son peuple, l'État doit assurer pleinement ses fonctions régaliennes telles que le maintien de l'ordre public - au travers des services de police -, la sécurité, la défense et la

[1] Et éventuellement pour donner à manger et à boire, voire de l'argent (quelques billets) à leurs protégés ou potentiels électeurs afin de s'assurer du vote de ces derniers.

justice. Pour ce faire, les agents de l'État (policiers, gendarmes, militaires, juges et magistrats) doivent notamment recevoir une formation adéquate - en termes d'engagement, honorabilité, intégrité, respect, exemplarité, sens du bien commun, respect des droits humains, indépendance. L'État a l'obligation de s'assurer que ceux-ci disposent de moyens pour préserver ce socle de valeurs indispensables à l'animation de la vie en société. Le policier doit faire respecter l'ordre public avec courtoisie, pédagogie et fermeté lorsque cela s'avère nécessaire, sans exiger une quelconque rétribution. En l'occurrence, il arrive souvent qu'un conducteur de taxi soit interpellé pour un contrôle de véhicule ; qu'il soit en règle ou non, son dossier est confisqué par l'agent de police qui lui réclame de l'argent indûment. L'ironie du sort est qu'en général, cet argent n'est pas versé dans les caisses de l'État consécutivement à une infraction au Code de la route. Pire encore, lorsqu'un agent de police se résout à tirer à balle réelle sur un citoyen qui proteste pacifiquement. Par ailleurs, le gendarme, le juge ou le magistrat doivent être l'incarnation de la justice sociale, en toute indépendance sans tomber dans le piège de la corruption. Par conséquent le mode de recrutement de ces agents doit se fonder sur des critères objectifs, exclusivement à partir de leurs compétences sociales, physiques et intellectuelles. A contrario, le clientélisme, l'appartenance tribale et les réseaux de corruption où certains candidats obtiennent leur admission en échange de sommes d'argent importantes sont des situations courantes à bannir. Dans ce dernier cas, pas étonnant ensuite que de tels candidats se livrent plus tard aux mêmes pratiques, une fois en fonction, et qu'ils soient ainsi loin des critères d'honorabilité que le citoyen est en droit d'attendre d'eux. En plus de détériorer l'environnement des affaires, de tels dysfonctionnements viennent miner la confiance et la cohésion sociale des citoyens.

- Quant aux responsables éducatifs et universitaires, auraient-ils une part de responsabilité dans le développement du pays, si ce n'est celle de transmettre les connaissances aux élèves et étudiants, c'est-à-dire, exercer leur métier tout simplement ?

- Tout à l'heure, je parlais de la nécessité d'éduquer le peuple afin qu'il soit acteur de son propre destin. Du moins, qu'il soit capable d'interagir avec ses dirigeants à qui il a délégué la gestion du projet du pays. Il s'agit ici de former les citoyens afin que ceux-ci puissent s'épanouir individuellement et collectivement, contribuer à la matérialisation de l'objectif du projet sociétal, chacun à sa manière et en fonction de ses capacités. Pour ce faire, les enseignants (écoles, collèges, lycées et universités) ont un rôle crucial à jouer. Ceci, pour autant que la société entière en ait conscience et leur donne les moyens en termes de formation et rémunération décente. Ainsi, ils seront à l'abri des besoins primaires et pourront se dévouer à leur mission éducative. Ces enseignants doivent s'ériger en exemple pour la société, par leurs motivation, savoir-faire et savoir-être. Dans cette perspective, il est indispensable que ceux-ci aient des compétences sociales, morales et intellectuelles leur permettant de transmettre les connaissances à leurs protégés dans un cadre de valeurs précis (respect, honnêteté, justice, travail, sociabilité...). L'objectif étant de former les femmes et hommes de demain qui seront prêts à transformer leur environnement ou s'adapter à celui-ci. C'est ce bonheur de transmettre qui doit les animer. Malheureusement, j'ai constaté que plusieurs facteurs expliquent pourquoi la qualité de l'éducation de la maternelle à l'université est relativement décevante dans la plupart des pays d'Afrique, notamment en Afrique subsaharienne. Les enseignants, du fait qu'ils soient généralement mal rémunérés, n'ont pas la motivation et l'enthousiasme nécessaires pour mieux transmettre des connaissances aux élèves et étudiants. Cette précarité peut parfois les pousser à céder aux vices en adoptant des contre-valeurs telles que la corruption, l'absentéisme, le clientélisme ou encore la fraude. C'est ainsi que l'on va échanger de l'argent contre une épreuve d'examen ou l'obtention de notes favorables. De telles contre-valeurs anéantissent tout espoir d'atteindre l'objectif de départ, celui de former des femmes et hommes auréolés de valeurs de mérite, justice, effort au travail, respect, dépassement de soi, humilité, remise en question, soif de savoir. C'est un peu comme si on formait des terroristes, qui plus tard, retourneront leurs armes contre la société. Quel drame pour la société de creuser sa propre tombe !

- *De manière plus générale, je dirais qu'on peut engager la responsabilité d'autres personnes exerçant divers métiers ou fonctions dans la société civile, même si je comprends l'importance de l'éducation dans ton raisonnement.*

- Tu as tout à fait raison et je réitère que la qualité de l'éducation du citoyen est la pierre angulaire de son propre épanouissement et de sa contribution au développement du pays. Bien évidemment, si tant est que le pays ou le peuple concerné ait préalablement défini son objet social, sa vision sociétale. C'est fort de cette éducation que le citoyen, qu'il soit étudiant, en recherche d'emploi ou qu'il exerce un métier quelconque dans la cité (médecin, journaliste, conseiller municipal, maire, agent administratif, sportif, chauffeur de taxi...), apportera à celle-ci ses compétences sociales et intellectuelles. Ses savoir-faire et savoir-être (son comportement dans la vie de la cité) doivent être le miroir de l'éducation reçue, c'est-à-dire, un socle de valeurs intellectuelles, morales et éthiques préalablement définies dans un programme d'éducation en phase avec la vision de la société. Ce sont ces valeurs qui permettent d'augmenter les chances d'atteindre l'objectif d'épanouissement du peuple dans sa globalité. Pour ce faire, le rôle de chaque citoyen dans la collectivité est essentiel ; le citoyen est un maillon d'une chaîne représentée par le pays, la société entière. Ce que l'on serait tenté de considérer comme une petite incivilité peut venir nuire à l'autre, voire dégrader le bien-être collectif, le vivre ensemble. En revanche, un simple geste de citoyenneté de la part d'un individu, quel qu'il soit, peut éviter une catastrophe et sauver des vies. Prenons quelques exemples à titre illustratif.

Premier exemple (acte de corruption) : Je suis un professionnel, chef d'une entreprise spécialisée dans la construction de routes, et, je viens de répondre à un appel d'offres sur projet routier lancé par l'État qui représente un montant de 800 millions F CFA. Un des membres du comité d'appel d'offres me demande de m'engager à reverser une commission occulte de 300 millions F CFA afin que le marché puisse être attribué à ma société. Supposons que par égoïsme et par l'attrait du gain à tout prix, j'accepte sa proposition. Alors, non seulement je me rends complice de corruption organisée au sein de l'État, mais également je suis complice dans la mauvaise qualité de la future route, au motif qu'il ne restera que 500 millions F CFA de budget effectif pour construire cette route : le coût des travaux prévu à 800 millions CFA sera amputé de la commission occulte de 300 millions F CFA non comptabilisée par ailleurs. En plus, le quartier pour lequel la route aura été construite sera doublement pénalisé : mauvaise qualité l'ouvrage réceptionné et endettement onéreux de la collectivité. Et, finalement la réputation de ma société sera entamée pour d'autres projets, à moins que l'existence de mon activité (« business ») ne se réalise qu'au travers de la corruption. De cette manière, avec la complicité de l'État, j'aurai contribué au sous-développement du quartier ou de la ville qui en a pourtant besoin pour développer de nouvelles activités et mieux se valoriser.

Deuxième exemple (acte de délinquance et de trafic de drogue au lycée) : un de mes camarades de lycée se livre au trafic de drogue, une pratique devenue courante dans l'enceinte de l'établissement. Alors, je décide d'en informer mes parents. Ceux-ci, bien que rassurés par mon comportement, ne contactent pas la direction de l'établissement pour demander des explications ou d'exiger des sanctions par rapport à cet acte de délinquance qui n'a pas sa place dans un établissement scolaire. Dans ce cas, mes parents, de par leur mutisme, ont failli à leur responsabilité de dénonciation de faits aussi graves qui entravent la vie scolaire. Bien évidemment, leur responsabilité est moindre par rapport à celle qui incombe à la direction de l'établissement, à savoir, assurer le respect du règlement par l'ensemble des élèves et appliquer les sanctions appropriées. Les conséquences d'un tel acte sont multiples : échec scolaire, désintérêt pour l'acquisition des connaissances, débauche et désorientation sociales avec à terme des conséquences néfastes pour la société tout entière.

Troisième exemple (participation à la vie civile de mon quartier) : Depuis une semaine, à la suite d'une succession de pluies diluviennes, des caniveaux longeant la principale route de mon quartier sont bouchés et les déchets s'amoncèlent jusqu'à déborder sur la chaussée. Bien que prévenus, les

services de la municipalité tardent à intervenir en dépit de l'urgence de la situation. Mes voisins du quartier et moi n'arrêtons pas de râler contre l'inefficacité de notre municipalité. L'un d'eux, désespéré et résigné dit : « On va faire comment ? C'est le pays ! ». En réagissant ainsi, mes amis et moi manquons de pragmatisme : bien que subissant l'incompétence, tout au moins le manque de réactivité des services municipaux, un réflexe civique aurait dû nous amener à nous retrousser les manches, à mobiliser quelques volontaires de manière à prendre des pelles et pioches, afin de dégager exceptionnellement les déchets accumulés et rendre les caniveaux fonctionnels à nouveau. C'eût été non seulement un exemple de solidarité, de réalisation de projet concret au sein de notre communauté, susceptible de nous encourager à collaborer pour d'autres projets utiles, mais également, un beau message de savoir-être et du vivre ensemble.
La notion de civisme me fait d'autant plus plaisir à relever ici car, j'ai gardé en mémoire la leçon de savoir-vivre donnée au monde entier par des supporters japonais et sénégalais lors de la coupe du monde de football 2018 en Russie. En effet, au terme des deux matchs de leurs pays, contre la Pologne et la Colombie respectivement, certains de ces supporters ont pris des sacs poubelles pour collecter les déchets jonchant le sol avant de quitter le stade.

- On sait que la religion - principalement le Christianisme - a joué un rôle déterminant dans la colonisation de l'Afrique par l'Occident en termes d'obéissance et de soumission des populations. Par ailleurs, de nos jours, on constate que les responsables religieux (Eglise catholique, islam), au même titre que les chefs traditionnels dans certains pays, constituent une véritable autorité morale dans la vie de la cité. N'auraient-ils pas eux aussi leur part de responsabilité dans le développement de la société ?

- A mon sens, tu mets le doigt sur un élément sociologique d'une importance considérable, à savoir, la relation entre la religion et le développement. En effet, le thème de la religion est très peu abordé dans les études sur le développement des nations. Ce qui est d'ailleurs surprenant si l'on considère que l'aide au développement émane principalement des entreprises missionnaires et autres initiatives d'inspiration religieuse de l'ère coloniale. Le désintérêt pour la religion et la foi dans les problématiques de développement contraste ainsi singulièrement avec le rôle capital de la religion dans la vie quotidienne des individus et des communautés ; en particulier, dans un continent en voie de développement comme l'Afrique où la coopération internationale au développement déploie ses activités.
C'est le sociologue et économiste allemand Max Weber, qui en 1904, publia dans un ouvrage « l'Ethique protestante et l'esprit du capitalisme » où il démontre que le protestantisme a favorisé la révolution industrielle. Si cette dernière a eu lieu en Europe, c'est parce que le rationalisme de l'Occident

moderne, porté par la bourgeoisie, a trouvé son impulsion originelle dans cette religion. Max Weber va même au-delà en disant : *« Le problème majeur de l'expansion du capitalisme moderne n'est pas celui de l'origine du capital, c'est celui du développement de l'esprit du capitalisme ».* Il pense donc que ce sont les croyances et les valeurs qui influencent les comportements économiques et pas l'inverse, comme l'économiste allemand Karl Max affirmait dans son ouvrage « Le Capital » : *« C'est l'existence sociale des hommes qui détermine leur conscience ».* Max Weber précise que : *« Si l'on consulte les statistiques professionnelles d'un pays où coexistent plusieurs confessions religieuses, les chefs d'entreprise et les détenteurs de capitaux [...] sont en grande majorité protestants ».* Il affirme par ailleurs que dans l'Allemagne du XXe siècle, les protestants sont significativement plus riches que les catholiques et qu'ils ont davantage tendance, dans leurs études, à s'orienter vers des filières professionnelles plutôt que les humanités (littérature, philosophie, langues anciennes) où vont de préférence les catholiques. Selon lui, il y aurait en quelque sorte des affinités entre les valeurs protestantes et le goût pour les affaires, une éthique protestante du travail qui expliquerait pourquoi la révolution industrielle a commencé en Angleterre et aux Pays-Bas. Cette analyse de l'économie par la religion a offert une lecture essentielle pour comprendre le déclenchement de l'industrialisation. De plus, l'essor vertigineux de l'économie américaine au XXe siècle a plutôt conforté la thèse protestante de Max Weber qui reste une référence un siècle après, malgré l'évolution des courants religieux du fait de la mondialisation. Au-delà de son aspect religieux, ses travaux sont d'actualité – avec certes quelques nuances – par la place qu'ils donnent à l'usage technique du savoir dans la modernisation de l'économie.
En 1998, en droite ligne avec les travaux de Max Weber, les Belges Xavier Couplet et Daniel Heuchenne[1], forts de leur riche expérience en tant que consultants internationaux dans les problématiques de développement, ont observé qu'en moyenne, un juif, un confucianiste ou un protestant produisent trois fois plus qu'un catholique, huit fois plus qu'un orthodoxe, quatorze fois plus qu'un musulman et vingt à trente fois plus qu'un bouddhiste, un animiste ou un hindou. En effet, partant d'une méthode simple à partir d'un échantillon de 150 pays de plus d'un million d'habitants, dont la religion dominante aura été préalablement identifiée, ils ont évalué le produit national brut par habitant (ou le PNBH), soit la richesse moyenne produite par habitant au cours d'une année. Il ressort de leur analyse que, quelle que soit la zone géographique considérée, on retrouve généralement partout la même hiérarchie : en Europe occidentale, le PNBH des pays à dominante protestante est supérieur à celui des pays catholiques ; dans l'ex-URSS, les républiques musulmanes arrivent derrière les pays

[1] - Economiste et ingénieur respectivement, ont publié le livre « Religions et développement. », Economica, 1998.

orthodoxes. Les mieux classés des pays nés de l'éclatement de l'empire soviétique sont à dominante protestante (Lettonie, Estonie) suivis de la Lituanie qui est catholique. L'exemple de l'ex-Yougoslavie est encore plus frappant, car le territoire est plus homogène et plus petit : les entités catholiques (Slovénie, Croatie) ont les meilleures performances économiques, suivies des entités orthodoxes, puis musulmanes. Quant aux pays pauvres d'Afrique sub-saharienne, tous à dominante animiste (comme Haïti l'est dans le continent américain), leur PNBH équivaut à quarante fois moins que le PNBH des pays en tête du classement, à savoir les pays asiatiques confucianistes (Chine, Corée, Hong-Kong, Japon, Singapour, Taiwan).

Au vu des corrélations entre religions et indicateurs de développement[1], les auteurs ont conclu que la religion influence le développement, au motif que les concepts religieux fondamentaux (interdiction du prêt à intérêt, l'aumône obligatoire, carême, ramadan) forgent la mentalité profonde de l'individu, en conditionnant sa vie intellectuelle et sa façon de percevoir le monde. Ils vont ainsi dans le même sens que Max Weber qui soutenait déjà cette thèse un siècle plus tôt.

S'agissant de l'islam qui est également une des principales religions des pays africains, en plus des conclusions de l'étude mentionnée ci-dessus, plusieurs autres analyses mettent la performance économique des pays musulmans en rapport avec la foi et la culture musulmanes. Notamment, l'historien de l'économie David Landes[2] estime que le monde islamique a développé un complexe d'infériorité face à la montée de l'Occident, rejetant les inventions européennes telles que l'imprimerie et écartant « les nouvelles connaissances et les idées modernes, soupçonnées de véhiculer des hérésies ». Selon Bernard Lewis[3], l'influence de l'islam est si envahissante qu'elle empêche de nombreux États arabes à s'interroger sur les vraies raisons de leur retard : *« Toutes les réponses apportées sont religieuses... Si les choses vont mal, nous sommes punis par Dieu pour avoir abandonné le droit chemin »*, dit-il. C'est d'ailleurs pour cette raison que d'aucuns se demandent, dans quelle mesure l'islam serait incompatible avec une économie prospère au XXIe siècle.

Pour répondre complètement à ta question sur l'obéissance et la soumission[4] qui sous-tendent les principales religions des pays africains - religions catholique (avec une forte connotation animiste) et musulmane - les responsables religieux pourraient être un frein à l'émancipation et au développement du peuple africain. Haïti, qui a une pratique religieuse comparable à nombre de pays africains, bien que se situant dans le continent

[1] Il serait d'ailleurs très intéressant d'actualiser une telle analyse qui remonte à vingt ans.
[2] Dans son livre « Richesse et pauvreté des nations » (1998).
[3] Dans son livre « Que s'est-il passé ? » (2002).
[4] Du moins, le conservatisme.

américain, est le pays le plus pauvre des Amériques. Pourtant, c'est le premier pays du monde noir à acquérir son indépendance en 1804 au terme d'une révolution ! Parmi les nombreux facteurs explicatifs de cette pauvreté, il y a indiscutablement les pesanteurs culturelles qui influencent négativement le développement. Haïti, bien qu'en majorité catholique, est fortement imprégné d'une culture religieuse animiste importée d'Afrique avec la traite négrière (le culte du vaudou), ainsi que d'autres religions ou rituels traditionnels[1]. Cette mentalité fataliste, magique et irrationnelle où l'on remet systématiquement son sort à une prétendue puissance d'un gourou ou sorcier, est dénuée de tout esprit critique ou d'initiative personnelle qui sont indispensables au développement personnel et collectif.
D'ailleurs, depuis une dizaine d'années, en Afrique - et même en Europe dans les milieux de la diaspora[2] africaine -, on assiste à une multiplication d'églises protestantes de différents courants (pentecôtistes, évangéliques, baptistes...) vers lesquelles nombre d'Africains se tournent, espérant trouver une solution, de manière providentielle, à leurs problèmes socio-économiques. Dès lors, les responsables de l'Eglise (catholique ou protestante) au même titre que ceux de l'islam occupent une place importante dans la vie de leurs fidèles, allant parfois au-delà de leur rôle de guide spirituel. De ce fait, ils ont une responsabilité morale dans la vie de la cité. Pour être cohérent avec le message d'amour, de paix, de tolérance et du savoir-vivre ensemble qui anime toute religion, ils doivent être des facilitateurs de paix, de cohésion sociale, notamment dans le cadre de conflits interreligieux, interethniques ou de guerres, comme il peut y en avoir souvent en Afrique[3]. En revanche, en leur qualité d'autorités religieuses et morales, ils ne devraient pas succomber aux vices de toutes sortes (pédophilie, affairisme, complicité à la corruption, complicité dans les actes d'injustice pour des raisons politiques...), au risque de désorienter les individus ou la société tout entière. Par exemple, en tant que dépositaire de l'autorité morale, il est incontestable que le rôle de l'Eglise a été déterminant dans le processus de colonisation des peuples africains. La religion les a rendus plus dociles et obéissants ; ce qui a quelque peu facilité le détournement de leurs richesses par les pays colonisateurs, sans compter les humiliations morales et psychiques qui en ont découlé, au point d'entamer l'estime de soi de ces peuples, essentielle pour relever les défis qui se posaient à ces derniers après leur accès à l'indépendance.

[1] Où les gens doivent faire des sacrifices qui leur coûtent souvent très cher pour résoudre leurs problèmes, indépendamment de leur complexité.

[2] C'est le nom que l'on donne aux ressortissants d'un pays (ou d'un continent) vivant à l'extérieur de celui-ci.

[3] Par exemple, la guerre née de la crise dite « anglophone » dans le Nord-ouest et Sud-ouest du Cameroun depuis 2016, les rivalités meurtrières entre les Dogons et les Peuls au centre du Mali hors de tout contrôle de l'état malien ou encore les massacres de Yumbi en République démocratique du Congo en mi-décembre 2018.

Cela m'amène d'ailleurs à rendre hommage à Mamadou Dia, premier président du Conseil du Sénégal de 1957 à 1962. Il était un fervent croyant de l'islam, d'une dignité exceptionnelle et enraciné dans le monde paysan qu'il voulait transformer. De plus, brillant intellectuellement, avec une passion pour l'éducation et les questions économiques – une qualité rare à l'époque coloniale –, Mamadou Dia s'est révélé véritablement comme un anticolonialiste, impressionnant par son courage, sa vision stratégique pour développer son pays et sa volonté réformatrice. En effet, après l'indépendance du Sénégal en août 1960, il entreprit de structurer l'économie paysanne sous forme de coopératives. Il envisageait même d'organiser une grande assise nationale sur l'islam et le développement, l'islam étant la principale religion du Sénégal, sur laquelle s'appuient les marabouts ; ces derniers ayant des intérêts économiques inhérents à leurs activités agricoles. Malheureusement, la violence politique eut raison de lui, à la suite de son discours du 8 décembre 1962[1] qui provoqua son emprisonnement jusqu'en 1974. Autant dire qu'il avait déjà conscience du rôle de la religion, ou tout au moins la manière dont celle-ci devait s'articuler avec le processus de développement.

À travers cette longue explication qui me semble essentielle, j'espère que tu saisis mieux la raison pour laquelle je disais qu'on ne saurait écarter le fait religieux dans la question du développement. De manière générale, les facteurs culturels et religieux doivent davantage être pris en compte dans la pensée des politiques économiques. A cet égard, l'œuvre de Max Weber a une portée fondamentale dans la manière d'approcher la problématique du développement de l'Afrique. Elle va dans le sens du changement de l'état d'esprit - « change your mindset » - que je conseille au continent africain. Puisque nous parlons de religion, il convient de rappeler que chacun est, devrait être, libre de croire ou de ne pas croire. En ce qui me concerne, sur le plan religieux, mes parents m'ont transmis la pratique de la religion catholique qui occupe une place essentielle dans ma vie. Ce qui ne m'a pas empêché d'appliquer la leçon de vie « Aide-toi et le ciel t'aidera », tirée de la fable de Jean de Lafontaine[2], tout en restant attaché aux valeurs fondamentales de la foi chrétienne, l'amour et la charité. Je considère la foi comme un stimulant dans mon action. Serais-je donc « protestant » dans l'esprit, sans le savoir comme Monsieur Jourdain qui faisait de la prose sans

[1] Discours sur « les politiques de développement et les diverses voies africaines du socialisme » au cours duquel il prôna le « rejet révolutionnaire des anciennes structures » et une « mutation totale qui substitue à la société coloniale et à l'économie de traite, une société libre, et une économie de développement » ; revendiquant une sortie planifiée de l'économie arachidière. Cette déclaration, à caractère souverainiste, heurta les intérêts français et inquiéta les puissants marabouts qui intervenaient dans le marché de l'arachide. A la suite de ce discours, une partie des députés décida de passer à l'attaque et déposa une motion de censure soutenue par le président Léopold Sedar Senghor.

[2] « Le chartier embourbé », Jean de la Fontaine.

le savoir[1] ? (Rires). Plus sérieusement, c'est probablement à cet esprit critique, de responsabilité individuelle et d'initiative auquel Max Weber se réfère dans « l'Ethique protestante et l'esprit du capitalisme ».

- *Avec la démonstration que tu viens de faire sur la religion, j'hésite à te demander ton avis sur la l'influence de la franc-maçonnerie dans le processus de développement des pays africains. Quel rôle joue-t-elle en Afrique ? Est-ce une religion ou alors un réseau secret d'influence importé en Afrique par la colonisation ?*

- Tu as déjà toi-même répondu à une partie de la question. Mais avant de te donner mon humble avis, note qu'il y a des ouvrages qui pourront t'apporter plus d'informations sur la franc-maçonnerie[2].

Née en Angleterre au début du XVIIIe siècle, la franc-maçonnerie se définit par ses membres comme un courant de pensée philosophique qui fait progresser les grandes questions de société[3], un cercle de pouvoir et de travail d'influence au plus haut niveau de l'État, qui a l'art de cultiver le culte du secret[4]. Les membres y rentrent par cooptation, après un serment mystique au terme duquel ils deviennent symboliquement des fils (ou filles) spirituels(les) de Caïn. La franc-maçonnerie est organisée en loges qui peuvent se distinguer en obédiences.

En France notamment, chaque année, les francs-maçons débattent d'un sujet de société dont le rapport est transmis au président de la République française et à son gouvernement, et débattu à l'Assemblée nationale. Par ailleurs, les députés francs-maçons, indépendamment de leurs partis politiques respectifs, se solidarisent secrètement en cas de besoin autour de « La Fraternelle parlementaire » pour défendre l'idéal maçonnique au sein de l'Assemblée nationale française. Ce fut ainsi pour le vote des lois sur le mariage pour tous, la bioéthique ou encore la laïcité.

Pour ce qui est de la branche de la franc-maçonnerie en Afrique, la philosophie est tout autre : la plupart des loges maçonniques « africaines » résultent d'une fusion des loges françaises, depuis l'époque coloniale, voire esclavagiste (le Grand Orient étant présent à Saint-Louis au Sénégal depuis 1781). C'est une manière secrète pour huiler la mécanique de la néo colonisation, un instrument de la Françafrique. Dès lors, la stratégie de ces loges est de posséder, par ce culte du secret, ce que l'Occident qualifie d' « élites africaines », c'est-à-dire les représentants locaux du système colonial (présidents, ministres, directeurs généraux de grandes entreprises, hauts fonctionnaires, universitaires...). C'est par ce biais que ces loges

[1] Extrait du Bourgeois gentilhomme de Molière, scène VI, acte II.

[2] Notamment le livre de Serge Abad Gallardo, « J'ai frappé à la porte du Temple », TÉQUI, septembre 2014.

[3] Aussi se considèrent-ils comme des bâtisseurs.

[4] Tout ce qui n'est pas écrit est important en franc-maçonnerie.

exercent efficacement leur influence et créent des conditions optimales de pillage organisé de richesses au travers de différents canaux d'investissements, en faveur de leurs membres ou « frères » / « sœurs », hommes/femmes politiques, hommes/femmes d'affaires, responsables de multinationales. Tant et si bien qu'en Afrique, on est loin de la mission de bâtisseurs de la nation dont se réclament les francs-maçons en Occident. À mon avis, l'adhésion ou la non-adhésion à la franc-maçonnerie n'est pas un problème en soit, car chaque individu de la société a la liberté de décider de son orientation par rapport aux différentes religions et sectes. Là où le bât blesse, c'est que le peuple est pris en otage. Alors à qui la faute ? Certainement pas à la franc-maçonnerie ! En effet, cette dérive n'est possible que du fait de la faiblesse d'esprit des cibles de ces loges, c'est-à-dire, ceux qui sont qualifiés d'« élites africaines » et qui se distinguent par leurs clientélisme, égoïsme et mépris des intérêts du peuple ; la recherche du pouvoir et de l'argent n'étant que leur seul but. C'est d'ailleurs ce côté négatif et cette dualité de la franc-maçonnerie en Afrique qui ressortent très clairement dans le livre de C. Ateba Eyene, P. Messanga Nyamding et A. Yinda[1]. Ces pratiques ont pour conséquences, l'inversion complète de l'échelle des valeurs de la société. A titre illustratif, il m'a été rapporté que dans bien de cas, pour accéder à certains postes de responsabilité dans l'administration, la fonction publique et l'université, ou pour être admis dans certains concours de grandes écoles, il valait mieux « être parrainé », c'est-à-dire, être protégé par quelqu'un de haut placé, reconnu comme référence. C'est une variante de la corruption, du clientélisme. Comment ne pas déduire que, plus tard, une fois en activité, « le parrainé » deviendra à son tour « parrain » plutôt que d'être un honnête citoyen ; devenant ainsi un frein au développement de son pays ? Un véritable cercle vicieux.

- *Je sens le besoin d'un petit moment de pause afin de mieux digérer les explications relatives à la complexité de la question du développement des pays africains.*

- En effet, grâce à ton vif intérêt sur cette problématique ainsi qu'à ta patience, nous avons effectivement abordé le plus exhaustivement possible, les principaux facteurs explicatifs de la situation de sous-développement de la plupart des pays africains, à plus ou moins soixante ans après l'indépendance de ces pays. Heureusement, comme nous le verrons dans la suite de notre entretien, quelques pays africains se sont mis dans la bonne voie pour remplir les conditions essentielles à la sortie de la pauvreté ;

---

[1]Intitulé, « Le Cameroun sous la dictature des loges, des sectes, du magico-anal et des réseaux mafieux : de véritables freins contre l'émergence en 2035. (La logique au cœur de la performance) », Editions Saint-Paul, 2012.

exorcisant ainsi la « malédiction des matières premières » qui caractérise les pays africains.
Au travers des différentes questions et sujets pertinents que tu as soulevés, j'ai essayé, autant que possible, de montrer avec humilité, honnêteté et rigueur intellectuelle, dans quelle mesure le comportement ou l'action de chaque membre de la société civile peut constituer un frein au progrès individuel et collectif, au développement du pays. La corruption a été identifiée comme étant l'un des principaux fléaux qui minent le développement des pays africains, car s'opérant en toute impunité sous la houlette d'une petite oligarchie, au détriment des peuples africains. Les fins connaisseurs de l'Afrique comparent la corruption à un cancer qui tue l'Afrique. Ensuite, de manière plus ou moins subtile, j'ai voulu sensibiliser chaque individu de la société sur sa responsabilité individuelle en tant que citoyen. En réalité, par nos comportements ou actions en société, nous pouvons contribuer négativement au progrès de l'autre, au progrès collectif, au projet de développement de notre environnement, de notre pays. Ainsi, nous devenons « l'autre » pour quiconque (ou autrui), c'est-à-dire une épine sous le pied du voisin, de la famille, du quartier, de la ville voire du pays dans son ensemble. Selon notre attitude, directement ou indirectement, nous pourrions être des complices du déclin de la société, du moins, être une entorse au bien-être de l'autre et/ou du vivre-ensemble. Nous sommes notamment complices directs lorsque nous faisons preuve d'incivisme, d'intolérance, d'égoïsme, ou chaque fois que nous participons activement à des actes de malveillance, vol, vandalisme, corruption, trahison, pillage de biens individuels et collectifs, nous nous livrons à la haine ou à la perversion, ou encore par défaut de professionnalisme ou par incompétence avérée. C'est la raison pour laquelle de telles actions doivent être sanctionnées avec fermeté et justice, en conformité avec les lois définies par le peuple, selon son propre projet sociétal, afin d'assurer les meilleures conditions du fonctionnement de la société, du vivre-ensemble.
Par ailleurs, l'autre aspect de notre complicité éventuelle – que nous ne percevons pas souvent – est notre complicité indirecte ou passive face à un acte répréhensible par la loi, un acte entravant le vivre-ensemble. En effet, chaque fois que nous faisons preuve de lâcheté, mutisme, résignation à subir des injustices constatées ou vécues, nous contribuons d'une certaine manière à perpétrer voire stimuler la continuité du désordre établi.

« Sous un bon gouvernement, la pauvreté est une honte ; sous un mauvais gouvernement, la richesse est aussi une honte. »

Confucius

Chapitre 6

APERÇU DU NIVEAU DE DÉVELOPPEMENT DES PAYS AFRICAINS : SITUATION ÉCONOMIQUE, SOCIALE ET POLITIQUE

- A ce stade de notre échange, ton analyse apporte un éclairage sur les facteurs internes et externes susceptibles d'entraver le développement des pays africains. Ce qui a le mérite de sensibiliser les acteurs concernés sur leurs rôles respectifs et les conséquences de leurs actions ou inactions dans ce processus. Soixante ans après les indépendances, quelle est la situation de développement économique et social des pays africains ?

- L'analyse individuelle de la situation macroéconomique et sociopolitique des pays africains montre que malgré des progrès notables de certains d'entre eux, les conditions d'un processus de développement pérenne tardent à se mettre en place, à l'instar de celles de la plupart des pays européens, les États-Unis et les pays de l'Asie de l'est (Chine, Corée du Sud, Japon…).

Sur la période allant du début des indépendances (autour des années 1960) à 2017, la comparaison de l'évolution du développement économique des pays africains à celle d'un pays d'Asie de l'est, en l'occurrence la Corée du Sud, me semble intéressante. Cet exercice permet de dégager quelques éléments utiles à l'élaboration d'une stratégie de développement d'un pays africain donné.

En effet, il est important de rappeler que la Corée du Sud était l'un des pays les pauvres de la planète au début des années 1960, avec un produit intérieur brut par habitant (de moins de 100 $ US) comparable à celui du Cameroun, à la même époque. En l'espace d'une quarantaine d'années, celle-ci a réalisé développement économique et social prodigieux qualifié de « miracle sud-coréen ». En surmontant les difficultés causées par le désastre de la guerre de Corée (1950-1953), la Corée du Sud a généré en un temps record, dans les années 1970-1980, une croissance économique sans précédent, pour devenir la onzième puissance économique mondiale, avec un pouvoir d'achat comparable à celui des pays européens. Cette performance interpelle d'autant plus que la Corée du Sud est un pays à très forte densité, avec 51 millions d'habitants (en 2016) répartis sur un territoire dont la superficie correspond à un cinquième seulement de la superficie du Cameroun. Par ailleurs, contrairement à la majorité des pays africains, la Corée du Sud est faiblement dotée en ressources naturelles.

Dans notre entretien, nous avons identifié et caractérisé les principaux freins au développement des pays africains. Riche en ressources naturelles, essentiellement exploitées par les puissances occidentales, l'Afrique a été retardée dans son développement au travers d'une nouvelle forme de colonialisme qui s'est substituée dans les années 1960 au colonialisme institué par la Conférence de Berlin en 1884. Il convient de souligner que toute idée de colonisation a été combattue bien avant les indépendances par d'illustres personnalités africaines (Kwame Nkrumah, Modibo Keita, Sékou Touré, Um Nyobè, Sylvanus Olympio, Patrice Lumumba...), comme nous avons déjà pu le voir précédemment. Ces combattants de la liberté et défenseurs de la dignité des peuples africains méritent d'entrer dans la

mémoire collective des peuples africains. Ce d'autant plus que leur lutte avait principalement pour objectif, l'indépendance effective et le droit à l'autodétermination de leurs peuples respectifs. Pour préserver leurs intérêts, les pays colonisateurs les ont évincés quand ils ne les ont pas éliminés physiquement, en prenant soin de mettre à la tête des États, des dirigeants plus conciliants et moins patriotes. En échange, ces derniers pouvaient avoir le soutien des pays colonisateurs pour se maintenir au pouvoir. Après les indépendances, d'autres dirigeants africains continuèrent à revendiquer l'indépendance effective des peuples africains, notamment Thomas Sankara (Burkina Faso). Malheureusement, souvent avec la complicité de leurs proches, ces dirigeants ont été mis hors d'état de nuire voire tout simplement assassinés comme Thomas Sankara l'a été le 15 octobre 1987.
Cependant, nous avons mis en évidence que le développement pouvait aussi bien être freiné de l'extérieur comme de l'intérieur. De l'extérieur, par un acteur ou opérateur étranger que j'ai qualifié de « l'autre », en l'occurrence, la puissance impérialiste (Occident, Chine…). De l'intérieur, car par ses attitudes, comportements, actions ou inactions, l'Africain lui-même - que j'ai qualifié de « toi » - pourrait retarder son propre développement. D'où ma question implicite, « Et si l'autre c'était toi ? », afin de mettre l'accent sur les responsabilités des uns et des autres dans le processus du développement de l'Afrique. Ainsi, c'est une occasion pour l'Afrique de se regarder dans le miroir sans se mentir, et d'en tirer les enseignements nécessaires pour l'avenir qui commence maintenant.
La conjonction de tous ces facteurs nous amène à comparer la situation du développement économique du continent africain avec celle des autres continents, sur la base d'un ensemble d'indices de mesure de performances macroéconomiques, sociales et politiques. Ces indices sont publiés par des organismes internationaux et organismes spécialisés. Cette comparaison permet ainsi de :

- Apprécier le niveau de développement des pays africains pris individuellement et celui de l'Afrique dans sa globalité ;
- Observer le progrès/retard des différents pays dans leur processus de développement ;
- Jauger la longueur du chemin restant à parcourir pour asseoir durablement les conditions d'un développement maitrisé.

Dans le cadre actuel du système capitaliste, il existe un certain nombre d'indices – principalement des indices macroéconomiques – utilisés pour évaluer les performances économiques d'un pays donné et les comparer aux performances d'autres pays ou continents. Par souci de clarté de mon analyse, je définis le plus simplement possible, chacun des indices utilisés, avant de présenter les principaux résultats et enseignements qui en découlent. J'attire d'ores et déjà ton attention sur le fait que ces indices sont standards, au sens où ils ne tiennent pas compte des spécificités propres à chaque pays, et encore moins des aspects écologiques ou culturels[1]. Par conséquent, comme nous le verrons, certains indices sont à manier avec prudence. D'une manière générale, il est recommandé d'utiliser différents indices pour réaliser une étude plus pertinente et robuste.

Afin de te fournir des éléments d'analyse pouvant stimuler ta réflexion sur les leviers d'une stratégie de développement pérenne - i.e. à long terme -, j'ai considéré onze indices pour analyser la performance d'un pays. Ces indices proviennent de différentes sources indépendantes, complémentaires, réputées par la qualité et la profondeur de leur travail : Banque Africaine de Développement, Banque Mondiale, Programme de Nations Unies pour le Développement (PNUD), Transparency International (organisation non gouvernementale), The World Economic Forum, Fondation Mo Ibrahim, The Economist (journal spécialisé dans l'analyse économique).

J'en fais une analyse complète, en expliquant les principaux résultats que tu trouveras dans *Dossier* 1 qui comprend également deux analyses mathématiques distinctes. Celles-ci convergent vers des résultats similaires permettant de caractériser les pays africains selon leur performance globale (i.e. par rapport à l'ensemble des indices de performance considérés).

Dans la première analyse statistique - ou analyse en composantes principales (ACP)[2] - les 54 pays africains sont analysés à partir des sept indices (ou variables) de performance suivants : PIB par habitant, infrastructure, compétitivité, développement humain, corruption, gouvernance et démocratie. L'utilisation de la technique ACP a permis de distinguer les pays selon deux critères généraux :

- Un critère économique (PIB par habitant, infrastructure, compétitivité et développement humain), représenté par l'axe des abscisses, "Facteur 1" (ou "Component 1", dans *Graphique 2*) ;
- Un critère de gouvernance (corruption, gouvernance et démocratie), représenté par l'axe des ordonnées, "Facteur 2" (ou "Component 2", dans *Graphique 2*).

Ainsi, au travers de l'ACP, l'information des 54 pays (ou individus statistiques) a été agrégée par ces deux axes (et non plus par les sept axes correspondant aux sept variables initiales ci-dessus). Ces deux axes expliquent à eux tout seuls environ 84% de l'information totale ; l'information résiduelle (16%) étant expliquée par les cinq autres axes.

---

[1] C'est pour cette raison qu'actuellement, des voix s'élèvent pour concevoir des indices plus représentatifs de la réalité économique. Il y a encore du chemin à parcourir avant d'y parvenir.

[2] L'analyse en composantes principales (ACP) est une technique statistique extrêmement puissante de compression et de synthèse de l'information, très utile lorsque l'on est en présence d'un nombre important de données quantitatives à traiter et à interpréter.

Graphique 2 : Coordonnées des pays africains sur les deux premiers axes factoriels

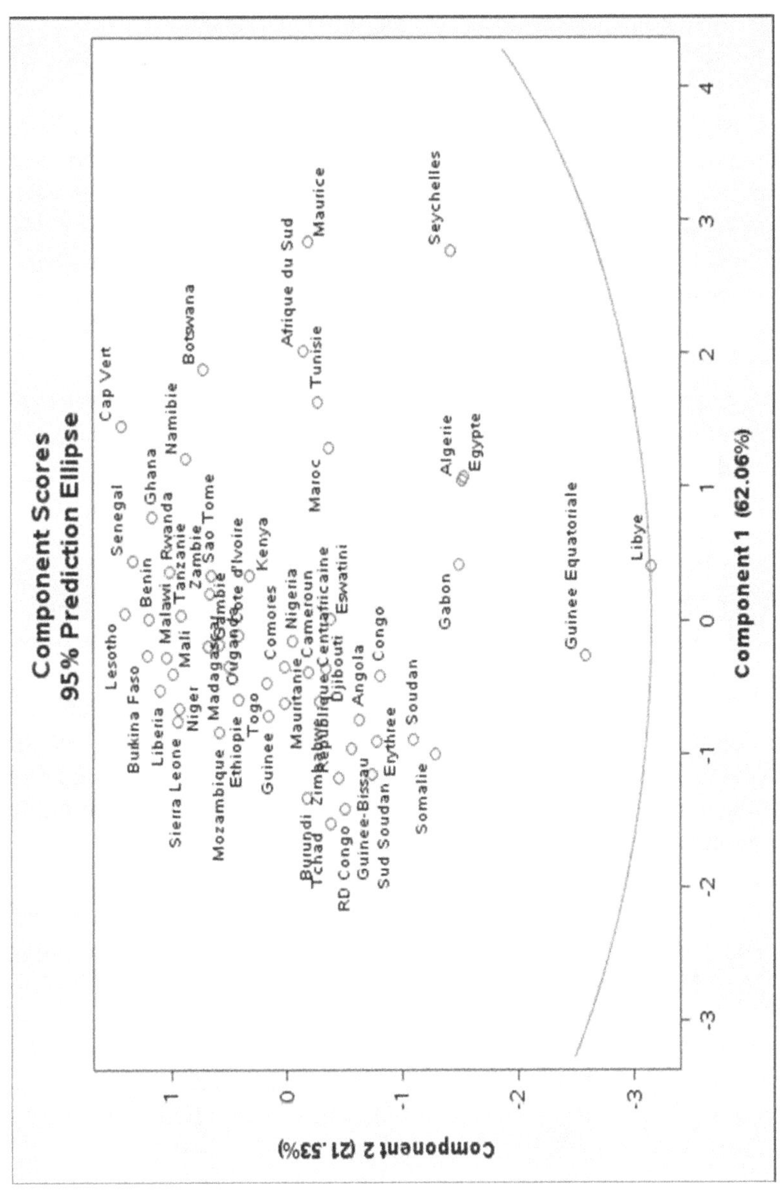

La projection des coordonnées des individus statistiques étudiés (i.e. chacun des 54 pays africains) sur les deux premiers axes principaux - Component 1 (ou Facteur 1) et Component 2 (ou Facteur 2) - donne la représentation graphique précédente (cf. *Graphique 2*), à partir de laquelle on peut tirer plusieurs enseignements sur les différents pays.
Si l'on se restreint sur ces deux premiers axes principaux, il ressort de ce graphique que :

- Les pays les plus à droite dans le graphique ont une meilleure situation économique par rapport aux autres, parmi lesquels : Maurice, Seychelles[1], Afrique du Sud, Botswana, Tunisie, Cap-Vert, Maroc, Namibie, Algérie, Égypte et Ghana ;
- Les pays les plus en haut dans le graphique ont une meilleure gouvernance générale (gouvernance, démocratie, corruption) par rapport aux autres, notamment : Cap-Vert, Lesotho, Sénégal, Burkina Faso, Bénin et Ghana ;
- Les pays combinant le mieux gouvernance et performance économique sont : Botswana, Cap-Vert, Namibie, Ghana, Sénégal et Rwanda ;
- Les pays les plus à gauche dans la partie inférieure du graphique, c'est-à-dire, dont l'ordonnée (Component 2) est comprise entre -1 et 0, sont les moins performants, aussi bien économiquement qu'en ce qui concerne la gouvernance. Il s'agit notamment des pays suivants : Tchad, RD Congo, République Centrafricaine, Burundi, Zimbabwe, Sud Soudan et Somalie ;
- Le Gabon et la Guinée Équatoriale sont des « anomalies » économiques au sens où ceux-ci constituent des pays extrêmement riches en matières premières (pétrole, bois…), mais dont la qualité de la gouvernance empêche un développement économique véritablement inclusif ;
- La Libye est la moins performante sur le plan de la gouvernance ; ce qui n'est pas surprenant ; en réalité, le pays a été déstabilisé politiquement en 2011 à la suite de l'intervention militaire injustifiée de la Communauté internationale, sous l'égide de l'ONU, au travers de la résolution 1973 de son conseil de sécurité qui a été outrepassée par la France et la Grande-Bretagne. Pourtant la Libye a un potentiel de développement considérable, car étant riche en matières premières et parmi les pays africains les mieux dotés en infrastructures.

[1] Il convient de préciser au lecteur que Seychelles devrait normalement se retrouver à un niveau au moins équivalent à celui de Maurice en ce qui concerne la gouvernance globale, caractérisée par le premier axe principal (Component 1, sur le graphique). En effet, pendant l'analyse, du fait d'une donnée manquante pour la variable « démocratie », Seychelles a été pénalisée en remplaçant cette donnée manquante par la valeur moyenne de cette variable.

- L'Algérie et l'Égypte, dans une moindre mesure que la Libye, souffrent également de problème de gouvernance, alors que ces deux pays ont tout le potentiel pour s'ériger comme des moteurs de l'économie du continent africain.

L'approche de la deuxième analyse est différente de la précédente. Ici, il s'agit d'établir un classement des pays en fonction de leur performance globale sur l'ensemble des indices (ou variables) considéré(e)s. Dans notre cas, nous avions onze indices de mesure de performance.
Pour ce faire, j'ai construit un indice synthétique à partir des onze indices initiaux, estimé comme une combinaison linéaire de ces indices légèrement modifiés (cf. *Dossier 1, II.2*). Ensuite, les 54 valeurs de cet indice synthétique correspondant aux différents pays africains sont classées par ordre décroissant, i.e. du plus performant au moins performant. Il en résulte la représentation graphique ci-après (cf. *Graphique 3*) qui permet de comparer les pays africains en fonction de leur performance globale établie à partir des différents indices de performance. C'est en quelque sorte attribuer à chaque pays une notation individuelle globale, compte tenu des informations actuelles. Celle-ci serait notamment utile à un investisseur potentiel en Afrique, pour apprécier son risque d'investissement dans un pays donné ou affiner sa décision d'investissement en fonction de son aversion au risque.

Graphique 3 : Classement des pays africains en fonction des différents indices de performance

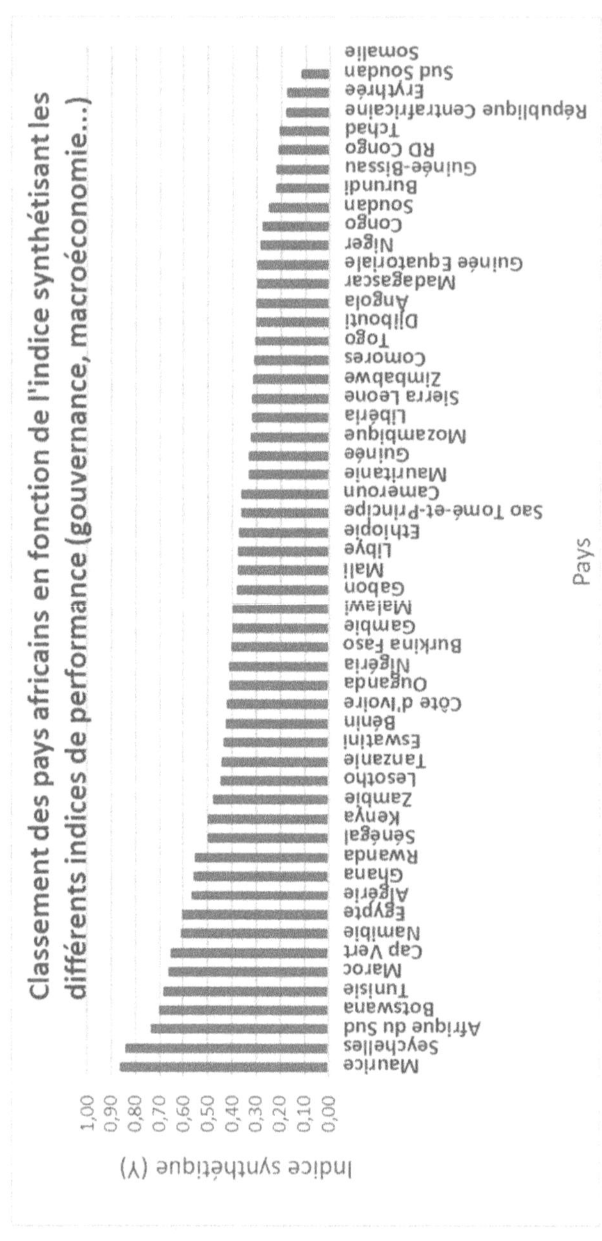

C'est typiquement ce genre d'analyse que des cabinets de conseil en investissement et les analystes financiers effectuent pour structurer leur opinion en matière d'investissement. Et comme on peut le constater, les résultats obtenus au travers de cet indice synthétique sont cohérents avec l'analyse en composantes principales (ACP) présentée dans le paragraphe précédent.

Finalement, cette deuxième analyse est complémentaire à la première qui est purement statistique (fondée sur l'ACP). Ces deux techniques pourront être utilisées régulièrement par des universitaires ou professionnels, afin notamment d'actualiser l'évolution des pays africains dans les différents domaines abordés (gouvernance et développement économique).

« Si tu as soif, creuse un puits. »

Proverbe coréen

Chapitre 7

SYNTHÈSE DE TROIS MODÈLES DE DÉVELOPPEMENT PERFORMANTS (BOTSWANA, MAURICE, CORÉE DU SUD)

- Pour compléter ton information, j'ai analysé en détail deux modèles de développement de pays africains (le Botswana et Maurice) et le modèle de développement de la Corée du Sud (Asie de l'est). Tu trouveras les analyses correspondantes dans les documents *Dossier 2* (cf. pages 215-234), *Dossier 3* (cf. pages 235-258) et *Dossier 4* (cf. pages 259-274). Je te recommande de les lire, afin de mieux appréhender les facteurs clés de succès inhérents au processus de développement de ces pays, jadis très pauvres économiquement.

- *Je te remercie pour tout ce travail de recherche. Après l'analyse des performances individuelles des pays africains présentée dans le document Dossier 1* (cf. pages 169-214), *une question me taraude déjà l'esprit. Parmi les trois exemples de développement mentionnés, il y en a deux concernant l'Afrique qui apporteraient déjà un début de réponse à cette question. Avant de te la poser, pourrais-tu me dresser les grandes lignes du processus de développement des trois pays retenus dans ton analyse, en attendant que j'aie pris le temps de m'imprégner complètement des documents correspondants ?*

- Bien évidemment ! Je vais te les résumer dans le même ordre. N'hésite pas à m'interrompre pour obtenir, si besoin, des précisions relatives à ces trois exemples.
Le Botswana est un pays enclavé de l'Afrique australe, entouré de l'Afrique du Sud, la Namibie, le Zimbabwe, l'Angola et de la Zambie. Sa superficie est de 581 730 km2. Sa population qui est de 2.33 millions d'habitants (en 2018) provient essentiellement des Tswana (représentant la tribu majoritaire). Son territoire est principalement recouvert par le désert du Kalahari et le delta de l'Okavango.
L'exemple du Botswana m'a interpellé à plusieurs titres. C'est un des rares pays africains qui a pu échapper à la « malédiction des matières premières », en exploitant ses ressources naturelles de manière optimale, dans une démocratie parlementaire à l'anglaise et authentique. En effet, le Parlement du Botswana est fortement imprégné de la culture ancestrale botswanaise, avec une représentation des chefs traditionnels. Par ailleurs, avant son indépendance en 1966, sous la colonisation des Anglais, le Botswana ne vivait essentiellement que de son activité de bétail et était parmi les pays les plus pauvres du monde (comme la majorité des pays africains). En 1967 (un an après son indépendance), à la grande surprise de tous, le Botswana fit la découverte d'importantes mines de diamants. Sous l'impulsion du visionnaire Seretse Khama, père de l'indépendance et premier président élu démocratiquement, puis, sous la direction des successeurs de ce dernier, le pays sortit progressivement de la pauvreté pour amorcer son développement économique et social. Les dirigeants botswanais ont su nouer des partenariats « gagnant-gagnant » avec le secteur privé, de manière à ce que

les ressources diamantifères soient le véritable moteur de l'économie nationale. De plus, ils ont géré rigoureusement la manne diamantifère résultante, afin de promouvoir le bien-être économique et social des Botswanais, au travers de nombreux investissements en infrastructures, dans l'éducation et la santé. Tant et si bien qu'entre son indépendance et aujourd'hui, le Botswana est passé de « pays pauvre » à « pays à revenus intermédiaires, économiquement plus prospères »[1]. Effectivement, sur le plan macroéconomique, le Botswana est parvenu à réaliser une croissance de son PIB de manière soutenue depuis son indépendance, c'est-à-dire sur une période de cinquante ans. Cette performance est d'autant plus exceptionnelle que, sur les quarante-cinq et cinquante dernières années, son taux de croissance annualisé du PIB, de 8.9% et 8.4% respectivement, est supérieur à celui de la Corée du Sud (7.9% et 7.4% respectivement) d'une part, et presque équivalent à celui de la Chine (8.8% et 8.7% respectivement) d'autre part.

En matière de corruption, l'un des principaux freins au développement en Afrique, le Botswana est le deuxième pays africain le moins corrompu après Les Seychelles, et le trente-quatrième pays le moins corrompu dans le classement mondial. En termes de gouvernance, compétitivité et innovation, le Botswana est parmi les six premiers pays africains les mieux classés. Sur le plan des infrastructures, il arrive en dixième position après les pays suivants : Les Seychelles, Égypte, Libye, Afrique du Sud, Maurice, Tunisie, Maroc, Algérie et Cap-Vert. Globalement, le modèle de développement du Botswana est susceptible d'inspirer la majorité des pays africains dans certains domaines. Fondamentalement, ce modèle les sensibiliserait davantage sur le fait que le développement n'est possible que sous deux conditions préalables : premièrement, avoir une vision sociétale claire et cohérente ; deuxièmement, se donner les moyens pour implémenter cette vision.

- L'exemple du Botswana laisse penser que les valeurs traditionnelles d'un peuple peuvent stimuler son développement.

- Tout à fait ! Ce d'autant plus lorsque ces valeurs sont favorables à la cohésion sociale. J'attire ton attention sur le fait que bien longtemps avant son indépendance, les Botswanais - essentiellement composés de l'ethnie « tswana » - étaient déjà un peuple très structuré, avec un système démocratique articulé autour des chefs traditionnels, une bonne gouvernance et une priorité accordée à l'éducation. La devise *« kgosi ke kgosi ka morafe »,* qui signifie « *le chef est le chef par le peuple* », est révélatrice de la portée de ces valeurs. Partant de là, il n'est pas surprenant que les dirigeants du Botswana aient fait preuve de vision et de sagesse dans la

---

[1] Selon la nomenclature de la Banque Mondiale.

gestion des ressources financières tirées de l'exploitation des mines de diamants découvertes, afin d'améliorer le bien-être de leurs concitoyens. D'ailleurs, c'est fort de ces confiance et respect mutuels entre le peuple et ses dirigeants, que le Botswana pourra relever d'autres défis. Parmi ceux-ci, il y a notamment la réduction de fortes inégalités sociales et la diversification de l'économie au-delà de la « manne diamantifère » qui, d'après les experts, s'épuiserait d'ici à quelques années.

- *C'est très intéressant.*

- S'agissant de Maurice, c'est une petite île de l'océan Indien, assez fertile, qui ne dispose d'aucune ressource minérale connue. Contrairement au Botswana dont la population est homogène et répartie sur un vaste territoire, Maurice est très densément peuplée (avec de 1.26 million d'habitants sur une superficie de 1 865 km2), de diverses cultures et origines (hindou, asiatique, créole...). L'exemple de Maurice a suscité les mêmes attention et admiration que j'ai eues pour le Botswana, au vu de leurs trajectoires exceptionnelles respectives.

Au moment de son indépendance en 1968, Maurice était parmi les pays les plus pauvres de la planète. De plus, son développement semblait voué à l'échec. Notamment, en 1961, James Edward Meade (prix Nobel 1977 en économie) avait prédit l'avortement inéluctable du développement de Maurice. Paradoxalement, en l'espace d'un peu plus de quarante ans, force est de constater que Maurice a pu échapper à la « malédiction des matières premières », devenant l'un des deux exemples[1] de développement les plus remarquables en Afrique. Son économie, initialement agricole et centrée sur l'exploitation de la canne à sucre, s'est fortement diversifiée au fur et à mesure, en s'appuyant principalement sur une excellente gestion de la « manne sucrière ». Le succès de son développement est une combinaison de plusieurs facteurs : la vision des dirigeants, les diversités sociale et culturelle de ses différentes communautés qui ont su bâtir, de manière cohérente, un modèle exceptionnel de démocratie.

En effet, peu après l'indépendance, le nouveau gouvernement eut le courage de remettre en question sa stratégie de développement qui n'avait pas donné les résultats escomptés. C'est ainsi qu'inspiré par modèle de développement taiwanais [2], le gouvernement de Sir Ramgoolam - le « père de l'indépendance » - décida de suivre cette stratégie, en créant une zone franche assortie de dispositions fiscales et financières incitatives pour les investisseurs. De plus, en 1970, Maurice signait la Convention de Yaoundé II, devenant ainsi le premier pays du Commonwealth à rejoindre le Marché Commun Européen en 1973. Ces choix stratégiques furent

[1] Avec le Botswana.

[2] Il était basé sur l'industrialisation par les exportations et le concept de « zone franche ».

couronnés de succès, avec une « manne sucrière » savamment utilisée pour diversifier l'économie du pays, notamment en investissant dans le secteur du tourisme. Toutefois, au cours de la seconde moitié des années 1970, la situation économique allait fragiliser Maurice de nouveau, du fait de plusieurs facteurs internes et externes (crise pétrolière, baisse du cours du sucre, succession de catastrophes naturelles telles que les cyclones, les ouragans et la sécheresse). Ce qui la contraignit à recourir au plan d'ajustement structurel du FMI ; une période difficile que les dirigeants gérèrent avec rigueur et succès jusqu'en 1986. A partir de cette date, le pays allait traverser de nouveau une période phase de croissance soutenue, stimulée notamment par la hausse des exportations du textile et le développement de l'industrie du tourisme. Une période qui dura jusqu'à la fin 2009, année durant laquelle Maurice cessa de bénéficier de l'avantage concurrentiel lié aux différents accords commerciaux avec l'Union européenne. Toutefois, avec la poussée de la mondialisation de l'économie, Maurice fut contrainte de procéder à une importante restructuration des deux secteurs principaux de son économie, le textile et de l'habillement d'une part, et le sucre d'autre part. Soucieux de soutenir durablement la croissance économique du pays, les pouvoirs publics optèrent pour une stratégie de diversification de l'économie, fondée sur plusieurs projets de développement : technologies de l'information et de la communication et l'innovation, transformation des produits de la mer, développement du port Franc de Maurice, hôtellerie et loisirs haut de gamme de manière intégrée et développement du secteur financier extraterritorial.

Sur le plan institutionnel, Maurice a su bâtir une démocratie parlementaire authentique, inspirée du modèle anglais, et prenant en compte les diversités ethnique et culturelle des Mauriciens. Ce modèle, qui suscite aujourd'hui l'admiration du monde entier, est le fruit d'un long processus structuré, avec l'aide de la Grande-Bretagne, l'ancienne puissance coloniale.

Comme dans le cas du Botswana, les dirigeants mauriciens ont su utiliser « la manne sucrière » pour améliorer les conditions de vie des Mauriciens ; notamment en assurant la justice économique et sociale au travers de nombreux investissements en infrastructures, dans l'éducation et la santé. C'est ainsi qu'entre son indépendance et aujourd'hui, Maurice est passée de « pays pauvre » à « pays à revenus intermédiaires, de la tranche supérieure »[1]. En réalité, Maurice a pu réaliser une croissance soutenue de son PIB, en moyenne égale à 4.5% par an sur la période 1976-2016 (quarante années). Ce qui est élevé pour une performance long terme, bien que celle-ci soit inférieure aux performances de la Corée du Sud (6.5%) et de la Chine (9.6%) sur la même période.

[1] Selon la nomenclature de la Banque Mondiale.

En matière de corruption, l'un des principaux freins au développement en Afrique, Maurice est le sixième pays africain le moins corrompu après Les Seychelles, le Botswana, le Cap-Vert, le Rwanda et la Namibie ; le cinquante-sixième pays le moins corrompu dans le classement mondial. Par ailleurs, dans le classement des pays africains concernant d'autres domaines, Maurice est classée :

- 1re en termes de gouvernance, de démocratie et de compétitivité ;
- 3e en matière d'innovation ;
- 5e en matière d'infrastructures, après Les Seychelles, l'Égypte, la Libye et l'Afrique du Sud.

Globalement, le modèle de développement de Maurice est susceptible d'inspirer la majorité des pays africains pour les mêmes raisons évoquées précédemment dans le cas du Botswana.

- Je suis très agréablement surpris par le processus de développement de ce pays, composé d'une population multiethnique, à l'image de nombre de pays africains. Je comprends mieux pourquoi le Pape François, lors de sa visite à Maurice en septembre 2019, disait de cette île « ... peuple qui est remarquable pour son vivre ensemble entre différentes ethnies et qui s'enrichit ainsi des différentes traditions culturelles et religieuses... ». C'est un excellent exemple de tolérance pour les pays africains en proie à des guerres tribales et religieuses qui nuisent complètement au développement de ces pays.

- Effectivement, la disparition dans la société africaine des valeurs comme la tolérance, l'écoute et l'humilité est préjudiciable au développement de l'Afrique qui a davantage besoin de paix, d'union effective et de solidarité pour se développer économiquement de manière durable. Sans la paix, je peux t'assurer qu'il n'y aura pas de développement.

- Pauvre Afrique !

- Finalement, j'en viens à la Corée du Sud, un exemple de développement complètement différent des deux cas précédents.

La Corée du Sud est un pays d'Asie de l'est qui occupe le sud de la péninsule de Corée. Sa superficie est de 99 618 km2 et sa population (en 2018) de 51.6 millions d'habitants. Ce qui représente une densité globale de l'ordre de 563 habitants au km2, sachant que la plus grande partie du territoire est occupée par des montagnes pratiquement inhabitées et couvertes de forêts. En plus de l'étroitesse de son territoire, la Corée du Sud est dépourvue de ressources naturelles, contrairement à son voisin, la Corée du Nord.

Bien que l'Afrique et la Corée du Sud soient de cultures complètement différentes, le modèle de développement de cette dernière est un exemple fascinant à étudier. Dans la perspective d'élaboration d'une stratégie de développement des pays africains, on pourrait en tirer beaucoup d'enseignements utiles. Effectivement, il est très instructif de comprendre comment la Corée du Sud, du fait de circonstances historiques, s'est retrouvée dans des conditions extrêmes de pauvreté. Mais, en l'espace de quatre décennies, celle-ci réussit à s'ériger parmi les toutes premières puissances économiques de la planète. C'est à cause de cette transformation fulgurante et extraordinaire que le modèle de développement sud-coréen est souvent qualifié de « miracle sud-coréen ». Ce miracle est à la fois économique et politique : la Corée du Sud a accédé à sa puissance économique sous l'impulsion d'un dictateur visionnaire, le président Park Chung-hee, qui prit le pouvoir en 1961. Il ne le quitta qu'en 1979, à la suite de son assassinat par un de ses proches. Cette fin tragique allait cependant permettre à la Corée du Sud de s'ouvrir à l'ère de la démocratie en 1987.

Dans les années 1950, la Corée du Sud était l'un des pays les plus pauvres économiquement de la planète. Sur le plan politique, le pays était dirigé par le président Syngman Rhee, sous un régime dictatorial. C'est sous le régime militaire autoritaire du Général Park Chung-hee – arrivé au pouvoir à la suite d'un coup d'État le 16 mai 1961 – que le pays allait véritablement amorcer son essor économique. En effet, sa vision, qui consistait à faire de quelques grandes entreprises dynamiques (Samsung, LG...), la pierre angulaire du développement industriel de la Corée du Sud, était adaptée aux circonstances du moment. D'un point de vue stratégique, ces conglomérats de grandes entreprises partenaires de l'État (appelés chaebol) mis en place par le président Park, s'étaient engagés au départ dans un développement par substitution aux importations[1]. L'objectif ce cette stratégie était d'amener progressivement les entreprises sud-coréennes à exporter et à se confronter à la compétition internationale. Ici, l'État s'érigeait en État visionnaire ou État stratège, traçant les lignes directrices. Il a ainsi construit une économie fondée sur l'exportation, par une série de plans de développement successifs. Plusieurs stratégies ont été mises en œuvre selon les secteurs :

- Substitution aux importations ;
- Mise en place de grandes industries lourdes au cours des années 1970 ;
- Montée en gamme progressive.

Le développement s'est également appuyé sur de grandes institutions publiques : pour se doter d'un outil de pilotage, dès 1961, le gouvernement créa le « Bureau de planification économique », réunissant principalement des économistes et des hauts fonctionnaires. Cette structure avait vocation à

[1] Cette stratégie a lieu lorsqu'un État, pour favoriser l'émergence des entreprises locales, va bloquer les importations et permettre aux entreprises locales de fabriquer les produits bloqués à l'importation et de les vendre dans le marché local. En général, notamment au début, la production est inefficiente, mais c'est un coup de pouce à l'essor de ces entreprises.

concevoir les grandes directions du développement, afin de maîtriser les progrès de l'industrialisation dans le cadre d'une stratégie globale. Plus tard, en 1971, le gouvernement créa au travers d'une loi spéciale, le Korea Advanced Institute and Technology (KAIST). Cet institut avait pour mission, le développement de la recherche scientifique et la formation technologique, en faisant appel dans un premier temps à des professeurs et chercheurs de haut niveau formés aux États-Unis.

Le style de capitalisme à la sud-coréenne basé sur les chaebol est caractérisé par une industrie dirigée par l'État, où les sociétés sont dotées d'une hiérarchie et une bureaucratie influencées par le confucianisme[1]. En effet, le style de management paternel dans les entreprises provient de la relation père-fils sous-jacente au confucianisme. Les entreprises devaient traiter les employés comme des fils et des filles, et en retour les employés devaient être loyaux, respectueux et gentils envers leurs responsables hiérarchiques, les considérer comme leurs pères. C'est ainsi qu'à partir des années 1960, les salaires dans les chaebol avaient été maintenus relativement bas et les syndicats interdits. Ce qui permit alors aux chaebol d'être compétitifs et performants sur le plan international. La philosophie de l'entreprise était de « croître, progresser ensemble », chacun travaillant pour un seul et même but : la sortie de la pauvreté et le développement économique de la Corée du Sud. Par ailleurs, dans une civilisation qui a été fortement influencée par le confucianisme, la priorité donnée à l'éducation et aux concours a certainement constitué un avantage décisif dans le processus du développement. Les entreprises ont ainsi pu assurer leur développement en s'appuyant sur des ouvriers et des cadres biens formés, dont le temps de travail était l'un des plus élevés au monde.[2]

En plus de ces atouts humains, au début de son développement, la Corée du Sud a bénéficié de l'aide des États-Unis, aussi bien en ce qui concerne la protection militaire que la fourniture de capitaux et technologies. Elle s'est également appuyée sur les connaissances et technologies acquises pendant sa colonisation par le Japon de 1910 à 1945. De plus, la signature en 1965 d'un traité de normalisation des relations entre la Corée du Sud et Japon a entraîné une entrée massive de capitaux japonais. Ce qui permit à la Corée du Sud d'obtenir de nombreux contrats de sous-traitance d'entreprises japonaises. Enfin, pendant longtemps, la Corée du Sud a tiré parti d'un accès préférentiel aux marchés mondiaux, en tant que pays en développement, à travers le système généralisé de préférence (SGP)[3].

---

[1] Ce qui nous ramène de nouveau à la philosophie de vie, à la culture, ou à la religion comme je l'ai souligné précédemment en abordant la relation entre développement et religion.

[2] C'est toujours le cas actuellement, notamment en comparaison avec les pays membres de l'OCDE.

[3] Le système généralisé de préférences avait été mis en place en 1968 pour favoriser les exportations des pays en développement. Ce n'est qu'en 1998 que l'Union européenne a retiré

C'est ainsi que la Corée du Sud a généré une croissance annuelle moyenne de son PIB de 7.4% sur l'ensemble de la période 1961-2017 (sur 57 ans, i.e. presque six décennies consécutives), en prenant en compte l'impact des différentes crises financières et pétrolières survenues au cours de cette période.
Sur le plan politique, le miracle sud-coréen relève du fait que la Corée du Sud ait basculé d'un système politique autoritaire à un système démocratique. C'est un cas plutôt rare en Asie, où les pays sont généralement dirigés par des régimes autoritaires, le Japon faisant exception. Cette transformation s'expliquerait par un certain nombre de facteurs culturels et historiques, notamment l'importance de l'éducation dans la société, la création du Hangul – l'alphabet à la base du coréen – et la forte tradition de révolte et de protestation. Ces facteurs ont permis à la Corée du Sud de maintenir une stabilité exceptionnelle au cours des trois dynasties qui se sont succédé pendant près de 1 250 ans, jusqu'au début de la colonisation japonaise en 1910[1]. Et dès 1948, à l'issue de division de la Corée en deux pays distincts, la Corée du Nord et la Corée du Sud. De plus, chacun de ces États allait passer sous un régime dictatorial ; notamment en Corée du Sud avec Sygman Rhee, un anticommuniste proaméricain qui dirigea le pays jusqu'en 1961. Celui-ci fut renversé militairement en mai 1961 par le Général Park Chung-hee, le héros de l'essor économique sud-coréen. Le règne de ce dernier prit fin en octobre 1979, car assassiné par un de ses anciens camarades militaires. Ce n'est qu'à la suite sa mort que la Corée du Sud commença à s'ouvrir véritablement à l'ère de la démocratie, plus précisément à partir de la fin de l'année 1987. Depuis lors, la Corée du Sud s'est affirmée comme une démocratie avancée dans le monde, occupant notamment le vingtième rang (sur 167 pays) selon l'indice de démocratie 2017 établi par *The Economist*.
En plus de la description précédente, il est important de souligner que la Corée du Sud réalise des performances remarquables dans les principaux indices, au point de s'ériger en modèle de développement de référence dont certaines caractéristiques seraient utiles dans toute stratégie de développement.

En réalité, dans les différents classements mondiaux, il ressort que la Corée du Sud est :

- 45e sur 180 pays en matière de corruption [2] ;
- 12e sur 126 pays en matière d'innovation[3] ;

---

la Corée du Sud, Singapour, et Hong Kong de la liste des pays bénéficiaires de son mécanisme SGP.

[1] Cette colonisation s'arrêta à la fin de la Seconde Guerre mondiale.

[2] Les Seychelles et le Botswana arrivant 28e et 34e respectivement ; les seuls pays africains mieux classés que la Corée du Sud.

[3] L'Afrique du Sud est le pays africain le mieux classé, arrivant au 58e rang.

- 15e sur 140 pays en matière de compétitivité[1] ;
- 5e sur 190 pays en matière de gouvernance[2] ;
- 22e sur 189 pays en matière de développement humain[3].

- Je suis tout simplement impressionné(e) par ce progrès fulgurant réalisé par la Corée du Sud en moins de quarante ans. Ce d'autant plus que c'est un pays qui a été, dévasté par la guerre, colonisé, puis administré sous un régime dictatorial visionnaire. Et comme tu le disais, sans vision, le développement n'est pas possible. Son exemple montre que pour se développer, avoir une vision sociétale cohérente est prioritaire à l'existence d'un régime démocratique.

- La vision est la pierre angulaire du processus de développement ! La démocratie - j'entends la vraie démocratie, quand celle-ci existe - est un idéal vers lequel on voudrait tendre. Mais je ne pense pas qu'il faille absolument l'avoir pour se développer. Regarde la Chine, par exemple. Celle-ci s'est développée économiquement d'une manière spectaculaire, complètement à l'opposé des valeurs de démocratie occidentales. Dans un processus de développement, il faut oser et y mettre un peu de folie, c'est à dire, avoir une vision et s'en donner les moyens (éducation, innovation, travail acharné...). C'est ce que le président Park, dictateur de son état, a su faire en temps opportun et qui fait de lui un génie, à mon sens.

- S'agissant de l'accession des Coréens à la démocratie, il me semble effectivement que l'aspect culturel ait joué un rôle fondamental.

- Effectivement, la culture d'un pays est essentielle à son développement. C'est ce que nous avons également observé dans les cas du Botswana et de Maurice. Au cours de son histoire, la Corée du Sud s'est battue pour préserver sa culture, notamment en créant son propre alphabet, le Hangul. C'est dire toute l'importance qui était déjà accordée à l'éducation.
Voilà ainsi faite, très rapidement, la synthèse des trois modèles de développement que je voulais porter à ta connaissance afin d'enrichir notre discussion. J'espère que ces exemples te sensibiliseront davantage à l'importance des principaux facteurs inhérents à tout processus de développement (contextes historique, religieux et culturel, vision stratégique d'un leader, partenariat, éducation...). Après en avoir pris connaissance, tu auras certainement d'autres questions.

---

[1] Maurice est le pays africain le mieux classé, arrivant au 49e rang.
[2] Maurice est le pays africain le mieux classé, arrivant au 20e rang.
[3] Seychelles est le pays africain le mieux classé, arrivant au 62e rang.

- Je lirai un peu plus tard, ta description complète de ces trois modèles de développement. En attendant, la synthèse que tu viens de présenter m'a déjà beaucoup appris.

- Ok. Revenons où nous en étions, avant de te présenter ces trois exemples de développement. Il me semble que tu avais une question à me poser, à moins que la synthèse précédente y ait déjà répondu.

« Cela semble toujours impossible, jusqu'à ce qu'on le fasse. »

Nelson Mandela

Chapitre 8
L'Afrique peut-elle se développer durablement ?

- Bien avant que nous commencions notre discussion, je savais que l'Afrique vue aujourd'hui, c'est-à-dire soixante ans après les indépendances, se porte mal en général, aussi bien socialement qu'économiquement. Mais, je ne m'imaginais pas à quel point ce mal était profond. Ton argumentation à mes nombreuses questions et remarques m'a permis de mieux appréhender certains aspects relatifs à plusieurs domaines de compétence. Tu as étayé, par de nombreux exemples, les freins au développement d'un pays, en expliquant la chaîne de responsabilités qui expliquerait pourquoi les pays africains sont empêtrés dans la « malédiction des matières premières ». Ton rappel historique sur les principales étapes qui ont mené à l'indépendance théorique de nombre de pays africains dans les années 1960 m'a également permis de bien comprendre le déroulement des événements et surtout de me sensibiliser sur certaines erreurs stratégiques qui avaient été commises, sciemment ou pas, par les mouvements de lutte pour l'indépendance. Erreurs qui ont encore des conséquences aujourd'hui dans le processus de développement de l'Afrique. De plus, au travers d'une analyse socio-économique complète, tu as illustré l'état actuel des pays africains, venant confirmer que l'Afrique est le parent pauvre du développement, bien que certains pays s'érigent en exemple de développement, en l'occurrence le Botswana et Maurice. Compte tenu du contexte dans lequel ces deux pays et la Corée du Sud se sont développés, c'est-à-dire, dans des circonstances particulières qui ne sauraient se répéter aujourd'hui, je me demande si l'Afrique n'a pas raté le train du développement ; ou du moins, a-t-elle le mental et la condition physique nécessaires pour monter dans ce train qui s'en va ?

- J'aime aussi bien ta synthèse, qui résume bien la teneur de la discussion que nous avons eue jusqu'à présent, que la formulation de ta question. Cela me fait assimiler l'Afrique et les pays qui la composent à un marathonien en quête de victoire lors de la prochaine épreuve. Pour gagner, ce marathonien a effectivement besoin de régler au détail près ses préparations physique et mentale, ainsi que d'élaborer une stratégie de course gagnante pour être prêt le jour J. C'est dans cette situation que l'Afrique et ses composantes (les pays africains) se trouvent aujourd'hui, avec un retard de préparation considérable, qu'il est encore possible de combler. Pour ce faire, elle doit se mettre au travail, véritablement et structurellement. A la différence de ce marathonien, l'Afrique a toujours évolué sans stratégie ni vision, subissant depuis plus de soixante ans, la stratégie des autres compétiteurs. De plus, les pays africains ont pris la mauvaise habitude d'avancer en ordre dispersé au lieu de s'unir, intégrant difficilement le fait que les relations internationales entre États ont pour courroie de transmission, les intérêts stratégiques (politiques, militaires, économiques) des uns et ceux des autres. De ce fait, l'Afrique a perdu beaucoup de temps en chemin, dans sa route vers un développement répondant véritablement aux aspirations de son peuple. Il me semble qu'aujourd'hui, elle est à la croisée des chemins. En effet, comme nous l'avons évoqué dans nos discussions, d'ici à 2050 (i.e. dans 30 ans), la population de l'Afrique aura doublé, passant de 1.25 milliard à 2.5 milliards habitants. Etant actuellement le continent le plus pauvre économiquement, avec une population appelée à doubler dans les trente prochaines années, l'Afrique n'a pas d'autre choix que de se développer, sinon, ce sera une catastrophe pour elle d'abord, et un problème pour les autres continents ensuite. On en a une illustration avec l'Europe qui s'inquiète de la crise migratoire à laquelle elle fait face. En même temps, malgré le retard accumulé dans son processus de développement, l'Afrique dispose de nombreux atouts à déployer, en plus de sa richesse en matières premières ; notamment la jeunesse de sa population qui a faim et soif de vivre. Il y a donc encore de l'espoir, mais il n'y a plus beaucoup de temps à perdre.

- Tu parles de vision, de stratégie, de mental, de se mettre au travail véritablement et structurellement, et d'intérêts stratégiques. Ce sont des expressions rares dans le vocabulaire quotidien des Africains. En général, lorsqu'il s'agit de l'Afrique et ses composantes, le vocabulaire qui revient souvent contient des mots et expressions du type : pauvreté, aide au développement, corruption, conflit, insécurité, assistance ou intervention militaire, milices. J'ai l'impression que l'Afrique est toujours en train de tendre la main et de pleurer sur son sort, au lieu de s'assumer complètement, qui plus est, quand elle veut réclamer son indépendance et sa souveraineté.

- Je suis ravi de te l'entendre dire ! Cela signifie que de l'eau a coulé sous les ponts depuis que toi et moi nous entretenons. C'est justement pour cette raison qu'en amont de notre conversation, je te parlais de changement d'état d'esprit – « Change your mindset » - avec tout ce que cela comporte. Nous pourrons y venir si tu le souhaites. Ces mots et expressions doivent désormais faire partie du vocabulaire des Africains, et surtout de ceux qui sont chargés de diriger ces pays ou aspirent à le faire. L'absence d'une vision stratégique unique et cohérente qui a tant fait défaut à l'Afrique au moment des indépendances est à mon sens la principale source de sa fragilisation sociale, politique et économique. L'Afrique ne s'était pas donné les ressources institutionnelles adéquates pour assurer son développement à partir de l'indépendance juridique des pays du continent. Elle semble se réveiller, plus de soixante ans après, pour renforcer son unité qui était déjà prônée par certains pères des indépendances notamment Kwame Nkrumah (Ghana), Ahmed Sékou Touré (Guinée), Modibo Keita (Mali) et Patrice Lumumba (Congo belge). On voit bien qu'une telle unité est bien plus difficile à réaliser aujourd'hui, car la majorité des pays africains est dans une situation de fragilité sociale, politique et économique pour s'engager véritablement dans un projet d'unité africaine. Pourtant, dans le contexte international actuel, un tel projet est d'une importance capitale. Il n'y a qu'à observer la « guerre commerciale » qui se déroule actuellement entre les États-Unis et la Chine, avec un impact sur l'économie mondiale. Dans ces conditions, on peut se demander comment l'Afrique, divisée et émiettée, pourrait-elle tirer son épingle du jeu dans cet environnement international où des intérêts divergents s'opposent ? A défaut d'anticiper comme les pères de l'indépendance l'avaient souhaité à l'origine, les dirigeants de l'Union africaine[1] ont réagi et pris conscience que l'Afrique est le grand perdant de l'échec des négociations du cycle de Doha[2] qui a finalement cédé la place à un certain nombre d'accords régionaux excluant le continent : traité de libre-échange transatlantique (entre Europe et États-Unis)[3], partenariat Trans-pacifique global et progressiste (PTPGP)[4]. C'est ainsi que dos au mur, et après quatre années de négociations commencées en 2015, les dirigeants de l'Union africaine, réunis à Niamey le 7 juillet 2019, ont ratifié l'accord de la Zone de libre-échange continentale africaine (Zlecaf)). C'est un accord historique qui est à saluer, en faveur du panafricanisme. Il constitue un début de la fin de la structure économique néocoloniale, où l'Afrique n'exporte que des produits primaires - essentiellement à l'extérieur du continent et très peu entre les pays africains - et importe tous les produits industriels en provenance d'autres continents. Ce qui est une drôle de manière d'intégrer l'Afrique à l'économie mondiale.

Cela dit, il y a encore beaucoup de pain sur la planche avant que la Zlecaf joue véritablement son rôle de facilitateur du développement de l'Afrique. Néanmoins, vu le contexte sécuritaire actuel (assez risqué) de l'Afrique, un accord de défense, émanant de l'Afrique elle-même, de manière indépendante et souveraine - politiquement et financièrement j'entends - aurait dû précéder la Zlecaf depuis de nombreuses années, pour garantir la paix et la sécurité en Afrique. C'eût été un terrain beaucoup plus fertile pour la Zlecaf que celui qui l'accueille aujourd'hui. C'est-à-dire, celui d'une

[1] Ex-Organisation de l'Unité Africaine, créée en 1963 après les indépendances.

[2] Le cycle de Doha est une ronde de négociations, qui devait au départ durer trois ans, effectuée sous l'égide de l'OMC (Organisation mondiale du commerce). En effet, l'essentiel des négociations de Doha portaient sur l'agriculture et sur l'amélioration de l'accès aux marchés des pays riches pour les produits agricoles des pays en développement (PED). Il s'est conclu sur un échec, les différentes parties n'arrivant pas à s'accorder, favorisant le protectionnisme.

[3] Le PTCI (Partenariat Transatlantique de Commerce et d'Investissement) communément appelé TTIP (Transatlantic Trade and Investment Partnership) ou encore TAFTA (Transatlantic Free Trade Agreement) est un accord de commerce et d'investissement bilatéral entre les États-Unis d'Amérique et l'Union européenne, actuellement en cours de négociation.

[4] Un accord de libre-échange entre le Canada et 10 autres pays de la région Asie-Pacifique : l'Australie, Brunei, le Chili, le Japon, la Malaisie, le Mexique, la Nouvelle-Zélande, le Pérou, Singapour et le Vietnam. Il est entré en vigueur le 30 décembre 2018 pour les six premiers pays ayant ratifié l'Accord, soit le Canada, l'Australie, le Japon, le Mexique, la Nouvelle-Zélande et Singapour. Le 14 janvier 2019, le PTPGP est entré en vigueur pour le Vietnam.

Afrique, divisée, en conflits par morceaux, sans autorité fédérale au-dessus des nations, capable de restaurer la justice et maintenir la paix entre les peuples, dans le respect des règles préétablies et agrées par ces nations. Malheureusement, on ne peut plus revenir en arrière. Par conséquent, l'Afrique est comme un cycliste assis sur un vélo : pour arriver au sommet de la côte qui l'attend, elle doit non seulement continuer à pédaler son vélo pour avancer, mais également, veiller à bien régler les vitesses du vélo.

- Mais il me semble que l'Union africaine, avec un budget annuel financé à hauteur de 26% seulement par les pays africains - les 74% restants provenant de partenaires externes (Union européenne, États-Unis, Banque Mondiale, Chine, Turquie...) - n'a pas les moyens financiers d'incarner cette vision panafricaine tant souhaitée et revendiquée par les Africains eux-mêmes, leur permettant de se développer de manière indépendante et souveraine. Peut-on vouloir le beurre et l'argent du beurre ? Autrement dit, les pays africains ne devraient-ils pas intégrer le fait que l'indépendance, la liberté et la paix sont la résultante d'un investissement pour lequel chacun de ces pays devraient se comporter en actionnaire de « l'entreprise » Afrique ?

- C'est un point essentiel que tu mets en exergue. Je suis tellement d'accord avec toi que j'aimerais renforcer ce point. Supposons qu'une entreprise privée a deux groupes d'actionnaires ou d'investisseurs, G1 et G2, ayant 26% et 74% des parts sociales respectivement. En conseil d'administration, c'est le groupe G2 qui aura le pouvoir de décision sur les orientations de cette entreprise, car détenant la majorité des parts. Par analogie, actuellement, l'Union africaine représente le groupe G1 et les partenaires externes représentent le groupe G2, exactement dans les proportions que je viens d'indiquer. En effet, le budget total de L'Union africaine en 2017 représente $ 782 millions, et celui-ci a été financé les pays africains à hauteur de $ 205 millions seulement. N'en déplaise aux Africains « souverainistes », il est normal et juste que le pouvoir décisionnel (politique, militaire, économique...) relève des partenaires externes. Le contraire serait de la philanthropie de la part ces derniers. Dans les relations internationales, il faut des contreparties en rapport avec les investissements effectués. L'argent c'est le pouvoir et inversement. L'ordre international actuel est régi par ce pouvoir. En l'occurrence, actuellement, le monde entier se rend bien compte de la puissance de la Chine qui est capable d'investir des sommes colossales dans d'innombrables projets en Afrique. De ce fait, la Chine dispose d'un pouvoir de négociation énorme, notamment celui de disposer des matières premières africaines à des conditions très avantageuses pour elle, mais parfois au détriment des intérêts des Africains.
Revenant à l'Union africaine, c'est un constat amer. Il est regrettable que la contribution des États au budget de l'Union africaine soit essentiellement

portée par cinq pays (Afrique du Sud, Libye, Algérie, Égypte et Nigéria) sur les 54 pays du continent ; les autres pays ne contribuant que très peu par rapport aux enjeux en présence. Bien que la situation économique des États africains ne soit pas reluisante, du fait notamment des problèmes de gouvernance, corruption et conflits, ces États devraient s'acquitter obligatoirement de leur contribution au budget destiné au fonctionnement et à l'exécution des programmes de l'Union africaine. Par ailleurs, d'un point de vue éthique et de par le rôle d'autorité internationale indépendante qu'est supposée incarner l'Union africaine, il aurait mieux valu que les pays africains prissent en charge la construction des bâtiments de l'Union africaine à Addis-Abeba (Ethiopie), au lieu de se faire financer le siège par la Chine et le complexe par l'Allemagne à hauteur de $ 200 millions et $ 21 millions respectivement. Symboliquement, c'est un signe de faiblesse et j'ai du mal à admettre une telle situation. L'Afrique ne doit pas éternellement compter sur les bailleurs de fonds internationaux et en même temps se plaindre de leur ingérence. L'absence d'autofinancement retire à l'Union africaine toute crédibilité dans la recherche de solutions aux multiples problèmes de portée stratégique pour l'Afrique (paix, sécurité, défense, commerce, recherche, innovation, environnement, négociation commerciale...). Visiblement, c'est dans l'optique d'accroître cet autofinancement que lors du 29e sommet des chefs d'États de l'Union africaine en juillet 2017, un projet de taxe avait été présenté, demandant à chaque pays d'effectuer un prélèvement annuel de 0.2% des importations éligibles. Il n'est pas suffisant à mon goût. Il faut aller plus loin, innover en termes d'ingénierie financière pour trouver des sources de financement centralisées, fondées sur des critères équitables, indiscutables et donc acceptables par tous.

- Compte tenu de cette planification non optimale, ne pourrait-on pas s'interroger sur la viabilité du projet de zone de libre-échange continentale africaine (Zlecaf) et de son impact sur les pays africains dont les niveaux développement économique sont assez hétérogènes ?

- La Zlecaf pourrait à terme stimuler le commerce intra africain, l'industrialisation, la croissance économique et le bien-être des pays africains. Toutefois, ces gains ne seront pas automatiques. Il y aura des coûts d'ajustement à effectuer à court terme, avant que le dispositif soit viable à long terme. Préalablement, chaque pays devrait investir dans des domaines permettant de titrer profit de cet accord, en fonction de la structure de son économie. Les coûts de mise en place varieront par conséquent d'un pays à l'autre. La Zlecaf a la même finalité que l'Union européenne, à savoir, créer un marché commun, protéger des importations de manière à valoriser une industrie locale. Pour y parvenir, quelques préalables sont encore nécessaires.

Premièrement, dans la perspective d'assurer l'accès préférentiel aux marchés et rendre les entreprises véritablement compétitives dans leur secteur d'activité, il sera crucial d'éliminer toutes les barrières non tarifaires auxquels celles-ci sont confrontées. En effet, ces barrières leur génèrent des coûts importants (transport et stockage transfrontaliers inadéquats, taxes commerciales informelles, longues procédures douanières...). De plus, il faudra prévoir des mesures complémentaires de facilitation du commerce et de la coopération douanière. Ce qui nécessite de la transparence dans les transactions. Ensuite, un manuel de règles strictes et claires sur l'origine des produits devra être établi rapidement pour guider les entreprises dans leur politique commerciale. Certains produits devront faire l'objet d'une certification, c'est-à-dire, obéir à des normes (hygiène, environnement, santé...) et exigences techniques, dans l'optique de la protection des consommateurs notamment. Enfin, outre la levée de l'entrave à la libre circulation des biens, il sera absolument nécessaire de simplifier le dispositif - certificats d'origine simplifiés, listes communes des marchandises, documents douaniers et aide pour faciliter les procédures de dédouanement - afin que la Zlecaf soit également avantageuse aux petits commerçants. En effet, sur le plan local - en Afrique - il faudrait arriver à trouver un bon équilibre entre les petits et les grands acteurs de l'économie africaine, de manière à ce que la Zlecaf profite à tous, éviter que les grands pays – comme l'Afrique du Sud, le Nigeria ou encore l'Égypte – imposent les règles d'origine et des normes environnementales pour éliminer les petits pays de la concurrence, et ainsi écouler aisément leurs produits manufacturés. En même temps, ceci devrait conduire les petits pays aux économies moins diversifiées, à concevoir des politiques industrielles cohérentes avec la Zlecaf. Et, quand bien même ces différentes mesures auront été effectivement implémentées, deux autres risques importants menaceraient le succès de la Zlecaf. D'une part, il y a un risque exogène que les partenaires externes de l'Afrique (États-Unis, Europe et principalement la Chine) imposent des droits de douane beaucoup trop bas, ne permettant pas en fin de compte, à l'industrie africaine de se développer. D'autre part, en cas d'adoption de normes environnementales et/ou sanitaires trop flexibles ou laxistes, il y a un risque de voir l'Afrique devenir la « poubelle » du reste du monde, en recevant des produits de très mauvaise qualité, au détriment de la santé et du bien-être des populations. Comme tu peux le constater, le chemin qui reste à parcourir est long et difficile, mais cela en vaut la peine.

- Après avoir abordé le rôle d'une institution comme l'Union africaine dans un projet de développement panafricain, il n'en demeure pas moins que chaque pays devrait s'atteler prioritairement à assurer son propre développement. Et c'est ce qui me fait revenir sur les exemples de développement des trois pays - le Botswana et Maurice (deux pays africains) et la Corée du Sud - que tu as présentés. Il en ressort que ceux-ci se sont

développés en empruntant différents chemins dépendant de facteurs qui leur étaient propres (culture, histoire, vision du dirigeant, circonstances de l'époque...). Cela m'amène à en déduire qu'il n'y a pas un modèle de développement que l'on appliquerait à un pays africain donné. Qu'en penses-tu ?

- Nous venons d'évoquer le rôle que l'Union africaine aurait pu jouer dans le processus de développement des pays africains - notamment sur les plans politique, social, économique, militaire et sécuritaire -, si les Africains avaient adhéré unanimement à l'intérêt d'une unité africaine comme le prônaient quelques pères des indépendances africaines. Aujourd'hui, l'Union africaine essaie de rattraper cette erreur monumentale effectuée il y a plus de soixante ans. En effet, à l'instar de l'Europe, l'Afrique a besoin d'institutions fortes, et il n'y a pas de meilleure institution que l'Union africaine qui puisse mieux incarner l'Afrique et les pays qui la composent. C'est la raison pour laquelle, les pays africains devraient contribuer de sorte qu'à court terme, l'Union africaine soit à la hauteur du rôle qui lui est dévolu par définition. Pour ce faire, les pays devraient trouver les ressources nécessaires, en plus de pouvoir répondre aux nombreuses attentes de leurs populations. L'Afrique ne sera réputée développée que si la majorité des pays africains le devient. Par conséquent, il y a urgence à ce que les pays africains s'attèlent individuellement à l'élaboration d'une stratégie de développement à long terme. La zone de libre-échange continentale africaine (Zlecaf), bien qu'étant un dispositif important sur le plan commercial, ne pourra avoir de réel impact sur un pays donné que si celle-ci est intégrée harmonieusement dans la stratégie de développement de ce pays qui a ses propres spécificités. Et comme tu l'as si bien indiqué, il n'y a pas un modèle de développement prêt à l'utilisation se trouvant dans une boîte à outils donnée. Chaque pays est caractérisé par ses propres histoire, culture et religion. De plus, les leviers de son économie étant différents, celui-ci a un potentiel de développement spécifique. C'est à partir de ces éléments qu'un pays est censé définir la vision sociétale conforme aux aspirations de son peuple (ou population), ensuite établir une stratégie de transformation de cette vision en réalité, dans un horizon de temps qu'il se sera fixé. Je ne conçois pas de développement à long terme sans vision. Le modèle - ou la stratégie - de développement sous-jacent(e) dépend donc de la vision et des caractéristiques intrinsèques (contexte historique, religieux, sociologique, culturel, économique et politique) de ce pays.

En revanche les trois modèles de développement présentés précédemment comme des modèles économiques ayant éprouvé leur pérennité, ont un certain nombre de caractéristiques communes qui viennent me conforter dans l'idée que je me fais d'une stratégie de développement sérieuse et efficiente. Celles-ci sont indépendantes de facteurs spécifiques tels que ceux mentionnés dans *Tableau 2.* C'est ainsi que les trois modèles de développement (Botswana, Maurice et Corée du Sud) se recoupent sur les aspects suivants :

- La vision portée par le dirigeant ;
- Le rôle de chef d'orchestre de l'État pour définir les interactions entre les différents partenaires impliqués dans le processus de développement (secteur privé, consommateurs...) ;
- La place de l'éducation ;
- L'état d'esprit/la détermination ;
- L'organisation ;
- La mesure et le suivi de la performance.

Tableau 2 : Facteurs spécifiques aux modèles de développement botswanais, mauricien et sud-coréen

	Pays		
Autres caractéristiques par pays	**Botswana**	**Maurice**	**Corée du Sud**
Structure de la population	Homogène, (composée de 80% de l'ethnie Tswana)	Très composite, multiethnique (Inde, France, Chine, Créole)	Homogène
Principale religion / Culture	Peuple très structuré bien avant son indépendance	Diversité religieuse et culturelle	Confucianisme
Pays colonisateur	Grande-Bretagne	Pays-Bas, France, et Grande-Bretagne successivement	Japon (1910-1945)
Principale ressource économique avant l'indépendance	Bétail (viande bovine exportée vers l'Afrique du Sud)	Canne à sucre	Pays complètement démuni après la guerre de Corée (1950-1953)
Situation économique avant l'indépendance	Parmi les plus pauvres au monde	Parmi les plus pauvres au monde	Parmi les plus pauvres au monde
Année d'indépendance	1966	1968	1945
Principale matière première après l'indépendance	Diamant (découvert en 1967, un an après l'indépendance)	Canne à sucre, ayant bénéficié de conditions de prix préférentielles	Aucune
Partenaires du développement	Société de Boers (Afrique du Sud) pour l'exploitation du diamant)	Grande-Bretagne et France	USA : soutien commercial, industriel et financier (dans un contexte de guerre froide), transfert de technologie

Lors des discussions que j'ai souvent eues avec des amis sur les perspectives de développement des pays africains, j'ai toujours pensé et je continue de penser qu'en Afrique, tant que l'on ne mettra pas les notions de mesure et suivi de performance (sociale, politique, économique) au cœur du système de pilotage de l'action de l'État et de ses différents partenaires (secteur privé, associations, agences multilatérales, organisations non gouvernementales), toute stratégie de développement, aussi pertinente qu'elle puisse être, sera vouée à l'échec. C'est ma conviction profonde, car à mon sens, le mot « performance » induit d'autres mots essentiels à la mise en œuvre d'une stratégie : objectif, organisation, travail, rigueur, transparence, compétences, responsabilité, motivation, résultat ou rentabilité (sociale, économique) et analyse.

Or, depuis le début de notre conversation, nous avons analysé et présenté les faibles niveaux de performance des États africains sur les plans social et économique, dus essentiellement aux freins au développement que nous avons évoqués. En analysant les trois « miracles » économiques que sont la Corée du Sud, le Botswana et Maurice, on constate qu'en plus des vertus de performance dont ils ont fait montre, ces trois pays ont bénéficié d'aspects ou d'événements circonstanciels. Premièrement, la Corée du Sud, après la guerre de Corée (1950-1963), a financé son industrialisation avec l'aide précieuse des États-Unis qui la soutenait dans le cadre de la guerre froide contre l'ex-Union soviétique (alliée de la Corée du Nord). Deuxièmement, le Botswana a reçu une « manne du ciel », en découvrant d'abord une mine de diamants un an seulement après avoir pris son indépendance, puis une autre mine de diamants (plus prolifique) en 1973. Troisièmement, Maurice a bénéficié d'une position de marché très favorable[1] pour ses exportations de sucre vers l'Union européenne, avec un prix garanti estimé à 90% supérieur au cours du marché international sur une période qui allait durer environ trente ans ; faisant ainsi de la canne à sucre, une « manne sucrière » qui allait être l'accélérateur de son développement. De plus, en sa qualité de de membre du Commonwealth, Maurice a bénéficié des accords multifibres (AMF) qui avaient été mis en place pour limiter les importations textiles en provenance d'Asie.

Le grand mérite de ces pays est qu'ils se sont donné les moyens pour capitaliser sur ces avantages circonstanciels. En l'occurrence, bien que ce soit de petits pays – en taille et en population – le Botswana et Maurice ont montré qu'il est possible de vaincre la « malédiction des matières premières » qui caractérise, à juste titre, nombre de pays africains, parmi lesquels le Gabon, le Congo et la Guinée Équatoriale. Bien que ces derniers soient très peu peuplés et très riches en pétrole notamment, ils ne parviennent pas à assurer leur développement de manière pérenne. En revanche, le Botswana, Maurice et la Corée du Sud continuent d'avoir conscience de nombreux défis socio-économiques qu'il leur reste à relever, à la suite de leurs « miracles économiques » respectifs, réalisés au cours des quatre ou cinq dernières décennies. Ils s'y attèlent d'ailleurs sérieusement sachant qu'ils disposent actuellement d'une marge de manœuvre plus réduite qu'auparavant, du fait notamment de la mondialisation, de la globalisation de l'économie. Alors, il me semblerait paradoxal que les pays africains ayant

---

[1] Au travers des conventions de Lomé (Togo) en 1976.

pris du retard dans le développement de leurs peuples respectifs ne se réveillent pas pour se relancer et s'affranchir du poids du passé. Préalablement, chaque pays concerné a besoin de définir une vision claire et cohérente avec les aspirations de son peuple. C'est à partir cette vision sociétale qu'une stratégie de développement à moyen et long termes sera élaborée, avec tous les outils permettant d'évaluer les performances tout au long du processus.

- C'est un appel aux pays africains de vivre l'instant présent. Cela me rappelle mes lectures captivantes sur le développement personnel qui m'aident à cheminer vers la sagesse de la vie, du moins, à prendre du recul par rapport aux événements.

- Le *« vivre l'instant présent »* qui a aussi pour corollaire *« se libérer de son passé »,* est une approche du développement personnel qui permet à l'individu de cheminer vers la sagesse de la vie, du moins d'améliorer son intelligence émotionnelle. D'un point de vue individuel, *vivre sans cesse dans le passé peut nuire à l'efficacité de son action présente.* Effectivement, souvent hanté par des attitudes négatives (peur, jalousie, haine, rancœur, mépris, volonté de vengeance, égoïsme), on a tendance à se disperser, à éviter la réalité qui se présente à soi. Plutôt que de dépenser de l'énergie négative, il vaudrait mieux se concentrer sur soi-même, se dire que « demain, c'est maintenant ». C'est une attitude positive d'envisager le futur par l'action au présent, dans la réalité et la vérité de l'état des choses, et non sur la base du passé qui est souvent illusoire. Ce qui est exactement la même idée quand je dis que « l'Afrique ne va pas passer tout son temps à se lamenter et à essuyer ses larmes de désespoir ». Il ne s'agit pas non plus d'oublier son histoire et sa culture.
Les performances (sociales, politiques et économiques) des pays africains, après plus de soixante années postindépendances, sont médiocres voire catastrophiques pour certains d'entre eux. Pourquoi s'y attarder et pleurer sur son sort, surtout si les principaux enseignements ont été tirés ? Oui, effectivement, les pays africains devraient agir au présent, maintenant et concentrer leur énergie dans les actions à mener. Ce n'est qu'ainsi qu'un futur heureux est réalisable. Il ne sert à rien de se mentir ou d'attendre le père Noel pour sauver l'Afrique. Le développement de l'Afrique passe par le développement de son capital humain.

- Pourrais-tu préciser cette notion de développement du capital humain dont je ne vois pas bien la nuance avec le développement personnel ?

- Le développement du capital humain est un sujet passionnant qui va au-delà du simple développement personnel, car il traite des différentes capacités et aptitudes d'un individu à, se réaliser personnellement et se

rendre utile à la société sous divers aspects. Selon la définition de l'Organisation de Coopération et de Développement Economiques (OCDE) : « le capital humain recouvre les connaissances, les qualifications, les compétences et les autres qualités d'un individu qui favorisent le bien-être personnel, social et économique ».
La notion de développement humain comporte ainsi le savoir-être d'un individu au sein de la communauté. Nous avons vu ensemble que le comportement d'un individu, et davantage celui d'un ensemble d'individus, a indiscutablement un impact sur le développement économique d'un pays, c'est à dire, la capacité des individus de ce pays à produire des richesses économiques, notamment par le biais de l'innovation. Par ailleurs, le développement du capital humain au sein d'un pays peut avoir un impact sur la capacité de ce pays à vivre en paix, en harmonie, être solidaire dans le bonheur comme dans le malheur. Celui-ci est par conséquent un enjeu crucial dans la perspective de l'établissement d'un modèle de développement d'un pays. En particulier, pour les pays africains faisant face à l'extrême pauvreté, le développement du capital humain joue un rôle déterminant pour mettre fin à cette pauvreté et renforcer l'inclusion sociale.

- Du coup je comprends mieux le rôle de central de l'éducation dans le développement du capital humain sans lequel le développement de l'Afrique est impossible. Je saisis également mieux la raison pour laquelle tu parlais de changement de l'état d'esprit du citoyen. Le développement politique, social et économique de l'Afrique devrait donc s'appuyer sur une approche de développement personnel complètement différente de celle héritée du système colonial, restée inchangée depuis les indépendances des années soixante.

- Avec l'expérience, c'est une évidence pour moi. Ce changement est inéluctable. Les programmes d'éducation d'un pays (ou d'une nation) devraient être cohérents avec la vision de ce pays qui est un préalable pour tout processus de développement viable. Or, la vision néocoloniale des pays africains est celle qui est en vigueur, depuis les indépendances. Cette vision, imposée par l'Occident, n'a pas prévu le processus d'industrialisation de ces pays. A titre illustratif, les programmes scolaires appliqués dans les pays d'Afrique francophone n'intègrent véritablement pas le questionnement dès le jeune âge. Or, de mon point de vue, le questionnement est fondamental, en ce sens qu'il cultive les vertus telles que la curiosité, l'estime de soi et la capacité d'innovation. Ces qualités sont essentielles au développement d'un pays ou d'une nation. Tu peux donc comprendre le rôle central de l'éducation dans le développement du capital humain des individus. L'éducation devrait être considérée comme un investissement prioritaire de la nation, et non comme une simple dépense budgétaire, au vu de ses effets bénéfiques (épanouissement personnel des individus et contribution à l'économie nationale). D'où l'importance d'une gestion rigoureuse des richesses nationales, afin de dégager les fonds nécessaires aux investissements dans une éducation de qualité, la nutrition, la santé, l'acquisition de compétences et l'accès aux emplois.

- Je comprends également de toi que l'amour du travail, du moins l'abnégation au travail, est un préalable nécessaire à toute stratégie de développement viable.

- Absolument ! Si l'Afrique veut « vivre l'instant présent » auquel tu faisais allusion, il faudrait qu'elle se retrousse les manches, sans tricher avec elle-même. Puisque tu me tends la perche, je ne peux m'empêcher de te rappeler et te commenter ma fable préférée, « Le Laboureur et ses enfants » de Jean de La Fontaine qui dit :

« Travaillez, prenez de la peine :
C'est le fonds qui manque le moins.
Un riche Laboureur, sentant sa mort prochaine,
Fit venir ses enfants, leur parla sans témoins.
Gardez-vous, leur dit-il, de vendre l'héritage
Que nous ont laissé nos parents.
Un trésor est caché dedans.
Je ne sais pas l'endroit ; mais un peu de courage
Vous le fera trouver, vous en viendrez à bout.
Remuez votre champ dès qu'on aura fait l'Août.
Creusez, fouillez, bêchez ; ne laissez nulle place
Où la main ne passe et repasse.
Le père mort, les fils vous retournent le champ
Deçà, delà, partout ; si bien qu'au bout de l'an
Il en rapporta davantage.
D'argent, point de caché. Mais le père fut sage
De leur montrer avant sa mort
Que le travail est un trésor. »

La morale de cette fable de La Fontaine que je trouve magnifique est que le travail est une vertu. La réussite des enfants du laboureur après la mort de ce dernier, n'est que l'aboutissement d'un processus de recherche, la course après un lièvre qui n'est rien d'autre que le trésor caché dans la terre, le champ. Par amour pour ses enfants, le père les a réunis afin de leur transmettre un héritage immatériel, avec des instructions bien précises pour leur permettre de trouver le trésor caché dont il leur parlait : le travail méthodique, appliqué, acharné et permanent. Par ses paroles il a su leur donner confiance, la motivation nécessaire pour atteindre leurs objectifs. Ainsi, ils ont pu se lancer à la recherche du trésor promis qu'ils ont trouvé et qui les a rendus heureux. En réalité, le véritable trésor auquel le père faisait

allusion était le processus de recherche en lui-même, c'est-à-dire, le travail. Au terme de ce processus, ils ont trouvé un autre trésor, le bonheur, la réussite. La vision que le père avait du travail laisse entrevoir une certaine filiation entre le travail et le bonheur, une relation de cause à effet en quelque sorte. Bien qu'il s'agisse d'une fable, je ne suis pas sûr que le résultat eût été le même si le père avait expliqué à ses enfants que, c'est en labourant avec acharnement le champ laissé en héritage, que celui-ci leur rapporterait beaucoup d'argent. Les enfants auraient probablement vendu le champ par facilité, paresse ou découragement.
Qu'à cela ne tienne, concrètement, cette fable me ramène à mon enfance. Elle symbolise pour moi la colonne vertébrale des valeurs et compétences sociales que j'ai reçues pendant mon adolescence, principalement sous le toit de mes deux grands-mères paternelles. Des valeurs universelles qui m'ont permis de me construire jusqu'à mon entrée à l'université au Cameroun, et par la suite en Europe où j'ai émigré depuis bientôt trois décennies. Dans mon cas, par rapport à la fable de Jean de La Fontaine, mes grands-mères représentent le « laboureur », et moi, « l'enfant » devenu adulte depuis.
De manière similaire, pour valoriser la vertu du travail, Voltaire, dans son œuvre littéraire, Candide, disait : *« Le travail éloigne de nous trois grands maux : l'ennui, le vice et le besoin ».* La Chine et la Corée du Sud - pour ne citer que ces deux pays - ont atteint leur niveau de développement économique actuel par leurs fortes capacités au travail et volonté d'atteindre les objectifs qu'ils se sont fixés. L'Afrique peut également le faire, à condition de se donner du mal pour le bien qui l'attend. En plus, l'Afrique a la force de la jeunesse pour bâtir son développement, sous-réserve de s'atteler au développement du capital humain de cette jeunesse qui se sent complètement délaissée actuellement.
C'est cette jeunesse à laquelle je fais confiance que j'exhorte au travail, à l'amour du travail. D'une part, pour leur épanouissement personnel, et d'autre part, pour aider leur pays à sortir du sous-développement, à l'instar de la Corée du Sud avec le « miracle sud-coréen ». En effet, le président Park Chung-hee, dictateur et visionnaire, qui est le principal artisan du développement fulgurant de la Corée du Sud, a bien été aidé par le contexte de pauvreté dans lequel la Corée du Sud se trouvait lorsqu'il prit le pouvoir de manière autoritaire en 1961. Il a su ainsi transformer tout Sud-Coréen en un « soldat » pour contribuer au rayonnement du pays, afin de laver l'affront subi par la colonisation japonaise et les conséquences de la guerre de Corée. C'est fort de ces motivation collective et raison de vivre, à cette époque, que les Sud-Coréens ont rendu possible la réalisation des vision et stratégie industrielle audacieuses portées par le président Park. Je ne suis pas sûr que sans cet électrochoc de la pauvreté, le résultat que l'on admire aujourd'hui eût été possible. Le travail a certes besoin du talent pour se transformer en succès exceptionnel, mais le talent sans travail ne mène à rien.

Pas plus tard qu'hier et ce matin, j'en avais encore la confirmation. En effet, hier, se déroulait la finale de tennis du tournoi de Wimbledon 2019 entre Federer (Suisse) et Djokovic (Serbe), respectivement troisième et premier du classement mondial, et ayant remporté chacun vingt et quinze tournois majeurs (Grand Chelem) du circuit, respectivement. Par son intensité et sa qualité technique, cette finale a été « un sommet » en matière de tennis. Elle a été remportée finalement par Djokovic, au tie-break du cinquième set, au bout de cinq heures environ, après que celui-ci ait écarté deux balles de match au cinquième set. Mon propos ici est de dire qu'au-delà de leur talent exceptionnel, ces deux joueurs nous démontrent que la maîtrise de leur art (aisance, vitesse, intensité, résistance à l'effort, mental) est la résultante de leurs assiduité et acharnement au travail, aussi bien en quantité qu'en qualité. Pourtant, ces grands champions qui ont déjà tout gagné, financièrement et sportivement, continuent de se fixer de nouveaux défis, en l'occurrence Federer – souvent qualifié du « Mozart » du tennis – qui a 37 ans.
Ensuite, ce matin, dans le journal gratuit de la ville de résidence[1], une jeune fille - passionnée de chimie et de mathématiques - était à l'honneur, après avoir obtenu son baccalauréat avec une moyenne de 54 sur 60 et la mention « excellent ». Au-delà du fait que ce soit une fille – donc une femme – c'est ce qui ressortait de son interview qui m'a frappé : *« Tandis que mes profs insistaient avec mes camarades qu'ils s'appliquent davantage pour les examens, moi, ils me conseillaient de prendre plus de pauses ».* Tout est dit par cette jeune fille. La question de savoir si elle aurait son bac ne se posait même pas une seconde pour ses enseignants, qui, compatissant, voulaient plutôt la ménager d'une éventuelle fatigue avant l'examen. Mais, celle-ci, passionnée - donc aimant tellement ce qu'elle fait et sachant où elle veut aller - a continué de travailler malgré ses facilités intellectuelles. C'est une forme d'humilité combinée avec une détermination sans faille. D'ailleurs, comme si son brillant résultat au bac n'était pas suffisant, elle a ajouté qu'elle espérait être acceptée à l'université technique de Munich. En lisant cette page de journal ce matin, j'avais le sentiment que ma journée était déjà accomplie avec ces paroles généreuses et vivifiantes. En effet, c'est cette détermination que je souhaite à tous les jeunes Africains, espérant que les moyens humains et matériels seront mis à leur disposition pour accomplir leurs rêves en fonction de leurs capacités.

- Permets-moi de faire une petite digression. S'agissant de la brillante jeune fille prise en exemple, que veux-tu insinuer en disant : « au-delà du fait que ce soit une fille » ?

- A première vue, ta question semble anodine et donne l'impression de sortir du cadre de notre discussion. Bien au contraire, celle-ci me permet de

[1] L'essentiel, N°2717 du 15 juillet 2019.

préciser un aspect de ma vision de la société en général, et en particulier, ma vision de la société africaine. Il est temps que l'Afrique, forte de sa culture et de son histoire, sache où elle veut aller, avec qui et comment, avant de déployer une stratégie de développement permettant de matérialiser cette vision. J'étais plutôt en train de te répondre sur l'existence d'un modèle de développement prêt à l'emploi que l'on utiliserait pour l'Afrique. J'espère que tu es maintenant convaincu qu'il n'en existe pas et qu'on ne saurait faire du « copier-coller ». En tout cas, en ce qui me concerne j'essaie de l'éviter autant que possible, car cela empêche de réfléchir et se poser les bonnes questions.

Revenant à ta question, ma conception de la place de la femme dans la société est assez constante dans le temps. Elle n'a pas attendu que je m' « européanise ». On peut le dire dans mon cas, car j'ai déjà passé presque trente ans en Europe. J'ai une grande estime pour la femme, d'abord parce que c'est elle qui nous donne la vie. Ensuite, j'ai la conviction depuis ma tendre enfance que la femme est bien souvent plus polyvalente que l'homme, et parfois meilleure que celui-ci dans bien des domaines où on ne l'attend pas forcément. Et dans un monde qui va aussi mal qu'aujourd'hui, je reste persuadé qu'il aurait été meilleur si les femmes avaient davantage été impliquées dans la conduite des affaires de ce monde. Je pourrais même t'avouer que cette conviction se justifie également à travers mon histoire personnelle. Tout à l'heure, sans parler ici de ma chère maman qui m'a donné la vie et dont j'admire l'humilité, la dignité et la compassion pour l'autre, je te parlais de mes deux grands-mères qui ont fait de moi le produit que je suis aujourd'hui. Celles-ci, parce qu'elles avaient la charge de mon éducation, ont largement contribué à l'accumulation de mon capital humain. Par ailleurs, plusieurs autres éléments factuels viennent conforter ma perception du rôle de la femme dans la société.

Premièrement, dès mon jeune âge, à l'école primaire comme au lycée, j'ai pu constater que lorsqu'une fille décidait de se vouer à ses études, elle pouvait davantage s'impliquer qu'un garçon du même âge. J'ai toujours eu d'excellentes camarades de classe « intelligentes » comme on dit souvent, même s'il convient de rappeler ici qu'il y a plusieurs formes d'intelligence et que tout ne se résume pas à l'accumulation du savoir ou des connaissances.

Deuxièmement, dans ma grande adolescence, tout en étant un bon joueur de football (comme je te l'ai précisé au début de notre conversation), j'étais également un assez bon élève. A cette époque au Cameroun, les études représentaient encore un ascenseur social. Quand j'y pense, j'en rigole encore, en me réjouissant de ma prise de conscience pour l'avenir de la femme. En effet, au lycée, il m'arrivait souvent d'exiger à une petite copine d'enfance d'apporter ses effets scolaires (notes de cours et livres) lorsqu'elle devait me « rendre visite », afin que je puisse l'aider sur le plan scolaire. Tu te rends compte du risque que je prenais ? (Mort de rires). Elle aurait pu me

« larguer » purement et simplement ! Qu'est-ce qui pouvait me laisser penser que les études l'intéressaient plus que notre amitié ? Mais, adolescent, j'avais déjà la conscience que l'indépendance de la femme passe par son éducation scolaire ; ce d'autant plus qu'en Afrique, nombre de jeunes filles sont souvent contraintes d'arrêter définitivement leurs études à cause de grossesses précoces ; avec le risque de fonder une famille monoparentale dépourvue de ressources financières. En plus, personnellement, ma mère n'ayant fait que des études primaires, avait été fragilisée financièrement lorsque mon père polygame l'avait abandonnée.

Troisièmement, c'est avec l'aide précieuse de Marie-Evelyne, celle qui allait devenir plus tard ma femme et la mère de mes trois enfants que j'ai pu émigrer en Europe pour continuer mes études universitaires. Par la suite, celles-ci ont été financées par le « petit boulot » que je faisais en tant qu'agent de nettoyage dans une société de service, « *Effor Service* »[1]. À ce petit salaire mensuel qui me permettait d'avoir le strict minimum pour vivre, venaient heureusement s'ajouter de modestes primes matches en tant qu'amateur de football. Amateur, car deux ans après mon arrivée en France, je m'étais rendu à l'évidence que je devais arrêter de caresser le rêve initial de devenir footballeur professionnel. C'est dommage pour le football ! (Rires). Plus sérieusement, ce fut une période très constructive dans ma vie d' « Homme » (avec grand « h »).

Quatrièmement, c'est encore une femme qui va m'émerveiller par la profondeur de ses connaissances : après avoir terminé mes études en actuariat à Paris, j'étais passionné par l'application des probabilités et processus stochastiques à la finance de marché. C'est alors qu'avant de me mettre à la recherche active d'un travail en actuariat, ma formation initiale, je décidais de passer un autre diplôme de troisième cycle[2], dirigé par madame Nicole El Karoui. Dans ce domaine très complexe, elle est mondialement reconnue par son savoir, aussi bien dans la recherche scientifique que sur les grandes places financières (Londres, Paris, Singapour…).

Enfin, pour mon premier travail, dans un grand de cabinet de courtage en assurances, filiale française d'un groupe américain à Paris, c'est encore sous la direction d'une femme que je vais me spécialiser dans le métier de la

---

[1] Devenue depuis, « *Effor Atlantique* ». Elle avait notamment pour clients, les enseignes parisiennes de la chaîne de restauration rapide américaine « Mc Donald's ». Il fallait se lever tous les matins à 5 heures pour aller travailler jusqu'à 10 heures, l'heure d'ouverture du restaurant. Le travail de nettoyage était tellement physique que certains employés démissionnaient au bout d'un mois à peine. Dans tous les cas, je n'avais pas le choix, car ce « petit boulot » était précieux pour ma survie financière. Cependant, il ne devait pas me détourner de la réussite de mes études.

[2] Diplôme d'études approfondies (DEA) de probabilités et finance de l'Université Pierre et Marie-Curie, Paris VI.

gestion des risques, avant de me lancer plus tard dans la création de ma propre structure du conseil en actuariat.
J'ai utilisé expressément l'expression *« au-delà du fait que ce soit une fille »* pour souligner mon profond respect pour la femme et ce qu'elle représente pour l'humanité. Le monde politique a tort de ne pas donner aux femmes la place que celles-ci méritent. L'Afrique a particulièrement besoin de « ses femmes » qui œuvrent déjà assez pour elle, par leur engagement, leur courage dans la lutte contre la misère, quand celles-ci ne subissent pas des exactions de tous genres (violence conjugale, viol, torture,). Elles ont le potentiel pour rendre l'Afrique meilleure, plus paisible, plus humaine et prospère. Par conséquent comme pour les jeunes Africains, je pense qu'il faudrait s'atteler dès maintenant au développement du capital humain des femmes. En prenant l'exemple de cette jeune fille européenne, j'ai voulu envoyer un double message : encourager les femmes africaines de continuer à croire en elles et à se battre d'une part, et appeler les dirigeants africains d'accorder une place importante au rôle des femmes dans leurs vision et stratégie de développement d'autre part.
A ce propos, j'en profite pour rendre hommage au grand philosophe des Lumières[1] et mathématicien français, Nicolas de Condorcet (1743-1794). C'était un précurseur en la matière. En effet, bien avant la Révolution française, il défendait[2] l'idée que les filles et garçons doivent avoir accès à la même instruction, car la vérité, universelle par nature, est due à toutes et à tous. Que dire de plus ? C'est tout simplement génial !

- Tu insistais sur la mesure et le suivi des performances dans tous les secteurs d'activité. Cela implique la définition d'un certain nombre d'indices de performance ainsi que l'élaboration d'un système statistique fiable.

- Il est effectivement indispensable de concevoir des outils de pilotage ou de suivi de performances sociales et économiques inhérents aux différents projets initiés. Il est crucial que ces outils soient adaptés aux effets mesurés, qu'ils soient fiables et mis à jour régulièrement. En plus des indices internationaux mesurant les performances sociales et économiques (croissance, indice de corruption, indice de développement humain...) des différents pays, d'autres indices, agrégats et statistiques sont nécessaires pour le suivi des performances, en fonction des secteurs d'activité. Toutes ces informations concourent à la bonne gestion des projets.

---

[1] Les Lumières sont un mouvement culturel, philosophique, littéraire et intellectuel qui émerge dans la seconde moitié du XVIIe siècle avec des philosophes comme Spinoza, Locke, Bayle et Newton, avant de se développer dans toute l'Europe, notamment en France, au XVIIIe siècle. Par extension, on a donné à cette période le nom de siècle des Lumières.
[2] Dans ses *Mémoires sur l'instruction publique* (1791).

Prenons par exemple l'éducation nationale. En fonction de paramètres à définir, l'existence d'un mode d'évaluation des enseignants est essentielle pour vérifier qu'ils assurent convenablement leur rôle et apprécier leurs besoins éventuels en formation continue, de manière à améliorer leur capital humain. En retour, le système éducatif devrait veiller à ce que les enseignants soient dans de bonnes dispositions matérielles, leur permettant de se dévouer entièrement à leur travail et d'être à l'abri du besoin. Je pourrais également considérer le problème de la distribution de l'eau potable. Nous savons en effet que dans nombre de pays africains, l'accès à l'eau potable relève encore du luxe pour certains citoyens. Ces derniers sont parfois obligés de faire dix à quinze kilomètres pour trouver un puits ou une adduction d'eau potable dans leur village ou ville. En tenant des indicateurs sur le nombre d'adductions d'eau potable installées en zone rurale dans un rayon de 500 m, 1 km, 2 km ou 5 km, le gouvernement pourrait mieux suivre le programme d'installation qu'il aura prévu. Ce qui donnerait aussi la possibilité aux usagers d'évaluer l'action gouvernementale et d'alerter éventuellement les autorités en cas de désagrément. De manière générale, dans un projet ou un secteur d'activité donné, les outils de mesure de performance établis permettraient de mesurer l'efficacité de l'action publique ou privée et contribueraient à un meilleur suivi de la chaîne de responsabilités.

- Je ne me rendais pas compte de l'importance du coût de financement relatif à l'implémentation d'une stratégie de développement, une fois celle-ci définie. Du coup, je me demande si les pays africains, qui sont déjà très endettés, ont les moyens de leur politique.

- La question du financement est effectivement importante, car comme tu le dis, les pays africains ont un niveau d'endettement très élevé, au point que la plupart n'arrivent pas à boucler leur budget annuel et sont amenés à demander des « aides » financières extérieures pour faire face aux dépenses courantes de l'État, notamment le paiement du solde des fonctionnaires. Je précise au passage que ces « aides » constituent généralement des dettes financières. Celles-ci sont principalement financées au travers de deux canaux : d'une part, l'aide au développement apportée par les pays occidentaux et, d'autre part, la Chine qui est devenue le premier investisseur en Afrique depuis quelques années. En effet, du fait de leur faible notation financière, très peu de pays africains ont accès aux marchés de capitaux. Pourtant, ces derniers sont dotés d'une plus grande communauté d'investisseurs potentiels et proposent des conditions financières plus flexibles et favorables.

Par définition, l'aide au développement désigne l'ensemble des ressources fournies aux pays pauvres dans le but déclaré de favoriser le développement économique et d'améliorer le niveau de vie de leurs habitants. Elle prend

généralement la forme de dons, de prêts d'argent à taux préférentiel et d'annulation de dettes. Quand le donateur est un pays ou une entité publique, on parle d'aide publique au développement (APD), mais il peut aussi s'agir de l'aide privée d'entreprises, d'organisations non gouvernementales (ONG), de fondations... L'aide publique développement est principalement fournies par le Fonds Monétaire International (FMI), la Banque Mondiale et les agences de développement de différents pays (Allemagne, Belgique, France, Grande-Bretagne...). La dette multilatérale octroyée par le FMI ou la Banque Mondiale est généralement assortie de conditions très contraignantes, avec des conséquences sociales souvent dommageables pour la population (baisse des salaires, réduction du nombre de fonctionnaires...). De plus, le coût de cette dette (charge d'intérêts) est important.
Avec l'augmentation de la pauvreté en Afrique et l'explosion du poids de la dette des pays africains, la question de l'efficacité de l'aide au développement se pose avec acuité davantage aujourd'hui que par le passé. Ce qui nous ramène de facto à la mesure de la performance des politiques mises en place, dans l'optique de contrôler l'action publique et privée. Je pense que celle-ci est un aspect fondamental pour responsabiliser toutes les parties prenantes à un projet donné et assurer un meilleur pilotage de celui-ci. Le recours à l'aide au développement ne devrait intervenir qu'après avoir épuisé toutes les sources de financements possibles dans le pays. Ce qui suppose que l'État est un gestionnaire rigoureux, avec le moins de corruption possible, de manière à, pouvoir dégager des revenus lui permettant de vivre selon ses propres moyens et moduler son degré d'interventionnisme.
Le financement externe de tout projet dépend du degré de confiance que les investisseurs potentiels accordent à ce projet. Ce n'est donc pas tant le financement qui est un problème, mais bien plus la qualité du projet. Ce qui nous ramène à deux aspects fondamentaux que nous avons déjà longuement soulignés : la vision du projet et la stratégie correspondante. Lorsque les investisseurs les considèrent viables, ceux-ci sont plus enclins à financer le projet, l'accompagner en y apportant tout le support nécessaire pour sa mise en œuvre.
C'est exactement le même phénomène qui se pose dans le cadre du financement d'une entreprise, dès lors que celle-ci a besoin d'un financement extérieur, ceci indépendamment de sa taille (petite, moyenne ou grande). En l'occurrence, lors de la création d'une entreprise, il est recommandé de réaliser un business-plan, c'est-à-dire un document permettant de décliner la stratégie financière (structure du capital, fonds propres, besoin en financement d'exploitation...), la stratégie commerciale choisie et le projet d'activité de l'entreprise (chiffre d'affaires, besoin en financement d'exploitation...) sur un horizon d'investissement donné. C'est à partir de ce document que le chef d'entreprise matérialise sa vision et qu'il va ensuite utiliser pour convaincre ses différents partenaires potentiels (banquiers, investisseurs, fournisseurs...) et obtenir leur confiance.

C'est la raison pour laquelle je te disais que le préalable à tout processus de développement d'un pays est la définition d'une vision sociétale claire, portée par son dirigeant. Cette vision doit être comprise par toutes les parties prenantes, à commencer par le peuple, jusqu'aux investisseurs potentiels. L'effet psychologique et la confiance sont importants, principalement pour avoir accès aux marchés de capitaux qui sont fondés sur la transparence. Si le peuple a besoin d'un dirigeant visionnaire et patriote, les investisseurs ont besoin d'être rassurés par une politique rationnelle, rigoureuse et disciplinée. C'est de cette manière que les pays asiatiques, notamment la Chine et la Corée du Sud, ont eu la confiance des investisseurs pour financer une partie de leurs investissements industriels.
D'ailleurs, s'agissant de la Chine, j'attire ton attention sur le rôle crucial de sa diaspora, principalement pendant les années 1980-1990, dans le financement du développement de la Chine. De même, une diaspora africaine mieux organisée et stratégiquement utilisée par les dirigeants africains serait une source supplémentaire de financement extraordinaire pour le développement de l'Afrique qui cherche désespérément à sortir de la pauvreté. Ainsi, en plus de son apport en ressources humaines, essentiel au processus d'industrialisation du continent dans différents domaines, cette diaspora constituerait un levier de développement déterminant comme dans le cas de la Chine.

- En quoi l'aide au développement serait-elle inefficace ?

- Cette question est régulièrement posée. Elle fait débat depuis les années soixante-dix. L'aide publique au développement représente avant tout une activité qui emploie des dizaines de milliers de fonctionnaires internationaux et nationaux, ainsi qu'un nombre important de consultants. Il convient de rappeler qu'elle est constituée essentiellement d'un prêt qu'un bailleur de fonds, d'un pays ou d'une organisation multilatérale, accorde à un pays africain donné, pour la réalisation d'un projet défini par les deux parties. Ainsi, cela correspond à une dette pouvant représenter des sommes colossales pour le pays bénéficiaire. L'argent du bailleur provient de son contribuable, sans aucune exigence, puisqu'en général son déblocage n'est pas voté par le Parlement du bailleur. Le gouvernement du pays africain bénéficie de cet argent sous plusieurs formes : une partie en devises, une partie en services (ingénierie, consultants...), machines et outils importés (de chez le bailleur) pour la réalisation du projet et une partie en dons. On peut donc constater que cet argent fait non seulement vivre l'économie du bailleur et les consultants au projet, mais également, apporte des investissements et ressources financières au gouvernement, transformés en dette du contribuable du pays bénéficiaire. Le problème potentiel, qui pointe à l'horizon, est l'irresponsabilité que l'aide publique au développement peut générer, lorsque les parties prenantes (bailleur et pays bénéficiaire) se

comportent comme si cet argent n'appartenait à personne et était créé ex nihilo. L'effet le plus pervers est que, pour la classe politique du pays bénéficiaire, l'aide devient une assurance tous risques, une « manne financière » pour les dirigeants qui ne sont plus comptables devant personne, ni devant les bailleurs de fonds, ni devant leur propre peuple. Une recommandation serait notamment que les Parlements des deux pays en relation soient informés sur la réalisation du projet financé par l'aide au développement, afin d'en mesurer l'efficacité et la qualité de la gouvernance du projet. Les projets entrepris devraient être évalués rigoureusement sur les plans qualitatif et quantitatif, de manière à apprécier leur valeur ajoutée dans l'amélioration des conditions de vie des populations. Il ne faudrait pas que « la lutte contre la pauvreté » soit juste du business pour les différentes parties prenantes (bailleur de fonds et gouvernement du pays bénéficiaire), sur le dos des populations de leurs pays respectifs. En effet, il ne faut pas perdre de vue qu'au final, c'est le contribuable du pays bénéficiaire qui supporte le coût de la dette financée par le contribuable du bailleur.
Les dirigeants du pays bénéficiaire devraient agir comme un chef d'entreprise qui aurait ponctuellement besoin de recourir à la sous-traitance d'une partie de son activité, pour assurer la survie et la prospérité de son entreprise. C'est ainsi que je fais le parallèle entre l'aide publique au développement et la sous-traitance. Dans une optique de rentabilité sociale et financière, les dirigeants du pays bénéficiaire devraient maîtriser les tenants et les aboutissants (coûts, délais de livraison du service, qualité...) de cette aide. Ce n'est pas la dette provenant de l'aide au développement qui est en cause, mais bien plus l'utilisation qu'on en fait ; et ce sont les dirigeants africains qui ont la responsabilité de justifier l'utilité de cette dette qui engage leur peuple. Il y a de « bonnes dettes » et de « mauvaises dettes ».

Par exemple, la construction d'un centre d'enfouissement et de traitement des déchets d'une ville est un projet très intéressant s'il est mené efficacement. Connaissant l'insalubrité qui caractérisent certaines villes africaines, un tel centre a vocation à améliorer la qualité de vie de ces dernières. On pourrait également citer le plan d'ajustement structurel mis en œuvre par le Fonds Monétaire International et la Banque Mondiale, dont avait bénéficié l'île Maurice en 1979, afin de surmonter les effets négatifs de la crise pétrolière sur son économie. Les autorités mauriciennes avaient remarquablement bien géré cette période et étaient finalement sorties de ce plan en 1986. Par ailleurs, il y a le cas du Rwanda dont l'économie se porte bien (avec un taux de croissance annualisé de son produit intérieur brut par habitant de 4% sur la période 2010-2017), alors qu'elle est substantiellement financée par l'aide extérieure. Dans ce cas également, le succès de cette performance économique est à porter au crédit d'un dirigeant qui a une vision pour son pays.

En revanche, dans le cadre du développement agricole en Afrique, lorsque les dirigeants africains acceptent que l'Alliance pour la révolution verte en Afrique (Agra) [1] crée un marché de semences africain, sans prendre conscience des enjeux économiques et environnementaux, cela se justifie moins. En effet, un tel projet pourrait non seulement être dommageable aux agriculteurs africains mais également générer des effets environnementaux comme cela a été le cas pour les pays du nord.
Enfin, du point de vue du processus d'industrialisation des pays africains, force est de constater que jusqu'à présent, l'aide au développement n'a pas permis aux pays africains d'évoluer vers la création de produits manufacturés. Le plus souvent, ces pays importent les produits nécessaires à la réalisation des différents projets et bénéficient très rarement du transfert de technologie. C'est d'ailleurs l'une des principales raisons qui ont conduit le Ghana de se payer le luxe d'arrêter de recourir à l'aide au développement. Pour mémoire, le Ghana a réalisé taux de croissance annualisé de son produit intérieur brut par habitant de 7% sur la période 2010-2017. Avec une telle performance, le Ghana peut se permettre d'oser et d'être plus ambitieux, car le peuple tout entier semble adhérer à la vision stratégique portée par son président actuel, Nana Akufo Addo.

- A défaut d'avoir une notation financière leur donnant directement accès aux marchés de capitaux à de conditions plus favorables, l'apport de la dette chinoise n'est-elle pas une alternative permettant aux pays africains de réduire leur dépendance vis-à-vis de la dette multilatérale réputée plus coûteuse et contraignante ?

- La Chine regorge d'une masse importante de capitaux disponibles à tel point qu'elle a consenti des prêts à tout-va ces dernières années, en Afrique, Asie et Amérique latine, sans trop se soucier de la capacité des pays à rembourser, et encore moins de la qualité de leur gouvernance. A mon sens, si ce manque de prise en compte du risque du pays recevant le financement est avéré, alors ce financement pose un problème, car il induit des contreparties souvent cachées ou inavouées. C'est le cas notamment lorsque les dirigeants d'un pays africain viennent à céder à la Chine des milliers d'hectares de terrain, au mépris du droit foncier des populations locales concernées, ainsi que des futures générations de celles-ci. Je ne suis pas certain que le pays soit gagnant à long terme. Les dirigeants des pays ne sauraient s'exonérer de leur vision, qui implique la prise en compte des

---

[1] L'Agra, créée en 2006 regroupe les fondations Gates, Rockefeller et Syngenta, la Banque mondiale dans son ensemble, des membres influents de grandes universités américaines, comme Cornell et Iowa State, et l'USAID. L'Agra a des liens très étroits avec Monsanto, le numéro 1 mondial sur le marché des semences et le premier fournisseur d'événements de transformation génétique utilisés pour la production de semences génétiquement modifiées. Monsanto a été impliquée dans divers scandales sanitaires.

intérêts de leur peuple dans la négociation avec les investisseurs. De ce fait, les termes de l'échange avec n'importe quel pays ne devraient pas venir hypothéquer les matières premières ou les terres du pays, en guise de « compensation » d'un manque de vision sociétale, une absence de politique rigoureuse et transparente ou de gouvernance comme nous l'avons illustré dans la plupart des pays africains. Procéder ainsi serait une nouvelle forme de mise sous-tutelle. Autrement dit, ce serait un « néocolonialisme à la chinoise », ce que l'Afrique reproche présentement à l'Occident. Ce serait en quelque sorte déplacer un problème sans le résoudre voire l'empirer, car dilapider les matières premières et les terres, c'est hypothéquer toutes les politiques de transformation de ces matières premières qui devraient faire partie des différentes stratégies de développement. Le développement d'un pays ne se résume pas seulement à la construction des infrastructures (routes, autoroutes, chemins de fer...), même si celle-ci en est un facteur important. De plus, dans la perspective de leur industrialisation progressive, les pays africains auraient davantage intérêt à ce que les termes de l'échange négociés avec les partenaires (Europe, Chine, États-Unis, Russie ...) comportent des garanties de création d'emplois. Si cela est applicable, ces termes devraient également prévoir des clauses de transfert de technologie.
A ce propos, la Chine est bien placée pour savoir que dans son processus de développement, elle avait bénéficié du transfert de technologie dans le cadre des contrats conclus avec les pays européens ou les États-Unis, par exemple, dans la construction des trains à grande vitesse avec la France.

- En quelque sorte, tu appelles les uns et les autres à initier des partenariats gagnant-gagnant.

- Absolument ! Lors d'une formation professionnelle sur les techniques de négociation commerciale, il y a plus de dix ans, j'ai appris un principe de négociation que je considère comme étant fondamental dans la vie de tous les jours (famille, amitié, travail, politique...). C'est le principe selon lequel, « une négociation réussie est une négociation équilibrée ». Autrement dit, une négociation réussie est une négociation qui contente les deux parties, sachant que chacune d'elles a dû faire des concessions, renoncer à une partie de ses intérêts qui étaient difficilement acceptables par l'autre. Ce n'est qu'ainsi que l'on peut établir les bases d'une relation de confiance à long terme. Sinon, tôt ou tard, l'une des parties se rendra compte que l'autre partie a abusé d'elle, et la relation prendra fin, du moins celle-ci s'altèrera. De plus, le gagnant-gagnant se justifie d'autant plus qu'il inspire le respect mutuel entre les interlocuteurs et il permet de sortir de la relation dominant-dominé. C'est au travers de ce mode de relation que l'Afrique pourra véritablement se développer. Elle a besoin des autres et inversement, notamment pour ses matières premières qui sont indispensables aux autres. Rappelle-toi qu'au-delà de ce concept de relation gagnant-gagnant, j'ai déjà attiré ton attention sur le fait que les relations internationales ont pour courroie de transmission, les intérêts respectifs des pays concernés. La lutte pour préserver ses propres intérêts est souvent féroce. Par conséquent, il faut avoir les pieds sur terre pour aboutir à une négociation gagnant-gagnant. C'est la raison pour laquelle, une fois de plus, les pays africains et l'Afrique ont besoin d'avoir des dirigeants visionnaires, patriotes, courageux et soucieux de la dignité de leur peuple. Il faudrait que l'Afrique arrête de mendier ; elle a beaucoup à offrir aux autres et beaucoup à recevoir en retour, ceci, dans la dignité et le respect mutuel.

- *J'ai bien compris qu'il n'existe pas de modèle de développement unique et prêt à l'emploi, pour sortir l'Afrique de son impasse. En revanche, au fur et à mesure de la logique de notre discussion, certains éléments de ton analyse me sont apparus comme des évidences. Pour n'en citer que quelques-uns, il y a : l'importance que tu accordes au changement des mentalités et au développement du capital humain, à la valeur travail et la mesure des performances de l'action publique et privée, sans oublier ton intérêt marqué pour l'entreprenariat et la création de valeur. Maintenant que nous sommes presque à la fin de notre entretien, pourrais-tu élaborer quelques pistes de réflexion sur la mise en œuvre du processus de développement des pays africains ?*

- Je souhaite vivement que l'esprit qui sous-tend notre dialogue se répande largement. Puisse-t-il se démultiplier, afin que chaque personne qui s'intéresse à la question du développement de l'Afrique apporte des éléments de réponse constructifs à cette problématique vitale pour le bien-être du peuple africain. C'est un chantier immense. Par conséquent, ce n'est qu'en œuvrant ensemble, de manière solidaire, que des solutions pérennes pourront émerger, afin d'aider les pays africains et l'Afrique à progresser, à se mettre debout, dans la dignité, la paix, la tolérance et l'amour, pour tendre vers cet idéal qu'est l'humanisme.
Les éléments que tu évoques me semblent effectivement des bases essentielles à tout processus de développement pérenne, sachant que les pays africains sont diversement avancés dans ce processus. Avant de prendre congé de toi, je te propose d'apporter quelques suggestions ou propositions concrètes à la boîte à solutions commune. Ces propositions gravitent autour de deux idées principales que j'ai déjà exposées succinctement, qui à mon sens, constituent la pierre angulaire de tout processus de développement véritable : d'une part, le développement du capital humain et, d'autre part, le principe de la mesure de performance ou d'efficacité des politiques publiques et privées. Ensuite, j'aborderai rapidement quelques aspects opérationnels dont l'urgence me semble d'actualité, notamment : des mesures complémentaires de réduction de la corruption, le mode de recrutement des agents de police, gendarmerie et militaires sur la base de

tests préliminaires fondés sur l'éthique et l'honorabilité, l'aménagement du territoire, le financement interne du développement, l'entreprenariat et la stratégie d'entreprise et la recherche et développement (R&D) pour favoriser l'innovation et la création d'entreprise.

« Le travail éloigne de nous trois grands maux : l'ennui, le vice et le besoin »

Voltaire

Chapitre 9

QUELQUES RÉFLEXIONS SUR LA MISE EN ŒUVRE D'UN DÉVELOPPEMENT PÉRENNE EN AFRIQUE

I. Mesure de performance au cœur de l'action publique ou privée

Au début de notre conversation, je te disais qu'un chef d'État donné devrait avoir une vision du peuple qui l'a choisi et être capable de déployer une stratégie lui permettant de répondre aux aspirations de ce peuple. Pour ce faire, il va attribuer à son gouvernement (composé de ministères) un certain nombre d'objectifs à réaliser. A son tour, chaque ministère va diviser ses attributions en objectifs à atteindre, et ainsi de suite. Cette vision du chef de l'État concerne plusieurs domaines de la société, notamment : éducation, santé, emploi, justice, défense, sécurité, économie, sport, culture, aménagement du territoire, protection sociale, protection de l'environnement, budget, fiscalité, affaires étrangères, recherche et développement... Tant et si bien que chaque domaine concerné par cette vision sociétale va se ramifier en une chaine d'objectifs, autrement dit, en une chaîne de responsabilités à plusieurs niveaux.

De manière similaire, la réalisation d'un projet initié par un opérateur privé dépend d'une chaîne d'objectifs à atteindre ou chaîne de responsabilités mises en jeu.

C'est la raison pour laquelle je soutiens que le développement d'un pays donné doit s'appuyer sur un outil essentiel : la mesure de performance des différentes actions menées pour atteindre cet objectif de développement. La mesure de performance est un sujet tellement vaste que je ne saurais la développer ici de manière exhaustive. J'exposerai seulement les grands principes relatifs à la mesure de performance des politiques publiques (mesure de performance du secteur public).

La notion de performance correspond à l'atteinte d'objectifs ou de résultats attendus, et plus largement à la création de valeur. Si dans le monde de l'entreprise, la création de valeur est généralement associée à l'accroissement du profit, elle doit être entendue dans le secteur public comme une optimisation des services rendus aux citoyens, usagers et contribuables[1].

[1] La nature des objectifs poursuivis dans les secteurs public et privé est différente : dans le secteur privé, l'objectif de rentabilité économique est au cœur des attentes des actionnaires lorsque le capital des entreprises est ouvert. Dans le secteur public, le soutien financier de l'État et des collectivités fait passer au second plan l'objectif de rentabilité économique ; c'est la satisfaction de l'intérêt général - correspondant à la responsabilité d'un service public face au gouvernement et aux citoyens - qui est la finalité principale recherchée.

L'utilité de la démarche de performance est triple :

- Pour le Parlement (Chambre des députés) :
  - avoir une plus grande lisibilité du budget et une transparence sur son exécution,
  - pouvoir agir sur les moyens donnés aux politiques publiques ;
- Pour :
  - le citoyen : savoir à quoi l'argent de ses impôts est utilisé,
  - l'usager : compter sur une administration qui réponde mieux à ses besoins,
  - le contribuable : vérifier que l'argent de ses impôts est utilisé efficacement ;
- Pour le gestionnaire public :
  - recevoir des objectifs clairs,
  - bénéficier d'une plus grande marge de manœuvre.

A chaque projet ou programme, sont associés une stratégie, des objectifs et des indicateurs de performance quantifiables. Un indicateur de performance du programme est une représentation chiffrée qui mesure la réalisation de l'objectif, le plus objectivement possible. Par conséquent, un tel indicateur doit être pertinent (c'est-à-dire cohérent avec l'objectif), utile, solide et vérifiable.

La stratégie et les objectifs de chaque programme proposé par les services compétents (ministères) et les responsables de programmes doivent faire l'objet d'un rapport de performance.

Trois types d'objectifs expriment les priorités stratégiques de chaque programme :

- Des objectifs d'efficacité socio-économique qui expriment les bénéfices attendus des politiques publiques pour le citoyen et la collectivité ;
- Des objectifs de qualité du service rendu à l'usager ;
- Des objectifs d'efficience qui rendent compte aux contribuables de la qualité de la gestion des moyens employés. Ils rapportent l'activité des services aux ressources consommées.

Tableau 3 : Exemples concrets d'objectifs de performance

Type d'objectifs	**Programme**	**Objectif**	**Indicateur**
Pour le citoyen : l'efficacité socioéconomique	Formations supérieures et recherches universitaires	Répondre aux besoins de qualification supérieure	Taux d'insertion professionnelle des jeunes diplômés 2 ans après leur sortie de formation initiale
Pour l'usager : la qualité de service	Aménagement du territoire	Lutter contre l'insalubrité	Fréquence de ramassage d'ordures ménagères par semaine
Pour le contribuable : l'efficience de la gestion	Infrastructures et services de transports	Réaliser au meilleur coût les projets de desserte planifiés et moderniser efficacement les réseaux de transports	Coût kilométrique de construction des routes
Pour le citoyen : l'efficacité socioéconomique	Police nationale ou Gendarmerie nationale	L'efficacité dans la lutte contre l'insécurité routière	Nombre d'accidents, de tués et de blessés
Pour l'usager : la qualité de service	Administration territoriale	Améliorer les conditions de délivrance de titres	Délai moyen de délivrance des titres

Dès lors, on voit l'importance de disposer d'une bonne qualité de données pour établir des indicateurs de performance robustes par rapport à l'objectif d'un projet ou d'un programme donné. Ce qui suppose toute une organisation, notamment que le pays soit doté d'un institut national statistique efficace, multidisciplinaire, à la pointe de l'innovation. En effet, de nos jours, avec le développement des nouvelles technologies, la donnée (ou « data » en anglais) est devenue fondamentale, y compris dans la gestion de l'action publique. C'est ainsi que dans les pays développés, la gestion de l'action gouvernementale est de plus en plus digitalisée, par souci d'efficacité et de transparence pour les citoyens. On parle alors « Digital Government ».

Le principe de mesure de performance décrit plus haut concernant un projet ou programme donné peut être appliqué à tous les niveaux de la vie professionnelle. Par exemple, s'agissant d'un hôpital public, il y a toute la chaîne de responsabilités qui est engagée afin que l'hôpital soit capable de rendre les services attendus aux patients et usagers, de gérer selon les objectifs qui lui ont été assignés par l'autorité publique (la commune, le département, le ministère de la santé…). De ce fait, chaque employé de l'hôpital (responsable du ménage, aide-soignante, infirmière, médecin, médecin en chef…, directeur de l'hôpital) a des comptes à rendre à sa hiérarchie directe pour toute question relevant de ses attributions et objectifs. Et d'ailleurs, c'est sur la base de la performance individuelle, par rapport aux objectifs assignés, que l'évolution de chacun devrait être conditionnée (sanction, augmentation salariale, affectation, promotion).
Nous pouvons ainsi multiplier des exemples faisant appel aux services de l'État (services publics), chargés de répondre aux besoins de la population dans les différents domaines : éducation, santé, sécurité (police, gendarmerie, militaire), justice, aménagement du territoire, emploi, mairie ou hôtel de ville… Le même principe de la responsabilité individuelle et collective, sous-jacent à la notion de mesure de performance, s'applique.
Pour ce faire, l'État (ou le pays) devrait aider chaque individu à acquérir, des compétences intellectuelles et émotionnelles, ainsi que des capacités professionnelles permettant à celui-ci de se développer personnellement et de contribuer à la réalisation de la vision du pays. C'est ce qui m'amène à penser et à soutenir que : si l'Afrique veut se développer, alors il faudrait commencer par « réparer » et développer son capital humain.
« Réparer », tout simplement parce que, à la fois pauvre et riche, l'Afrique est divisée et fragilisée par, la haine intertribale dans nombre de pays (Burkina Faso, Burundi, République centrafricaine, Mali, Cameroun, République démocratique du Congo, Côte d'Ivoire...), les conflits et les guerres ; au point de perdre sa dignité, son estime de soi et les vertus de solidarité. De toute évidence, elle est en train de perdre le sens des valeurs qui font l'unité des peuples. C'est pour cette raison que je parlais de « changement d'état d'esprit » (ou de « change your mindset » en anglais).
« Développer », parce qu'il faut (re)construire, éduquer, sensibiliser, stimuler, préparer les citoyens afin que ceux-ci soient les acteurs de leurs vie et destin, en harmonie et en paix avec le monde qui les entoure.

II. Développement du capital humain des pays africains

1. Définition du capital humain

Le capital humain recouvre les connaissances, les qualifications, les compétences et les autres qualités d'un individu qui favorisent le bien-être personnel, social et économique.

2. *Rôle du capital humain dans la croissance d'un pays*

La croissance économique d'un pays s'explique par de nombreux facteurs, notamment, le capital humain, la démographie (en particulier, le ratio jeunes/vieux), l'innovation technologique, l'ouverture du commerce extérieur, les systèmes politique et législatif du pays, les ressources naturelles.

Toutefois, dans les pays de l'OCDE (pays développés), il ressort effectivement que le capital humain joue un rôle important dans la croissance économique du pays ; l'éducation et la santé étant notamment des facteurs prépondérants dans la « qualité » de la population active.

3. *L'éducation : une composante essentielle du capital humain*

La politique d'éducative de chaque pays correspond à la vision sociale et économique de ce pays. Par exemple, l'éducation en Finlande n'a rien à voir avec l'éducation en France ou celle pratiquée aux États-Unis. De plus, dans les pays développés, le marché de l'emploi est généralement adapté pour absorber la plupart des jeunes diplômés, ainsi que la rotation des actifs existants ; ceci, en rapport avec les besoins du marché de pays.

Dans un extrait d'un document de l'OCDE[1] sur le capital humain, auquel j'adhère totalement, il est écrit :

« Ce que nous apprenons et la façon dont nous l'apprenons façonne en effet les individus que nous sommes et les sociétés dans lesquelles nous vivons. L'éducation stimule le changement et, alternativement, y répond, qu'il soit d'ordre social, économique ou culturel. En d'autres termes, les décisions que nous prenons aujourd'hui en matière d'éducation influeront sur nos vies et sur celles de nos enfants pendant des décennies.

Ces choix seront tout particulièrement déterminants pour les jeunes issus de milieux défavorisés. En raison des bénéfices économiques que procure l'expansion de l'éducation, nous devons nous demander comment l'éducation peut donner à tous les enfants les moyens de tirer le meilleur parti de leurs talents et de leurs capacités. Les sociétés qui ne relèveront pas ce défi deviendront de plus en plus polarisées et excluront des communautés entières des bénéfices économiques et sociaux de la mondialisation et de l'économie du savoir ».

A titre illustratif, *Graphique 4* ci-après illustre bien la relation entre la richesse produite par habitant (PIB par habitant) et l'indice de capital humain 2017, à partir des données des pays africains ; une relation similaire à celle que nous avons illustrée entre la richesse produite par habitant et

[1] Le capital humain, comment le savoir détermine notre vie, OCDE – février 2007.

l'indice de développement humain (IDH). Ces deux indices sont très fortement liés (coefficient de corrélation de 0.85).

Graphique 4 : Relation entre la richesse économique par habitant et l'indice de capital humain des pays africains

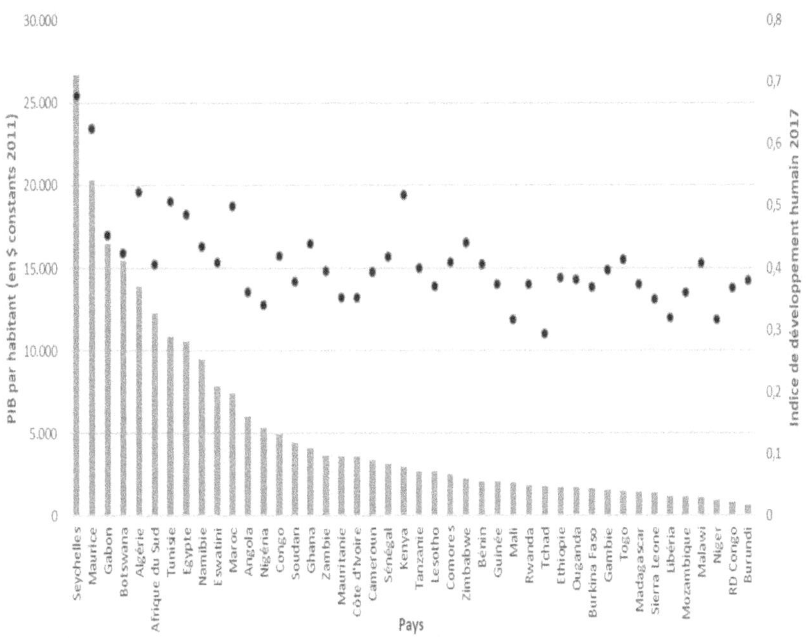

Depuis les indépendances des années 1960, un certain nombre de pays africains ont hérité de systèmes éducatifs cohérents avec une vision économique « importée », c'est-à-dire une vision sous le prisme occidental, où ces pays africains sont considérés de l'extérieur comme de purs exportateurs de matières premières sans perspectives d'industrialisation. Ce qui induit que lors de ces indépendances, l'Afrique ne s'était pas projetée elle-même pour penser les systèmes éducatifs correspondant à sa propre vision. De ce fait, les systèmes éducatifs hérités à cette époque n'ont véritablement pas changé à ce jour.

Si un pays africain souhaite enclencher un cycle de développement pérenne et endogène passant par l'industrialisation, ce qui correspond à une autre vision de la société, alors la politique éducative devrait être adaptée en conséquence. En effet, aujourd'hui, nombre d'universités africaines produisent une quantité importante de diplômés qui sont voués au chômage, à cause de l'inadéquation des formations ou de l'étroitesse de l'offre du marché national de l'emploi (faible industrialisation du pays).

4. *Quelques éléments de réflexion sur l'évolution d'un système éducatif adapté aux besoins actuels de l'Afrique*

A mon sens, dans l'optique du développement du capital humain, l'éducation des jeunes devrait avoir pour objectif de préparer ces jeunes à la vie en général, c'est-à-dire, les préparer à leurs savoir-être, savoir-faire et savoir-vivre. Autrement dit, il s'agit de les amener à se développer personnellement et de leur permettre de contribuer au bien-être collectif. L'essentiel de ce capital humain se constitue jusqu'à l'âge de 18 ans ou à la fin des études secondaires. Et, plus tôt les enfants auront été pris en charge, mieux ils comprendront les différents aspects de la vie.
C'est la raison pour laquelle, je propose que l'on change le mode de transmission actuel des connaissances aux jeunes. Aujourd'hui, les jeunes accumulent des connaissances sanctionnées par des diplômes, mais sans forcément savoir s'en servir dans un contexte donné. C'est généralement, parce qu'ils sont dans un système éducatif qui leur demande de reproduire les connaissances reçues, autrement dit, à faire du « par cœur ». Dès lors, il n'est pas surprenant que le système éducatif produise des jeunes très souvent inadaptés au marché de l'emploi (généralement limité) ou bien des jeunes ne pouvant se diriger vers des métiers à forte valeur ajoutée (nécessitant créativité, imagination et réflexion) et encore moins créer leur propre entreprise. Ce phénomène s'observe d'ailleurs à l'université où les budgets destinés à la recherche sont souvent très faibles. Ce qui entraîne un double effet négatif : d'une part, la démotivation des enseignants qui n'exercent pratiquement plus d'activité de recherche, et d'autre part, la dévalorisation des diplômes universitaires. Il ne sert à rien d'accumuler du savoir ou des connaissances scolaires si l'on ne sait pas s'en servir pour les mettre au service de la communauté. Comme disait le philosophe français Montaigne, l'éducation ne doit pas simplement consister à « remplir un vase » et à « faire des « têtes bien pleines », mais aussi, et surtout, à « allumer le feu » et à faire des têtes « bien faites », c'est-à-dire les rendre capables de juger par elles-mêmes.

Dans la perspective du développement industriel des pays africains, le système éducatif qui serait le plus adapté à mon sens est un système éducatif fondé sur le questionnement et la réflexion sur la vie, c'est-à-dire, un système éducatif par lequel le jeune acquiert une intelligence rationnelle (savoir) à laquelle s'ajoutent les compétences suivantes :

- Le développement personnel ou l'acquisition progressive d'une intelligence émotionnelle ;
- L'éducation culturelle ;

- L'éducation sportive ;
- La stimulation de la créativité et l'innovation.

C'est la conjonction de toutes ces connaissances et compétences qui concourt à la formation du capital humain de l'individu.
Selon Salovey et Mayer, l'intelligence émotionnelle est une forme d'intelligence qui suppose la capacité à contrôler ses sentiments et émotions et ceux des autres, à faire la distinction entre eux et à utiliser cette information pour orienter ses pensées et ses gestes.
Les enfants, tout comme les adultes, sont souvent confrontés à des conflits intérieurs et questions existentielles générant des difficultés émotionnelles, et demandant comment les résoudre. L'apprentissage de l'intelligence émotionnelle permet de faire prendre conscience à l'enfant ses émotions, afin qu'il les comprenne pour mieux les gérer, développer de l'empathie, prendre des décisions, construire et maintenir des relations sociales positives. L'école est le lieu idéal pour apprendre et développer son intelligence émotionnelle. À l'école les enfants sont confrontés à un groupe, à des pairs, à des règles, à un environnement générateur d'éventuels conflits. En réalité, l'enfant, quand il va à l'école, ne peut pas laisser sa vie affective chez lui ou à l'extérieur de l'école. Il a besoin d'être guidé et soutenu, sinon il ne pourra pas affronter et gérer certaines émotions : celles qu'il peut vivre dans le cercle familial (malnutrition, pauvreté, divorce des parents, orphelin…), mais aussi à l'école, comme la peur face aux épreuves, l'échec, le ridicule, la timidité face à l'adulte et au groupe, le manque de confiance ou au contraire, l'impulsivité, l'extraversion, l'égocentrisme, l'intolérance et l'agressivité. Toute personne qui souffre dans son âme, même bien portante - en particulier un enfant qui commence tout juste à se construire -, ne peut pas donner le meilleur d'elle-même à la société, et encore moins s'épanouir personnellement.
J'ai récemment été pris d'émotion en écoutant un reportage sur une radio internationale en mars 2019, au sujet d'une histoire d'immigration : un enfant de neuf ans avait volé de l'argent à son père pour se rendre vers l'Europe, en passant par la Libye, au motif qu'il voulait sauver sa famille de la pauvreté. Cependant, il avait été recalé et ramené à son père qui était tout heureux et ému de le revoir. Dans ce reportage, le père interrogé disait que son fils était un petit génie en électricité, car c'est ce dernier qui dépannait tout le quartier en cas de panne d'électricité. Cet exemple se passe de tout commentaire. Il fait couler des larmes, et en même temps, il suscite beaucoup d'espoir sur le potentiel immense de la jeunesse africaine. Celle-ci ne demande qu'une chose : être aimée, c'est-à-dire, que la société toute entière (parents, éducateurs, dirigeants des pays africains) assure le développement de leur capital humain (éducation, santé, bonne nutrition). Ce qui correspond à de la bienveillance à leur égard. En retour, il y a de fortes

chances que ces enfants, lorsque devenus grands, soient à leur tour bienveillants envers la nation qui les aura permis de s'épanouir.

L'exemple précédent montre également que l'État pourrait innover dans son système éducatif, en organisant des foires de l'innovation pour jeunes, où ces derniers viendraient exposer leurs prouesses dans différents domaines. C'est non seulement un moyen pour stimuler la créativité et l'innovation, développer l'estime de soi de ces jeunes, mais également, une opportunité pour l'État de détecter des talents précoces pouvant bénéficier d'un encadrement spécial pour se développer.

Des études ont montré tout le bienfait de ces compétences dans le développement personnel des enfants, indépendamment de la réussite scolaire (acquisition des connaissances rationnelles). La prise en compte des aspects émotionnels de l'enfant ne peut qu'avoir un impact positif sur les problèmes de comportement (délinquance, drogue, alcool...) voire de troubles mentaux.

A titre indicatif, l'emploi du temps du programme scolaire devrait réserver suffisamment de temps aux élèves pour pratiquer les quatre activités fondamentales suivantes (avec une ébauche de contenu à titre indicatif) :

1) Développement personnel
    - Acquisition de compétences sur la citoyenneté :
        - Sensibilisation au savoir-vivre et savoir-être (respect, capacité d'écoute, éthique, justice, altruisme, compassion, tolérance, partage, bienveillance...),
        - Activités sociales : participation active à la vie du quartier, du village, de la ville (jeunes du secondaire, 10-18 ans) ;
    - Atelier de philosophie pour les plus jeunes (à partir de 7 ans) afin de les laisser s'exprimer et écouter les autres sur des sujets de la vie courante (amour, bonheur, vérité, haine, méchanceté, jalousie...)
2) Culture (musique, danse, théâtre, jeux et activités en plein air) pour stimuler leur ouverture d'esprit
3) Sport (individuel et collectif) pour les sensibiliser sur les valeurs intrinsèques des sports individuel et collectif (respect de l'adversaire, engagement, persévérance, résistance, goût de l'effort, esprit collectif, esprit de compétitivité, gestion de la défaite, gestion de la victoire...)

4) Créativité et Innovation
    - Ateliers de création manuelle, dès l'école maternelle ;
    - Atelier d'initiation à la gestion de projet, dès le secondaire ;
    - Initiation à la création d'entreprise et au financement de l'entreprise.

La mise en place de ce système implique que les enseignants aiment les enfants d'une part, et qu'ils reçoivent une formation adaptée ainsi qu'une rémunération adéquate d'autre part. Cette formation a pour objectif, de développer l'intelligence émotionnelle de l'enseignant, de l'éducateur au sens plus large. Il s'agit d'apprendre à celui-ci, à analyser et gérer ses propres émotions (gestion de l'ambiance de la classe, des conflits, la communication-non violente, l'écoute, le dialogue).
De manière naturelle, bien que ce ne soit pas toujours possible pour les parents, ceux-ci devraient également contribuer au développement de l'intelligence émotionnelle de l'enfant, notamment en :

- Mettant un cadre à l'enfant, lui donner des repères ;
- Amenant l'enfant à réfléchir, le confronter à des situations ;
- Etant un modèle de cohérence entre ce que l'on dit et ce qu'on fait.

Je crois dur comme fer au bien-fondé de l'intelligence émotionnelle dans la vie d'un individu, car comme je l'ai déjà dit, dès l'âge de 6 ans, au Cameroun, mes grands-mères paternelles ont commencé à m'inculquer les valeurs de savoir-être et savoir-vivre qui ont largement contribué à mon éveil par la suite, au Cameroun puis en Europe. De ce fait, je pense que les pays africains ayant conservé une partie du socle de leur culture pourraient s'en inspirer, afin de faire revivre auprès des jeunes générations, un certain nombre de compétences émotionnelles, d'éléments de sagesse dont ils ont besoin aujourd'hui pour développer leur capital humain.
Par ailleurs, puisqu'il est question d'industrialisation, la diaspora africaine veillerait aussi à apporter à la jeunesse africaine, ses compétences et expériences dans différents métiers et d'activités, en plus de l'aide au financement que cette diaspora apporterait pour favoriser le développement du capital humain.
Le développement du capital humain des pays africains est une priorité qui devrait être considérée comme un investissement et pas comme une dépense. Deux pays africains, Maurice (l'île) et le Botswana, en ont fait une priorité, rendant la scolarité gratuite. Si cet investissement est bien pensé, alors le défi démographique auquel l'Afrique fera face d'ici à 2050[1] sera une vraie opportunité. En effet, composée de 40% de jeunes de moins de quinze ans, la population africaine est une force de travail potentielle qui pourrait contribuer à l'accélération du développement des pays africains, à condition de recevoir une éducation adaptée à la stratégie de développement permettant de réaliser l'objectif de bien-être commun. D'où l'importance de la qualité du développement du capital humain, avec un système éducatif performant.

[1] Doublement de la population en 2050 (2.5 milliards d'habitants).

III. Mesures complémentaires de réduction de la corruption

La corruption est le principal fléau qui mine le développement de l'Afrique. Si le principe de la mesure de performance - tel que je l'ai développé précédemment - devenait un outil de pilotage systématique de la vision stratégique d'un pays donné, alors le niveau de corruption de ce pays diminuerait considérablement. A travers leurs performances économiques et sociales de plus en plus pérennes, quelques pays africains semblent confirmer cette idée de bon sens, du fait d'une vision claire de leur développement, une bonne gouvernance et une gestion rigoureuse.

Parallèlement à l'absolu nécessité de ce principe, l'éducation de la société devrait contribuer à réduire significativement le niveau de corruption dans le pays, en promouvant des valeurs citoyennes telles que le patriotisme, le respect du bien commun, l'altruisme et les sens de l'honorabilité et d'intégrité.

Toutefois, dans nombre de pays africains, des mesures d'accompagnement sont nécessaires pour accélérer le processus de réduction de la corruption. Deux mesures complémentaires me viennent à l'idée : d'une part, la création d'une structure judiciaire indépendante dédiée à la répression et à la détection des actes de corruption, et d'autre part, une réforme de la grille de rémunération des agents de l'État.

1. Structure judiciaire indépendante dédiée à la détection et la répression des actes de corruption

Au-delà du fait que le système judiciaire d'un pays doive promouvoir la justice sociale dans son ensemble, une attention particulière à la lutte contre la corruption sur le plan national s'impose absolument. Pour ce faire, la création d'une structure judiciaire composée de juges d'instruction indépendants et multidisciplinaires (si possible nommés par le peuple) me semble indispensable. Ces juges d'instruction, épargnés de toute éventuelle pression, leur nomination ne relevant pas du ministère de la justice du pays, devront être rompus à tous les montages juridiques, fiscaux et financiers. Ainsi, ils auront liberté d'instruire tout dossier susceptible de malversation, ou de diligenter une enquête sur un éventuel cas d'enrichissement personnel illicite.

L'idée sous-jacente à cette structure spéciale est que toute personne responsable d'un acte de corruption avérée soit durement sanctionnée par la loi afin de protéger le bien-être social et économique du pays.

2. *Réforme de la grille de rémunération des agents de l'État*

La question de la (re)distribution des revenus dans une nation est un problème de justice sociale qui se pose avec acuité, surtout dans les pays africains ayant fait l'objet de plans d'ajustements structurels avec les banques multilatérales (FMI et Banque Mondiale) ou ayant dévalué leur monnaie. Ce fut le cas en 1994, lorsque les pays d'Afrique francophone ont subi la dévaluation du franc CFA. Celle-ci avait notamment surpris et choqué les consommateurs et commerçants africains qui ont vu leur pouvoir d'achat baisser considérablement.

Il me semble que cette baisse de revenus dans certains pays est un facteur aggravant de la corruption dont la fonction publique représente le vecteur principal, où l'on constate deux phénomènes. D'un côté, on a des fonctionnaires dont la rémunération ne permet pas de vivre convenablement par rapport à certains de leurs homologues d'autres pays africains. De l'autre côté, paradoxalement, on trouve des fonctionnaires menant un train de vie démesurément luxueux (plusieurs voitures haut de gamme neuves, propriétaires de résidences et immeubles de haut standing) ; un patrimoine que ceux-ci ne pourraient posséder même en recevant un paiement anticipé d'un montant équivalent à la totalité de leur salaire cumulé sur trente voire quarante ans (en supposant que le salaire correspondant est très confortable).

C'est un problème épineux qu'il faudrait absolument solutionner dans les pays concernés, en évitant de s'endetter une fois de plus pour financer une telle réforme fondée sur un idéal de justice sociale.

IV. Recrutement des agents de police, de gendarmerie et militaires

La police nationale et l'armée d'une nation sont les principaux acteurs assurant l'ordre, le maintien de la paix et la sécurité de cette nation. Il est donc indispensable que les personnes susceptibles d'exercer ces fonctions régaliennes soient des patriotes ayant le sens du devoir, ainsi que des qualités humaines exceptionnelles, afin d'être véritablement au service des citoyens.

Pour ce faire, le processus de sélection les jeunes candidats devrait comporter une base de tests séquentiels éliminatoires comportant notamment les tests suivants :

- Test d'aptitude physique ;
- Test médical/analyse du carnet de santé /prise de tension, bilan sanguin, bilan d'urine ;
- Test écrit.

De plus, à l'issue de ces différents tests éliminatoires, les candidats sélectionnés seraient tenus d'effectuer un dernier test supplémentaire, fondé exclusivement sur la vérification de leurs compétences émotionnelles : honorabilité, honnêteté, intégrité, sens du bien commun, capacité d'écoute,

courage, capacité à gérer des émotions diverses comme la nervosité ou l'agressivité.
Cette proposition me semble d'autant plus sensée que nombre de pays africains sont actuellement empêtrés dans des conflits ou guerres internes et/ou externes, où l'essentiel des troupes au combat est composé de jeunes Africains, quand ils ne font pas partie de milices qui sèment la terreur dans une région donnée. Au-delà du fait que les conflits et guerres soient évitables – ce qui serait mieux pour la paix – les militaires devraient recevoir une formation leur permettant de faire preuve de discernement dans certaines situations (par exemple en évitant de tirer/tuer des femmes et enfants). Par ailleurs, chargés de veiller à la paix, à l'ordre dans la cité et à la justice sociale, le policier et le gendarme ont un devoir d'exemplarité vis-à-vis du citoyen. De ce fait, ils devraient être dignes de respect et mériter la confiance du citoyen, afin d'incarner l'autorité et la justice de l'État. Ce sont les premiers citoyens de la nation qui ne doivent pas céder aux sirènes de la corruption et de la compromission. Policiers et gendarmes constituent la base fondamentale, le reflet du système judiciaire d'un pays. Par conséquent, il est crucial que le mode de recrutement de ces agents de l'État soit transparent, objectif et rigoureux.
A titre d'exemple, Maurice dispose d'un organe dédié au recrutement de ses policiers, sapeurs-pompiers et gardiens de prison, « La Disciplined Forces Service Commission (DFSC) ». Les recrutements se font de manière transparente et rigoureuse, même si le processus de sélection ne contient pas le test d'intégrité qui me semble essentiel. A noter que ce dernier est requis aux États-Unis.

V. Mesures d'aménagement du territoire (voirie, assainissement, circulation...)

L'Afrique est confrontée à la perspective d'un doublement de sa population d'ici à 2050, i.e. de 1.25 milliard à 2.5 milliards d'habitants. Par conséquent, dans leur plan d'aménagement du territoire, les pays africains devraient organiser l'espace physique, de manière à guider la répartition des activités humaines à l'intérieur de territoires spécifiques, en cohérence avec la stratégie de développement envisagée.
Il s'avère que certaines villes et/ou capitales africaines à forte densité sont insalubres et exposent les populations à divers risques (santé, sécurité) liés notamment aux inondations pendant les périodes de fortes pluies et à la pollution. En effet, ces villes sont souvent dépourvues d'un système efficace de voirie, d'enlèvement quotidien d'ordures, de gestion des déchets, de centres d'enfouissement techniques et d'un réseau d'assainissement permettant une canalisation adéquate des eaux de pluie et eaux usées. Il arrive parfois que des ordures ménagères s'amoncèlent à certains endroits (notamment en bordure de route) pendant des semaines, rendant

l'environnement irrespirable et exposant les habitants à diverses maladies. De plus, certaines canalisations sont souvent obstruées, car faisant office de poubelles « provisoires » en attendant le prochain ramassage d'ordures. Ainsi, ces canalisations ne permettent plus l'écoulement normal des eaux qui finissent par stagner, avec tous les risques sanitaires et d'inconfort que cela comporte (développement de moustiques, odeur nauséabonde, inondation). Dans la perspective d'accroissement de la population de chaque pays, si les gouvernants n'y remédient pas rapidement, alors les conditions de vie des populations des villes concernées par ce problème d'aménagement deviendront complètement inhumaines.

En ce qui concerne les moyens de transport, les usagers font de plus en plus face à de nombreuses contraintes de déplacement. Effectivement, dans les grandes villes, aux heures de pointe, se mouvoir vers son lieu de travail, son école ou son domicile, peut se transformer en véritable calvaire pour l'usager, celui-ci n'ayant souvent pas suffisamment d'alternatives voire pas du tout. Des retards chroniques au travail ou à l'école ont un impact négatif sur l'efficacité des personnes dans leurs activités respectives. De ce fait, le manque d'infrastructures adéquates en transport est un frein au développement. En réalité, très peu de villes sont dotées d'un plan d'aménagement urbain adapté, avec des trottoirs aménagés pour les piétons, des pistes cyclables pour les personnes roulant à vélo, des routes et voies de bus (voitures, autocars, bus) et des voies de tramway, comme on peut l'admirer aux Pays-Bas, où toutes ces catégories d'usagers cohabitent harmonieusement. Ce manque de diversité en modes de transport engendre l'engorgement des villes par les voitures personnelles et parfois les motos-taxis qui transportent l'essentiel des usagers vers leurs lieux d'occupations respectives. De plus, force est de constater que le parc de véhicules en circulation est essentiellement composé de véhicules d'occasions importés principalement d'Europe. Ce qui constitue une véritable source de pollution des villes.

A mon sens, un système d'autocars ou de lignes de bus (avec des sociétés de transport bien établies) comme principal mode de transport serait plus avantageux à plusieurs titres, notamment : il transporterait plus de monde en régulant les flux avec probablement moins d'embouteillages ; le budget transport serait plus abordable pour les usagers ; il réduirait l'insécurité relative à l'utilisation dangereuse des motos-taxis (dans les pays qui en font l'usage) ; l'État aurait une société de transport de service public dégageant des revenus. Bien évidemment, cela suppose que le réseau routier soit de bonne qualité. D'où l'importance pour les pays de développer leurs infrastructures.

De façon générale, il serait souhaitable que les plans d'aménagement concernant les extensions des villes (déjà) surchargées anticipent davantage les besoins des populations en termes de voirie, transport, eau et énergie (électricité et gaz). De plus, une attention particulière devrait être portée aux besoins des populations vivant en milieu rural. En effet, celles-ci ont généralement plus de difficultés que les villes à accéder à de l'eau potable et/ou à l'électricité, sans compter le manque d'établissements scolaires ou de soins de santé dont ils souffrent. Ces besoins en infrastructures sont par ailleurs une opportunité pour l'État de former sa jeunesse en conséquence, afin de disposer d'une main-d'œuvre qualifiée, capable de proposer des solutions dans ces domaines très spécialisés et à forte valeur ajoutée.

VI. Financement interne du développement (marchés financiers, fiscalité, ingénierie financière...)

Pour se développer de manière pérenne (i.e. à long terme), les pays africains ont besoin de mobiliser leurs ressources propres, en s'appuyant sur leur secteur financier qui est à développer, avec la création d'une large gamme de produits financiers innovants adaptés à leurs besoins de financement. Le fonctionnement des marchés financiers étant régi par la transparence des opérations financières et la confiance des investisseurs, l'intégrité du secteur public et la bonne gouvernance sont des préalables indispensables. Pour les besoins de la transparence vis-à-vis du public, les pays devraient notamment remédier au manque de données et développer les capacités analytiques de suivi et de gestion de la dette. Effectivement, il est surprenant de constater que peu de données sur la dette intérieure et les recettes publiques des pays africains sont rendues publiques.

Dans les économies avancées, ce sont les marchés qui financent l'économie en s'appuyant principalement sur les investisseurs institutionnels (banques et assurances). En réalité, ce sont ces derniers qui mobilisent l'épargne des différents acteurs économiques (dont les ménages), qu'ils mettent ensuite sur les marchés financiers. D'où l'absolue nécessité pour les pays africains d'accroître la profondeur de leur secteur financier, afin de mobiliser les ressources propres (ou intérieures) dont ils ont besoin. Pour accroître celles-ci, les pays devraient notamment :

- Améliorer le recouvrement des recettes fiscales ;
- Eliminer les exonérations fiscales systématiques des entreprises ;
- Accentuer la lutte contre les flux financiers illicites[1], notamment les flux commerciaux illicites[2] (incluant l'évasion fiscale, les prix de transfert erronés dans les commerces des biens et services et les abus de prix de transfert par les entreprises multinationales) ;

[1] Selon le dernier rapport du Panel de Haut Niveau mis sur pied par la Commission Economique pour l'Afrique des Nations Unies, l'Afrique a perdu en moyenne entre $50 milliards et $148 milliards (UNESCA, 2015a,3).

[2] Selon l'article de B. Campbell (2017), les flux commerciaux illicites représentent la plus grande partie des flux financiers illicites, suivis par les revenus d'activités criminelles et la corruption.

- Réduire le train de vie de l'État en s'attaquant aux gaspillages et en rationalisant les dépenses publiques (parc automobile, mobilier, frais de mission…) ;
- Optimiser l'achat des produits importés (souvent coûteux en devises) ;
- Gérer en « bon père de famille » les recettes provenant des ressources naturelles (souvent substantielles) ainsi que le budget dans son ensemble ;
- Exploiter suffisamment les moyens financiers de la diaspora africaine : émission d'obligations-diaspora, faciliter la collecte de l'épargne de la diaspora via des circuits formels d'envoi de fonds (en réduisant les coûts de transfert) ;
- Être innovant en ayant recours à l'ingénierie financière notamment :
  - partage de risques avec d'autres pays ou entreprises au travers de mécanismes de type joint-venture, partenariat public privé (PPP),
  - titrisation des risques,
  - fonds de pension / épargne provenant du secteur des pensions de retraite,
  - épargne provenant du secteur des assurances ; d'où l'importance de favoriser le développement de ce secteur,
  - capital investissement et capital-risque, particulièrement avec une forte implication de l'épargne provenant de la diaspora qui pourrait financer des entreprises dans différents secteurs d'activité.

Finalement, pourquoi pas créer une banque d'investissement spéciale, la banque d'investissement de la diaspora africaine - la BIDA – où la part sociale serait à déterminer ? Par exemple, on pourrait considérer une part égale à 1000 € ou 1000 $, payable en dix fois, afin de permettre une plus grande participation.

VII. Entreprenariat et stratégie d'entreprise

Ce paragraphe est lié au précédent car la création d'une entreprise pose inéluctablement la question de son financement.

Le secteur privé local - notamment les petites et moyennes entreprises (PME) - doit absolument se développer afin de transformer les économies africaines, créer des emplois et générer une croissance économique durable et inclusive. Or, ce secteur est confronté à des difficultés spécifiques de financement par les banques qu'il faudrait surmonter, notamment du fait du faible niveau de fonds propres des entreprises, de l'absence de garanties (caution, fonds de garantie...) pour l'acceptabilité des risques par les

banques, et du défaut de formation des chefs d'entreprise en matière de gestion d'entreprise.
Pour y remédier, le rôle de l'État est essentiel. C'est à l'État de mettre en confiance, d'animer les relations entre les différents partenaires (entreprises, banquiers, investisseurs, organisme de formation). De plus, pour des projets d'investissement bien identifiés, les États africains devraient s'associer (en tant qu'investisseurs) avec le secteur privé, et éventuellement s'associer avec d'autres pays africains en fonction des synergies identifiées, afin notamment de :

- Accroître le niveau des fonds propres requis pour l'entreprise à créer ;
- Partager (mutualiser) les risques ;
- Avoir facilement accès au financement externe (dette bancaire) ;
- Saisir l'opportunité de développer une filière (cacao, bois, or...) sur le plan régional ou continental, permettant de produire une gamme diversifiée de produits finis. Il s'agit de la « coentreprise » ; une idée de stratégie d'entreprise qui me semble très intéressante à explorer.

Par ailleurs, s'agissant des PME, l'État devrait favoriser la mise en place d'un dispositif de formation professionnelle pour l'entreprenariat, afin d'amener les futurs chefs d'entreprise à respecter les règles universelles de gestion d'une entreprise, de maîtriser la finance d'entreprise (construire de business plan, analyse financière...). Ce qui leur permettrait d'améliorer leurs professionnalisme et crédibilité notamment vis-à-vis de leurs partenaires et interlocuteurs (banquiers, investisseurs...).
Enfin, parallèlement à l'idée de la création d'une banque d'investissement de la diaspora africaine, celle-ci pourrait également jouer un rôle prépondérant sur le plan entrepreneurial, dans le domaine de l'aménagement du territoire de certains pays, compte tenu de sa capacité à mobiliser des ressources propres. Il s'agit par exemple de créer des sociétés civiles immobilières - ouvertes au public - afin de construire des logements, suivant le plan d'aménagement envisagé par les pays et des normes environnementales de construction précises.

VIII. Recherche et Développement (R&D) pour favoriser l'innovation et la création d'entreprise

Le niveau de recherche et développement (R&D) sur le continent africain varie considérablement d'un pays et d'une région à l'autre. C'est ainsi que l'Afrique du Nord est largement plus avancée que l'Afrique subsaharienne. Forts de la vision de leurs dirigeants, certains pays ont fait de la science une priorité, promouvant ainsi la recherche et développement dans ce domaine.
Mais il n'en demeure pas moins que sur le plan de la recherche scientifique, l'Afrique accuse un retard abyssal par rapport à d'autres continents :

représentant 15% de la population mondiale, l'Afrique ne compte que 2,4 % des chercheurs, 2,6 % des publications scientifiques et 0,1 % des dépôts de brevets. Dans la perspective de son développement économique, l'Afrique a vivement intérêt à combler rapidement ce retard considérable, dans un monde où le développement est de plus en plus lié aux innovations technologiques. C'est précisément par sa capacité d'innovation que la Corée du Sud a pu se hisser parmi les grandes puissances industrielles, bien que ne disposant pas de ressources naturelles. De plus, pour comparer sa situation à celles des pays africains, il convient de rappeler que dans les années 1960, elle était aussi pauvre économiquement que le Cameroun[1].
Le poids des technologies dans le produit intérieur brut (richesse produite) des pays africains étant très faible, une activité de recherche et développement performante pourrait contribuer à trouver des solutions innovantes dans des domaines qui poseront de grands problèmes à l'humanité au XXIe siècle et pour lesquels l'Afrique dispose de nombreux atouts à faire valoir, notamment : agriculture, épidémiologie, biologie, réchauffement climatique, extraction et distribution de l'eau, énergies propres (barrages hydroélectriques, énergie solaire).
La R&D est un investissement à long terme qui nécessite des ressources financières importantes. Et comme je l'ai déjà suggéré pour le financement de certains projets transversaux, la mutualisation des ressources par les pays africains pour supporter les risques R&D qu'ils auront agréés préalablement, me semble une solution pertinente et adaptée pour optimiser le financement de ces risques. Ces derniers constituent une réelle opportunité de création de valeur, un vecteur potentiel de croissance pour l'ensemble des pays africains. Cette idée va d'ailleurs dans le même sens que la préconisation de l'Union africaine qui appelle à la création d'une université panafricaine[2]. À la différence près que dans ma proposition, la mutualisation porte exclusivement sur la R&D relative à un ensemble de domaines de compétences qui auront préalablement été sélectionnés et agréés par les pays, sur la base de leur intérêt stratégique commun.

[1] La Corée du Sud et le Cameroun avaient un niveau de PIB par habitant équivalent en 1960.

[2] Pour un tout autre objectif, la Commission européenne a lancé en 2018, un appel d'offres dans la création d'universités européennes dont le but est de contribuer à promouvoir des valeurs européennes communes et une identité commune renforcée en réunissant une nouvelle génération d'Européens, tout en faisant progresser la qualité, l'innovation, la performance, l'attractivité et la compétitivité internationales des établissements d'enseignement supérieur, afin de contribuer à l'économie du savoir, à l'emploi, à la culture et au bien-être européen.

Retour au dialogue :

-Voilà ce que j'avais à ajouter comme pistes de réflexion sur l'ensemble des sujets que je viens de te présenter, qui nécessiteraient plus de développement si le temps ne nous était pas imparti. J'espère que cette information complémentaire t'a permis d'appréhender les liaisons entre ces différents sujets qui ont un dénominateur commun : le développement du capital humain et le concept de la mesure de performance (associée à l'amour du travail et un esprit de responsabilité).

« Aimez-vous les uns les autres »

Jean 13: 34-35

« Motho ke motho ka batho »

i.e. « Je suis parce que tu es »

Une devise botswanaise du savoir–vivre ensemble, dans l'harmonie et le respect.

Conclusion

- J'aimerais te remercier pour cet échange très instructif et passionnant que nous avons eu, ainsi que pour ta patience et ton effort de pédagogie sur certains sujets qui m'ont semblé complexes, notamment ton analyse statistique concernant la situation économique des pays africains. Cette analyse m'a semblé cohérente avec le diagnostic que nous avions effectué préalablement. Au terme de notre long dialogue, je me sens plus à l'aise pour discuter et échanger avec d'autres personnes sur la question développement du continent africain. Dorénavant, je sais qui est « l'autre », mais je sais aussi que « l'autre » c'est peut-être « toi », c'est-à-dire, l'Afrique elle-même.

- Je t'en prie. Si c'est vraiment le fond de ta pensée, je suis très heureux de t'entendre prononcer ta dernière phrase. *Dorénavant, je sais qui est « l'autre », mais je sais aussi que « l'autre » c'est peut-être « toi », c'est-à-dire, l'Afrique elle-même.* Ce qui laisserait penser que tu as appris à mieux te connaître pour guider tes actions. Dans ce cas, tu me rappelles le précepte du philosophe Socrate, « Connais-toi, toi-même ». En soi, c'est une forme de sagesse ! Ce qui signifierait que tu as pris conscience de l'importance de cheminer dans cette voie de la sagesse, qui à mon sens, est la voie idéale qui mène vers le développement et le bien-être auxquels les peuples africains aspirent désespérément.
Avec humilité et respect, nous avons effectivement abordé le plus objectivement et le plus rigoureusement possible, les principaux sujets relatifs à la vie politique, sociale et économique des pays africains. Ce qui nous a permis de proposer des solutions concrètes aux nombreux problèmes qui freinent le développement de l'Afrique. La pierre angulaire de ma proposition est la mesure de la performance au cœur des différentes actions nécessaires – individuellement et collectivement - pour réaliser la vision et la stratégie de développement du continent africain. Un développement dont la base essentielle est le développement du capital humain pour le bien-être de tous. Il s'agit concrètement de donner à chaque citoyen(ne) africain(e), les moyens de s'épanouir personnellement et d'avoir les compétences intellectuelles et émotionnelles nécessaires pour contribuer à la création de valeur indispensable à l'essor du continent africain. Ainsi, l'Afrique ne « consommera » plus des recettes toutes faites, souvent inadaptées à ses besoins. Ces réflexions constituent une approche du développement complètement nouvelle que j'apporte comme contribution au débat d'idées (pratiques et concrètes), et mieux encore, comme contribution à l'édifice d'une société africaine enfin debout et plus humaine.

C'est précisément la raison pour laquelle j'ai été amené à utiliser les expressions telles que « changer d'état d'esprit », « changer de logiciel » (ou « change your mindset » en anglais), afin d'amplifier ce désir de changement d'état d'esprit auquel j'appelle vivement les peuples africains. Dans ce sens, je pourrais me sentir coupable de demander à « mes frères et sœurs » africains de se « faire violence » pour assurer leur bien-être. Mais, je suis aussitôt rassuré, car se « faire violence », signifie pour moi, se défaire de son manteau très lourd à porter, du fait différents travers (haine, guerres, conflits, égoïsme, division, irresponsabilité, trahison...), pour endosser un beau costume ou une belle robe auréolé(e) de valeurs humaines telles que la dignité, la générosité, la solidarité, l'honorabilité, la tolérance, l'amour, l'éthique[1] et l'engagement dans le travail. C'est un signal adressé aux Africains, principalement aux jeunes, d'être individuellement et collectivement de véritables acteurs de leur avenir commun. Un avenir qui se joue maintenant. Mais encore faudrait-il que l'Afrique sache où elle veut aller. C'est la raison pour laquelle, je parlais de vision sociétale. Celle-ci est le préalable essentiel pour se mettre en route ou en mer ; ce qui nous ramène à la maxime de Sénèque suivante :

« Il n'est point de vent favorable pour qui ne sait en quel port se rendre. »

Autrement dit, s'agissant des peuples africains, il est question ici de prendre leur destin en main, de déterminer eux-mêmes leur propre modèle de société et de se mettre véritablement et solidairement au travail, pour réaliser leurs objectifs communs, rassemblés autour de leur vision sociétale commune.
De plus, d'ici à 2050, c'est-à-dire, bientôt, le continent africain fera face à un défi démographique avec une population totale qui sera de 2.5 milliards d'habitants, soit le double de la population actuelle, dont 40% seront constitués de jeunes de moins de quinze ans. Ce qui représente une source de motivation supplémentaire. En effet, disposer d'une population aussi jeune constitue à la fois une force de travail et une base de consommateurs et producteurs potentiellement importante. C'est une vraie opportunité pour transformer l'Afrique. Les propositions que j'ai faites permettraient à ces jeunes de mieux se développer, d'acquérir des connaissances pratiques et des compétences en savoir-être et savoir-faire, indispensables à la créativité, l'innovation et l'entreprenariat. A toi de les aider à ta manière, de les maintenir motivés pour ce challenge exaltant, afin qu'ils ne se dérobent pas en chemin du fait de nombreuses tentations maléfiques. A chacun de se préoccuper de ce destin commun, de réfléchir sur des idées concrètes des solutions complémentaires aux miennes. Maintenant que tu y as pris goût, je sais que tu continueras de semer des graines pour le développement du continent africain.

---

[1] A ce propos, le livre *Ethique* de Spinoza est un ouvrage magnifique.

Enfin, je te remercie en retour pour ta précieuse contribution à notre fructueux échange. J'y ai pris énormément de plaisir, même si je suis épuisé mentalement, à force d'essayer de trouver des solutions aux problèmes vitaux que nous avons identifiés et abordés ouvertement. Je suis convaincu que tu es le bon messager. Celui qui, par ses actions, saura transmettre cette énergie positive à d'autres, comme on transmet le témoin dans une course de relai. Ainsi, chacun sera imprégné de ces notions de performance et de responsabilité indispensables pour changer la société, contribuer au développement du continent africain et au bien-être commun.
Alors, je te laisse continuer cette mission exaltante que je te souhaite de vivre pleinement, avec enthousiasme, courage, dignité, générosité et amour. Au revoir.

Dossier 1

Analyse complète du niveau de développement actuel des pays africains

I. Analyse des performances politiques, sociales, et macroéconomiques des pays africains

1. Produit Intérieur Brut

Le produit intérieur brut (PIB) est un indicateur (macroéconomique) qui mesure le niveau de l'activité économique d'un pays pendant une année donnée, c'est-à-dire, la quantité de richesse (biens et services) produite par ce pays au cours de ladite année. Il est généralement exprimé en dollars américains ($ US). Dans le système capitaliste, c'est l'indicateur le plus utilisé pour évaluer la production des biens et services d'un pays.

Lorsque cette richesse est divisée par la taille de la population, on parle de PIB par habitant. Celui-ci correspond à la richesse moyenne qui reviendrait à chaque habitant, si le pays était parfaitement égalitaire. Ce qui n'est pas le cas, car généralement, on note des écarts de revenus plus ou moins importants dans un pays donné. C'est la raison pour laquelle l'analyse du PIB doit être combinée avec l'analyse d'indices prenant en compte les écarts de revenus au sein de la population, notamment l'indice de Gini décrit ci-après. Ceci d'autant plus que la richesse mesurée par le PIB inclut également la richesse générée par les sociétés étrangères dans le pays, alors que celle-ci est remontée dans les pays des maisons-mères de ces sociétés.

Le PIB et le PIB par habitant peuvent s'exprimer, soit en dollars courants (i.e. en dollars de l'année à laquelle le PIB se rapporte, incluant l'inflation ou la déflation), soit en dollars constants (i.e. en dollars par rapport à une année de référence).

Lorsque les valeurs du PIB et du PIB par habitant sont exprimées en dollars courants, elles peuvent être trompeuses, en particulier lors de comparaisons entre deux ou plusieurs années. Effectivement, les valeurs correspondantes peuvent s'avérer élevées à cause de l'inflation, ou bien faibles du fait de la déflation. C'est pour cette raison que l'on a souvent recours au PIB en dollars constants.

Par ailleurs, pour des comparaisons internationales plus adéquates, il est plus judicieux d'utiliser le PIB en dollars constants, celui-ci prenant également en compte la parité de pouvoir d'achat (PPA). Il s'agit par conséquent d'un PIB sans inflation/déflation et pour lequel les différences de pouvoir d'achat entre pays ont été neutralisées.

Les deux graphiques ci-après (cf. *Graphique 5* et *Graphique 6*) représentent les taux de croissance annualisés du PIB par habitant des pays africains sur la période 2000-2017, en valeurs constantes 2011 et valeurs courantes respectivement.

Graphique 5 : Taux de croissance du PIB par habitant en $ constants 2011 des pays africains sur la période 2000-2017

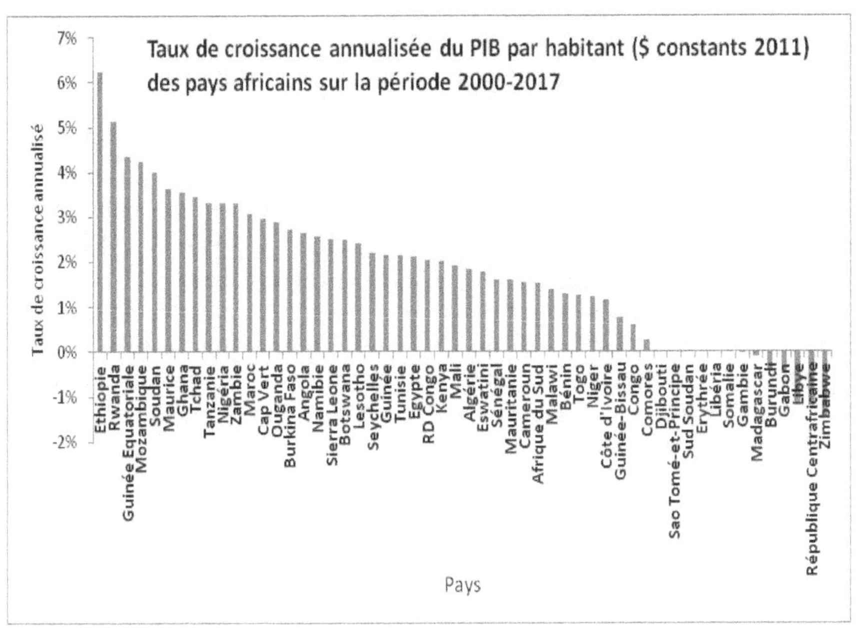

Graphique 6 : Taux de croissance du PIB par habitant courant des pays africains sur la période 2000-2017

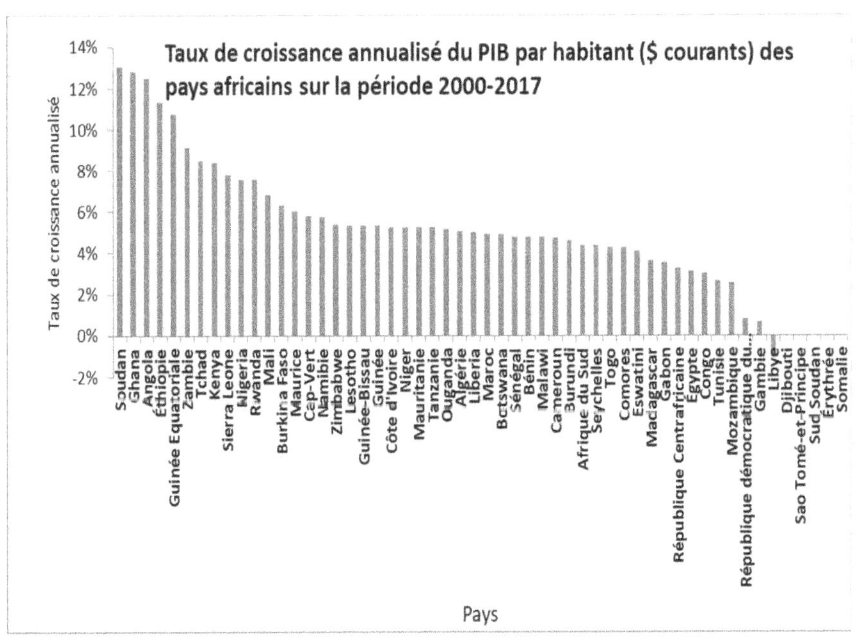

Par ailleurs, le tableau ci-après (cf. *Tableau 4)* synthétise l'analyse complète de l'évolution du PIB par habitant en parité de pouvoir d'achat (PPA) et en valeurs constantes 2011, par période, de 1990 à 2017 (soit 27 ans). Cette analyse compare notamment les performances de chaque pays africain avec celles réalisées par de la Chine et de la Corée du Sud sur les mêmes périodes considérées.

Il ressort que moins d'une dizaine de pays africains ont pu réaliser de manière régulière, au cours des trois dernières décennies, un taux de croissance annualisé de leur PIB par habitant PPA (en $ constants 2011) supérieur ou égal à 2%. Il s'agit des pays suivants : Seychelles, Maurice, Botswana, Ghana, Soudan, Lesotho, Ouganda et Burkina Faso.

Par ailleurs, certains pays ont un taux de croissance annualisé élevé sur la période 1990-2017 ; c'est le cas du Cap-Vert et de la Guinée (5% et 12% respectivement) du fait qu'ils aient réalisé une forte croissance au cours des décennies 1990-2000 et 2000-2010. En revanche, le Rwanda, l'Angola et la Côte d'Ivoire ont connu des périodes de croissance difficiles et volatiles, notamment à cause des guerres, des conflits ou du génocide (dans le cas du Rwanda).

D'une manière générale, les performances des pays africains en termes de croissance économique au cours de la période 1990-2017 sont largement inférieures à celles réalisées par la Chine et la Corée du Sud.

Tableau 4 : Evolution du PIB par habitant en parité de pouvoir d'achat et $ constants 2011 des pays africains entre 1990 et 2017

	PIB PPA par habitant (en $ constants 2011)		Taux de croissance annualisé du PIB PPA par habitant par période				
Pays	**1990**	**2017**	**1990-2000** (10 ans)	**2000-2010** (10 ans)	**2010-2017** (7 ans)	**2000-2017** (17 ans)	**1990-2017** (27 ans)
Guinée équatoriale	1 000	22 214	27%	12%	-6%	4%	**12%**
Seychelles	14 217	26 657	3%	1%	4%	2%	**2%**
Maurice	7 387	20 320	4%	4%	4%	4%	**4%**
Gabon	19 501	16 464	-1%	-1%	1%	0%	**-1%**
Botswana	7 939	15 474	3%	3%	2%	2%	**3%**
Algérie	10 237	13 900	0%	2%	1%	2%	**1%**
Afrique du Sud	9 700	12 294	0%	2%	0%	2%	**1%**
Égypte	5 767	10 551	3%	3%	1%	2%	**2%**
Tunisie	5 615	10 849	3%	3%	1%	2%	**2%**
Namibie	5 787	9 517	1%	3%	2%	3%	**2%**
Eswatini	5 378	7 871	1%	2%	1%	2%	**1%**
Libye	0	17 882	0%	3%	-7%	-1%	**-1%**
Maroc	3 912	7 476	1%	4%	2%	3%	**2%**
Cap-Vert	1 657	6 283	9%	4%	1%	3%	**5%**
Angola	4 635	6 052	-2%	5%	-1%	3%	**1%**
Congo	5 140	4 958	-1%	1%	-1%	1%	**0%**
Nigeria	3 359	5 351	-1%	5%	1%	3%	**2%**
Ghana	1 920	4 092	2%	3%	4%	4%	**3%**
Soudan	1 743	4 467	3%	4%	4%	4%	**4%**
Mauritanie	2 807	3 598	0%	2%	1%	2%	**1%**
Zambie	2 342	3 665	-1%	5%	2%	3%	**2%**
Côte d'Ivoire	3 194	3 586	-1%	-1%	4%	1%	**0%**
Lesotho	1 379	2 665	3%	3%	2%	2%	**2%**
Chine	**1 526**	**15 309**	**9%**	**10%**	**7%**	**9%**	**9%**
Corée du Sud	**11 633**	**35 938**	**6%**	**4%**	**2%**	**3%**	**4%**

	PIB PPA par habitant (en $ constants 2011)		Taux de croissance annualisé du PIB PPA par habitant par période				
Pays	**1990**	**2017**	**1990-2000** (10 ans)	**2000-2010** (10 ans)	**2010-2017** (7 ans)	**2000-2017** (17 ans)	**1990-2017** (27 ans)
Kenya	2 380	2 993	-1%	2%	3%	2%	**1%**
Cameroun	3 020	3 383	-1%	1%	2%	2%	**0%**
Tanzanie	1 530	2 679	0%	3%	3%	3%	**2%**
Sao Tomé-et-Principe	0	3 053	0%	0%	2%	0%	**0%**
Sénégal	2 314	3 143	0%	1%	2%	2%	**1%**
Soudan du Sud	0	0	0%	0%	0%	0%	**0%**
Ouganda	769	1 698	3%	4%	2%	3%	**3%**
Tchad	1 110	1 768	-1%	7%	-1%	3%	**2%**
Zimbabwe	2 889	2 212	0%	-5%	4%	-2%	**-1%**
Bénin	1 463	2 069	1%	1%	2%	1%	**1%**
Mali	1 272	2 016	1%	2%	1%	2%	**2%**
Rwanda	874	1 857	-1%	6%	4%	5%	**3%**
Éthiopie	652	1 730	-1%	6%	7%	6%	**4%**
Guinée	1 412	2 042	0%	1%	4%	2%	**1%**
Burkina Faso	844	1 696	2%	3%	3%	3%	**3%**
Sierra Leone	1 251	1 391	-3%	3%	2%	3%	**0%**
Guinée-Bissao	1 574	1 549	-1%	0%	1%	1%	**0%**
Gambie	1 506	1 544	0%	1%	-1%	0%	**0%**
Comores	2 581	2 501	-1%	0%	0%	0%	**0%**
Madagascar	1 653	1 416	-1%	0%	0%	0%	**-1%**
Togo	1 294	1 512	-1%	0%	3%	1%	**1%**
Érythrée	0	0	0%	-2%	0%	0%	**0%**
Mozambique	379	1 136	4%	5%	3%	4%	**4%**
Niger	895	926	-2%	1%	2%	1%	**0%**
Malawi	744	1 095	2%	2%	1%	1%	**1%**
Liberia	0	1 168	0%	-2%	1%	0%	**0%**
RD Congo	1 387	808	-8%	1%	3%	2%	**-2%**
Burundi	1 032	668	-4%	0%	-1%	0%	**-2%**
République Centrafricaine	925	661	-1%	1%	-4%	-1%	**-1%**
Chine	**1 526**	**15 309**	**9%**	**10%**	**7%**	**9%**	**9%**
Corée du Sud	**11 633**	**35 938**	**6%**	**4%**	**2%**	**3%**	**4%**

2. *Revenu National Brut*

Le revenu national brut (RNB) est un agrégat qui se rapproche du produit intérieur brut. Il représente l'ensemble des revenus primaires reçus par les unités institutionnelles résidentes. Plus précisément, le RNB est égal au PIB plus les salaires et rémunérations nets reçus de l'étranger, plus les revenus nets de la propriété provenant de l'étranger, plus les impôts et subventions nets reçus de l'étranger.

3. *Indice de Gini*

L'aggravation des inégalités est une question d'actualité qui se pose avec acuité dans le monde en général. A l'heure où l'humanité n'a jamais produit autant de richesses, tous les rapports, des plus officiels aux plus critiques, font un même constat sans appel, chiffré et documenté : les inégalités entre riches et pauvres se creusent depuis quarante ans. Une équipe de chercheurs en économie réunis au sein du projet « World Wealth and Income Database » (WID)[1] a notamment montré que ces inégalités se creusaient dans la plupart des continents et pays, à l'exception du Moyen-Orient, du Brésil et de l'Afrique où les niveaux d'inégalités sont déjà très élevés. Pour l'Afrique, il ressort que la part du revenu que les 10% les plus riches s'octroient est de 54.45% en 2016 contre 55.27% en 1990[2]. Bien que demeurant le continent le plus pauvre en termes de revenus, certains pays africains sont dans une dynamique de croissance de leurs revenus qui devrait les inciter à réduire les inégalités entre les différentes couches de la population.

Pour mesurer le niveau des inégalités de la distribution des revenus d'un pays, on utilise généralement l'indice de Gini.

Par définition, l'indice (ou coefficient) de Gini[3] est un indicateur synthétique d'inégalités de revenus (salaires, de niveaux de vie...). Il varie entre 0 et 1. Il est égal à 0, dans une situation d'égalité parfaite où tous les salaires, les revenus, les niveaux de vie seraient égaux. A l'autre extrême, il est égal à 1, dans une situation la plus inégalitaire possible, celle où tous les salaires (les revenus, les niveaux de vie...) sauf un seraient nuls. Entre 0 et 1, l'inégalité est d'autant plus forte que l'indice de Gini est élevé.

---

[1] Une base de données sur le patrimoine et le revenu.

[2] En Europe, qui contient mieux l'augmentation de ces inégalités, cette part est de 37.07% (2016) et 33.81% (1990) ; en Amérique du Nord :46.96% (2016) et 38.68% (1990) ; Russie : 45.51% (2016) et 23.58% (1990) ; Inde : 55.46% (2016) et 33.48% (1990) ; Chine : 41.42% (2016) et 30.41 (1990).

[3] Il a été développé par le statisticien et sociologue Corrado Gini en 1912. Il sert d'interprétation à la « courbe de Lorentz », développée par l'économiste américain Max O. Lorenz en vue d'une représentation graphique des revenus.

Nous avons utilisé l'indice de Gini établi par la Banque Mondiale[1]. *Graphique 7* ci-après illustre les inégalités de la distribution des revenus des pays africains actuellement.

Graphique 7 : Indice des inégalités des revenus des pays africains

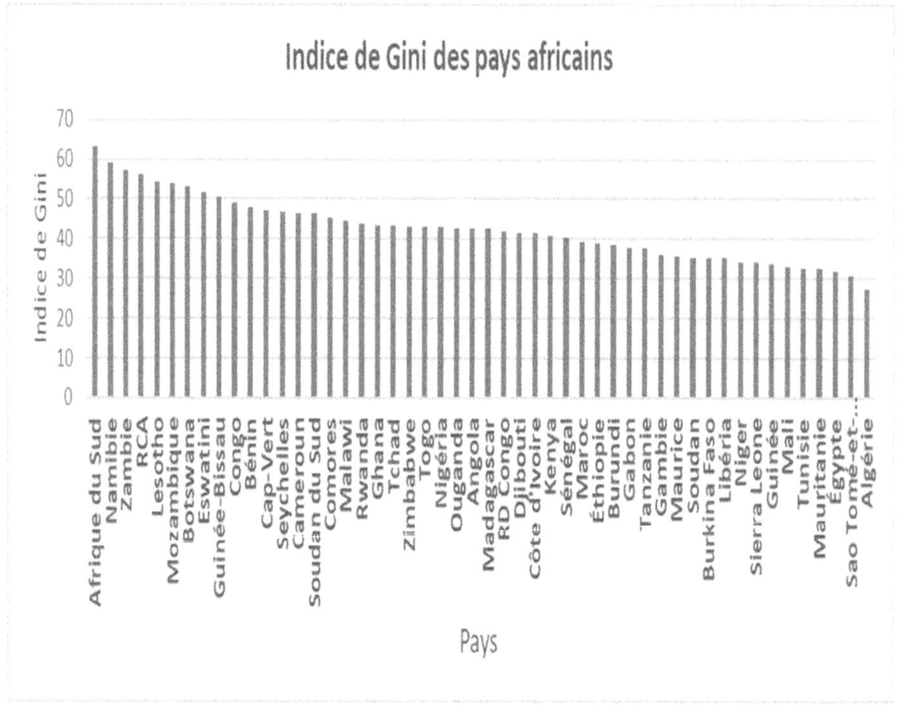

[1] Dernières valeurs connues (mises à jour à différentes dates). Cf. site internet de la Banque Mondiale.

Les pays africains se répartissent ainsi selon les six catégories d'inégalités décrites dans *Tableau 5* ci-après.

Tableau 5 : Classement des pays africains par catégories d'inégalités des revenus

Catégories d'inégalités	**Nombre de pays africains dans la catégorie**	**Pays (indice de Gini)**
Très faiblement inégalitaire	1	Algérie (27.6)
Faiblement inégalitaire	8	Sao Tomé & Principe (30.8) ; Égypte (31.8) ; Mauritanie (32.6) ; Tunisie (32.8) ; Mali (33.0) ; Guinée (33.7) ; Sierra Leone (34.0) et Niger (34.3)
Moyennement inégalitaire	10	Burkina Faso (35.3) ; Libéria (35.3) ; Soudan (36.4) ; Maurice (35.8) ; Gambie (35.9) ; Tanzanie (37.8) ; Gabon (38.0) ; Burundi (38.6) ; Ethiopie (39.1) et Maroc (39.5)
Fortement inégalitaire	15	Sénégal (40.3) ; Kenya (40.8) ; Côte d'Ivoire (41.5) ; Djibouti (41.6) ; RD Congo (42.1) ; Madagascar (42.6) ; Angola (42.7) ; Ouganda (42.8) ; Nigeria (43.0) ; Togo (43.1) ; Zimbabwe (43.2) ; Tchad (43.3) ; Ghana (43.5) ; Rwanda (43.7) et Malawi (44.7)
Très fortement inégalitaire	12	Comores (45.3) ; Sud Soudan (46.3) ; Cameroun (46.6) ; Seychelles (46.8) ; Cap-Vert (47.2) ; Bénin (47.8) ; Congo (48.9) ; Guinée-Bissau (50.7) ; Eswatini (51.5) ; Botswana (53.3) ; Mozambique (54.0) et Lesotho (54.2)
Extrêmement inégalitaire	4	RCA (56.2) ; Zambie (57.1) ; Namibie (59.1) et Afrique du Sud (63.0)

Comme *Tableau 5* l'indique :

- L'Algérie est le pays le moins inégalitaire d'Afrique et parmi les moins inégalitaires au monde ;
- L'Afrique du Sud est le pays le plus inégalitaire du monde ;
- La moyenne des indices de Gini de pays africains (à l'exception de l'Érythrée, la Guinée Équatoriale, la Libye et la Somalie)[1] est de 42.6 ;

[1] L'indice de Gini de ces quatre pays était indisponible lors de la réalisation cette analyse.

- 33 pays sur 50 analysés (soit 66%) sont réputés être fortement/très fortement/extrêmement inégalitaires, confirmant ainsi que globalement, l'Afrique est un continent fortement inégalitaire au niveau de la distribution des revenus dans sa population.

Ce résultat est très préoccupant pour l'Afrique qui cherche à se développer. Par conséquent, celle-ci a plus que besoin d'une justice sociale pour favoriser l'égalité des chances et permettre le développement de son capital humain qui est un facteur essentiel à la réalisation de son objectif de développement économique durable. Il convient de souligner avec force que cette situation inégalitaire chronique à l'Afrique n'est pas de nature à stimuler la paix sociale, le continent étant toujours en proie à des guerres et conflits interethniques. La croissance économique tant recherchée ne vaudra que si le partage des fruits de cette croissance obéit à une véritable justice sociale.

4. *Indice de développement humain*

L'indice de développement humain (IDH) d'un pays est un indicateur du niveau de développement de ce pays. Il va au-delà de la performance économique du pays (mesurée par le produit intérieur brut ou PIB ou le PIB par habitant), en intégrant d'autres critères qualitatifs. L'IDH est un indice composite, fondé sur les trois critères suivants :

- La santé / longévité (mesurée par l'espérance de vie à la naissance) qui permet d'évaluer indirectement la satisfaction des besoins matériels essentiels tels que l'accès à une alimentation saine, à l'eau potable, à un logement décent, à une bonne hygiène et aux soins médicaux ;
- Le savoir ou niveau d'éducation, mesuré par la durée moyenne de scolarisation pour les adultes de plus de 25 ans et la durée attendue de scolarisation pour les enfants d'âge scolaire. Il traduit la satisfaction des besoins immatériels tels que la capacité à participer aux prises de décision sur le lieu de travail ou dans la société ;
- Le niveau de vie[1], afin d'englober les éléments de la qualité de vie qui ne sont pas décrits par les deux premiers indices, notamment la mobilité et l'accès à la culture.

Calculé par le Programme des Nations Unies pour le Développement (PNUD), L'IDH est un nombre sans dimension compris entre 0 et 1. Plus l'IDH se rapproche de 1, plus le niveau de développement du pays est élevé. Le calcul de l'IDH permet d'établir un classement mondial annuel concernant 189 pays.

[1] Qui représente le logarithme du revenu brut par habitant en parité de pouvoir d'achat.

Graphique 8 ci-après illustre le classement des pays africains, par ordre décroissant de leur indice de développement humain.

Graphique 8 : Classement des pays africains selon leur indice de développement humain

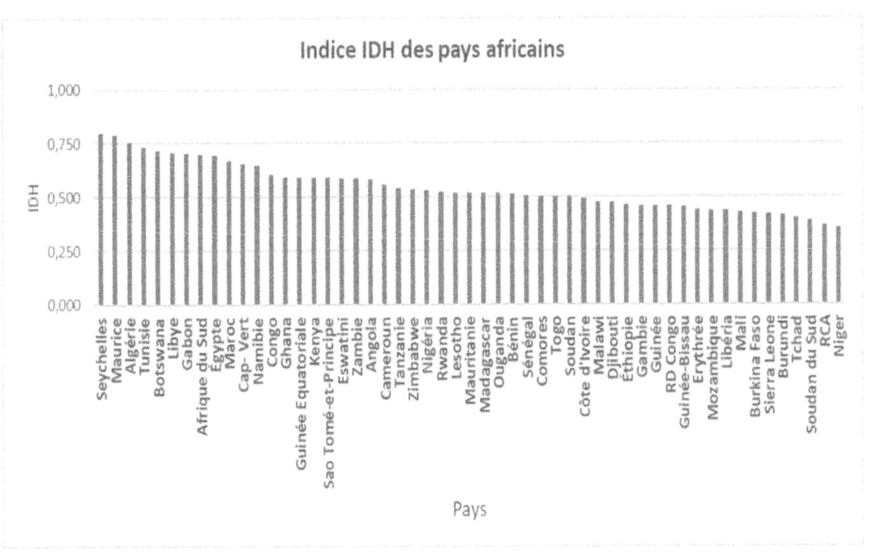

J'ai procédé à l'analyse de l'IDH 2017[1], en constituant quatre catégories[2] de pays en fonction de leur niveau d'indice de développement humain (IDH1, IDH2, IDH3 et IDH4), définies de la manière suivante :

- IDH1 : IDH très élevé i.e. compris dans l'intervalle [0.80 ; 1] ;
- IDH2 : IDH élevé i.e. compris dans l'intervalle [0.70 ; 0.80 [;
- IDH3 : IDH normal i.e. compris dans l'intervalle [0.55 ; 0.70 [;
- IDH4 : IDH faible i.e. strictement inférieur à 0.55.

[1] Rapport 2018 - Programme de Nations Unies pour le Développement (PNUD).

[2] Ces quatre catégories correspondent à celles retenues par le PNUD pour qualifier le degré de développement humain d'un pays par rapport au niveau de son IDH.

Tableau 6 ci-après fournit la position des pays africains dans le classement mondial en termes de développement humain, dans les quatre catégories définies précédemment.

Tableau 6 : Position des pays africains dans le classement mondial en termes de développement humain

Catégorie	Nombre total de pays dans la catégorie	Nombre de pays africains dans la catégorie	Valeur moyenne de l'indice IDH dans la catégorie (Monde)	Valeur moyenne de l'indice IDH dans la catégorie (Afrique)
IDH1	59	0	0.88	Non applicable
IDH2	53	7	0.75	0.74
IDH3	39	14	0.63	0.62
IDH4	38	32	0.48	0.46
Total	**189**	**53**	**0.70**	**0.54**

Tableau 7 ci-après répartit les pays africains en fonction des différentes catégories considérées.

Tableau 7 : Classement des pays africains par catégories de développement humain

Catégorie	Nombre de pays africains dans la catégorie	Pays (rang mondial sur 189 pays)
IDH1	0	Aucun pays africain dans cette catégorie
IDH2	7	Seychelles (62) ; Maurice (65) ; Algérie (85) ; Tunisie (95) ; Botswana (101) ; Libye (108) et Gabon (110)
IDH3	14	Afrique du Sud (113) ; Égypte (115) ; Maroc (123) ; Cap-Vert (125) ; Namibie (129) ; Congo (137) ; Ghana (140) ; Guinée Équatoriale (141) ; Kenya (142) ; Sao Tomé & Principe (143) ; Eswatini (144) ; Zambie (144) ; Angola (147) et Cameroun (151)
IDH4	32	Tanzanie (154) ; Zimbabwe (156) ; Nigeria (157) ; Rwanda (158) ; Lesotho (159) ; Mauritanie (159) ; Madagascar (161) ; Ouganda (162) ; Bénin (163) ; Sénégal (164) ; Comores (165) ; Togo (165) ; Soudan (167) ; Côte d'Ivoire (170) ; Malawi (171) ; Djibouti (172) ; Ethiopie (173) ; Gambie(174) ; Guinée (175) ; RD Congo (176) ; Guinée-Bissau (177) ; Érythrée (179) ; Mozambique (180) ; Libéria (181) ; Mali (182) ; Burkina Faso (183) ; Sierra Leone (184) ; Burundi (185) ; Tchad (186) ; Sud Soudan (187) ; RCA (188) et Niger (189)

Dans le classement mondial de 189 pays, les score et rang des dix premiers pays ayant un IDH très élevé (catégorie IDH1) sont : Norvège (0.953, 1er), Suisse (0.944, 2e), Australie (0.939, 3e), Irlande (0.938, 4e), Allemagne (0.936, 5e), Islande (0.935, 6e), Hong-Kong (0.933, 7e), Suède (0.933, 7e) ; Singapour (0.932, 9e) et Pays-Bas (0.931, 10e)[1].

[1] Ces pays sont immédiatement suivis par : Danemark, Canada, États-Unis, Royaume-Uni, Finlande, Nouvelle-Zélande, Belgique, Liechtenstein, Japon, Autriche, Luxembourg, Israël, Corée du Sud et France, chacun ayant un IDH supérieur à 0.9.

S'agissant de la performance des pays africains dans ce classement mondial, il ressort de *Tableau 7* que :

- Aucun pays africain n'est tributaire d'un IDH très élevé (catégorie IDH1) ;
- 7 pays africains seulement, dont il faut souligner la performance, sont rangés dans la catégorie IDH2 (correspondant à un IDH élevé. Il s'agit précisément de : Seychelles (62e), Maurice (65e), Algérie (85e), Tunisie (95e), Botswana (101e), Libye (108e) et Gabon (110e) ;
- 14 pays africains – rangés dans la catégorie IDH3 – ayant un niveau de l'IDH inférieur à 0.70 (la moyenne des IDH de l'ensemble des pays concernés) ;
- 32 pays africains (sur les 54 pays qui composent l'Afrique) sont rangés dans la catégorie IDH4, c'est-à-dire, environ deux pays africains sur trois sont parmi les pays les moins développés humainement du monde (au sens de la définition de l'indice IDH).

Cette faible performance générale des pays africains en termes de développement humain devrait interpeller particulièrement les dirigeants africains en charge de d'élaboration des politiques publiques et sociales. En effet, c'est une notion que l'on pourrait associer au bien-être (avec quelques nuances, du fait des différences culturelles).
Graphique 9 ci-après montre que la croissance économique d'un pays est fortement liée à son niveau de développement humain. En effet, il ressort que la corrélation linéaire entre ces deux variables est de 0.81 (selon les valeurs des PIB et IDH des différents pays).

Graphique 9 : Relation entre la richesse économique par habitant et l'indice de développement humain des pays africains

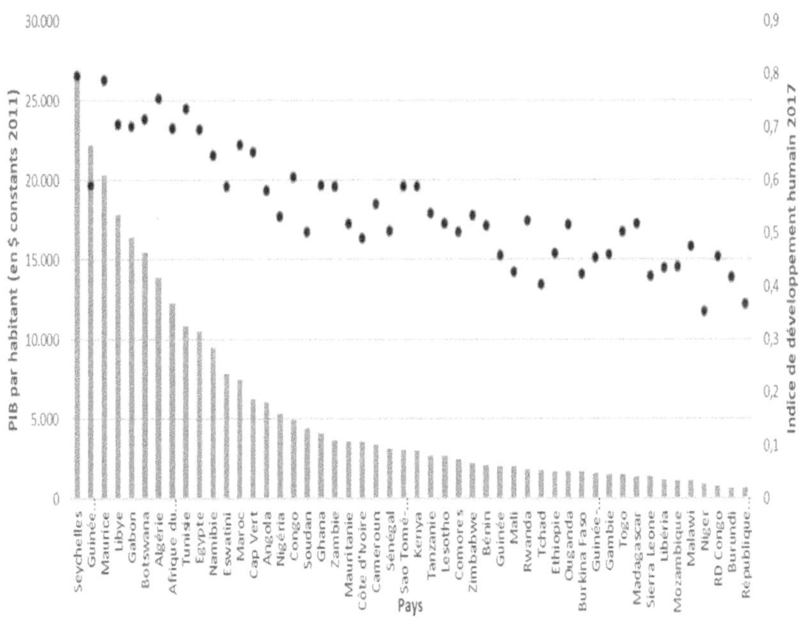

5. *Indice de perception de la corruption*

L'indice de perception de la corruption (IPC) d'un pays donné est un indicateur du degré (ou niveau) de corruption de ce pays. Depuis 1995, il est publié chaque année par l'organisation non gouvernementale *Transparency International.* L'IPC est élaboré à partir d'enquêtes réalisées auprès d'hommes d'affaires, d'analystes de risques et d'universitaires résidant dans ces pays ou à l'étranger. De plus, il est fondé sur un ensemble d'indicateurs et de données provenant de différents organismes (banque africaine de développement, banque mondiale...). Comprise entre 0 et 100, la perception de la corruption est d'autant plus élevée que l'indice IPC est proche de 0.

Il est toutefois important de noter que le phénomène de la corruption peut difficilement se mesurer de manière intrinsèque et complète. Effectivement, la corruption dans un pays se manifeste également de manière détournée, diffuse et imperceptible au travers des pressions politiques ou des réseaux d'influence qui s'opèrent souvent dans le secret. L'indice mesuré ici s'intéresse uniquement à la corruption du secteur public d'un pays donné. Par exemple, les fraudes d'entreprises privées ne sont pas prises en compte. Cette analyse partielle de la réalité vaut parfois certaines critiques à l'indice de perception de la corruption.

Graphique 10 ci-après illustre le classement des pays africains, par ordre décroissant de leur niveau de corruption perçue.

Graphique 10 : Classement des pays africains selon leur indice de perception de la corruption

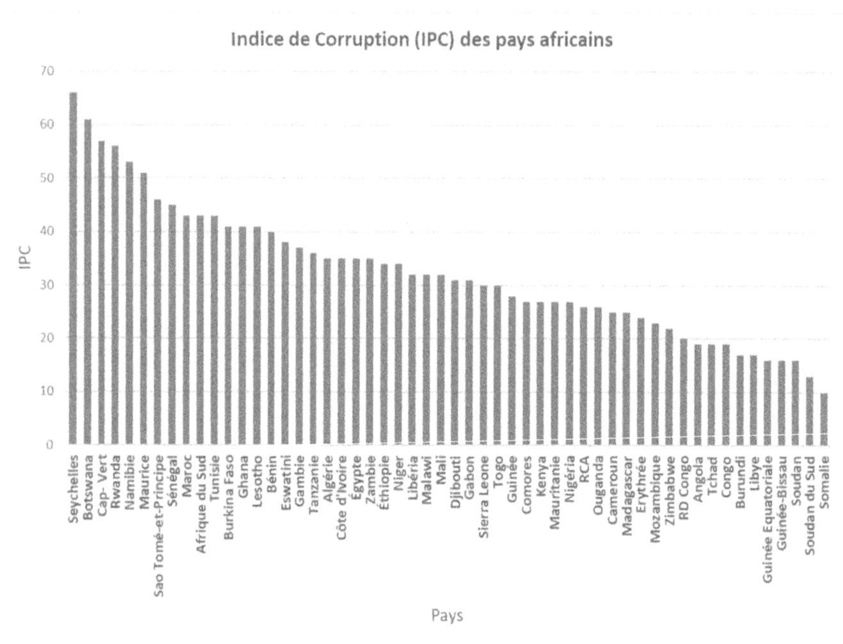

En procédant de la même manière que pour l'indice de développement humain, on obtient une répartition de l'IPC 2018[1] en cinq catégories de pays en fonction de leur niveau d'indice de perception de la corruption (IPC1, IPC2, IPC3, IPC4 et IPC5), définies de la manière suivante :

- IPC1 : IPC très élevé i.e. compris dans l'intervalle [75 ; 100] ;
- IPC2 : IPC élevé i.e. compris dans l'intervalle [60 ; 75 [;
- IPC3 : IPC normal i.e. compris dans l'intervalle [45 ; 60 [;
- IPC4 : IPC faible i.e. compris dans l'intervalle [35 ; 45 [;
- IPC5 : IPC très faible i.e. strictement inférieur à 35.

[1] Transparency International - Corruption Perceptions Index 2018.

Tableau 8 ci-après fournit la position des pays africains dans le classement mondial en termes de corruption perçue, dans les cinq catégories considérées.

Tableau 8 : Position des pays africains dans le classement mondial en termes de corruption perçue

Catégorie	Nombre total de pays dans la catégorie	Nombre de pays africains dans la catégorie	Valeur moyenne de l'indice IPC dans la catégorie (Monde)	Valeur moyenne de l'indice IPC dans la catégorie (Afrique)
IPC1	17	0	81	Non applicable
IPC2	20	2	67	64
IPC3	32	6	52	53
IPC4	44	14	39	39
IPC5	67	32	25	24
Total	**180**	**54**	**43**	**32**

Tableau 9 ci-dessous répartit les pays africains dans les différentes catégories considérées.

Tableau 9 : Classement des pays africains par catégories de corruption perçue

Catégorie	Nombre de pays africains dans la catégorie	Pays (rang mondial sur 180 pays)
IPC1	0	Aucun pays africain
IPC2	2	Seychelles (28) et Botswana (34)
IPC3	6	Cap-Vert (45) ; Rwanda (48) ; Namibie (129) ; Maurice (56) ; Sao Tomé & Principe (64) et Sénégal (67)
IPC4	14	Maroc (73) ; Afrique du Sud (73) ; Tunisie (73) ; Burkina Faso (78) ; Ghana (78) ; Lesotho (78) ; Bénin (85) ; Eswatini (89) ; Gambie (93) ; Tanzanie (99) ; Algérie (105) ; Côte d'Ivoire (105) ; Égypte (105) et Zambie (105)
IPC5	32	Ethiopie (114) ; Niger (114) ; Liberia (120) ; Malawi (120) ; Mali (120) ; Djibouti (124) ; Gabon (124) ; Sierra Leone (129) ; Togo (129) ; Guinée (138) ; Comores (144) ; Kenya (144) ; Mauritanie (144) ; Nigeria (144) ; RCA(149) ; Ouganda (149) ; Cameroun (152) ; Madagascar (152) ; Érythrée (157) ; Mozambique (158) ; Zimbabwe (160) ; RD Congo (161) ; Angola (165) ; Tchad (165) ; Congo (165) ; Burundi (170) ; Libye (170) ; Guinée Équatoriale (172) ; Guinée Bissau (172) ; Soudan (172) ; Sud Soudan (178) et Somalie (180)

Dans le classement mondial des 180 pays, les score et rang des dix premiers pays perçus comme étant les moins corrompus au monde (catégorie IPC1) sont respectivement : Danemark (88, 1er), Nouvelle-Zélande (87, 2e), Finlande (88, 3e), Singapour (85, 4e), Suède (85, 5e), Suisse (85, 6e), Norvège (84, 7e), Pays-Bas (82, 8e), Canada (82.3, 9e) et Luxembourg (81, 10e)[1].

[1] Ces pays sont immédiatement suivis par, Allemagne (80), Royaume-Uni (80), Australie (77) et l'Autriche (76). Il est à noter que le Japon (73), la France (72) et les États-Unis (71) sont classés 21e, 22e et 23e respectivement.

S'agissant de la performance des pays africains dans ce classement mondial, il ressort de *Tableau 9* que :

- Aucun pays africain ne fait partie des pays perçus comme étant les moins corrompus (IPC1) ;
- 2 pays africains seulement (rangés dans la catégorie IPC2), dont il faut souligner la performance, font partie des pays les moins corrompus après tous ceux de la catégorie CPI1 :
  Seychelles (66, 28e) et Botswana (61, 34e) ;
- 6 pays africains (rangés dans la catégorie IPC3) sont sur la bonne voie, notamment : Cap-Vert (57, 45e), Rwanda (56, 48e),
  Namibie (53, 52e), Maurice (51, 56e),
  Sao Tomé & Principe (64, 64e) et Sénégal (67, 67e) ;
- 14 pays africains (rangés dans la catégorie IPC4) sont considérés comme ayant un degré de corruption susceptible de miner leur développement. Qui plus est, il s'agit de pays africains ayant déjà (ou pouvant potentiellement avoir) un impact sur le développement global de l'Afrique, au-delà de leur propre développement, notamment : Maroc, Afrique du Sud, Tunisie, Algérie et Égypte ;
- 32 pays africains (sur les 54 pays du continent africain) sont rangés dans la catégorie IPC5. Autrement dit, environ deux pays africains sur trois sont parmi les pays les plus corrompus du monde (au sens de la définition de l'indice IPC).

Ce résultat est assez inquiétant pour l'avenir des peuples de ces pays et celui de l'Afrique en général. En effet, on observe que ce « cancer » qu'est la corruption affecte le continent dans sa globalité. Dans de conditions aussi malsaines, d'un point de vue économique principalement, l'Afrique est encore très éloignée d'un éventuel projet d'unité ou de fédération africaine viable.

6. *Indice de démocratie*

L'indice de démocratie d'un pays donné est un indicateur de la qualité de la démocratie dans ce pays. Depuis 2006, il est publié chaque année par l'unité de recherche du groupe de presse britannique *The Economist Group*. Il est élaboré à partir de soixante critères regroupés en cinq catégories. Pour chacun des 167 pays analysés, une note sur une échelle de 10 est attribuée à chacune des catégories.

Le score global (ou la valeur de l'indice) de démocratie correspond à la moyenne obtenue par un pays donné sur les cinq catégories suivantes :

- Le processus électoral et le pluralisme politique ;
- Le fonctionnement du gouvernement ;
- La participation politique ;
- La culture politique ;
- Les libertés civiles.

Comprise entre 0 et 10, la qualité de la démocratie est d'autant plus élevée que l'indice correspondant est proche de 10. Selon la valeur de cet indice, les pays sont classifiés selon quatre régimes :

- Démocratique parfaite, si l'indice est dans l'intervalle]8 ; 10] ;
- Démocratique imparfaite, si l'indice est dans l'intervalle]6 ; 8] ;
- Hybride, si l'indice est dans l'intervalle]4 ; 6] ;
- Autoritaire, si l'indice est inférieur ou égal à 4.

Graphique 11 ci-après représente le classement des pays africains, par ordre décroissant de leur niveau de démocratie.

Graphique 11 : Classement des pays africains selon leur indice de démocratie

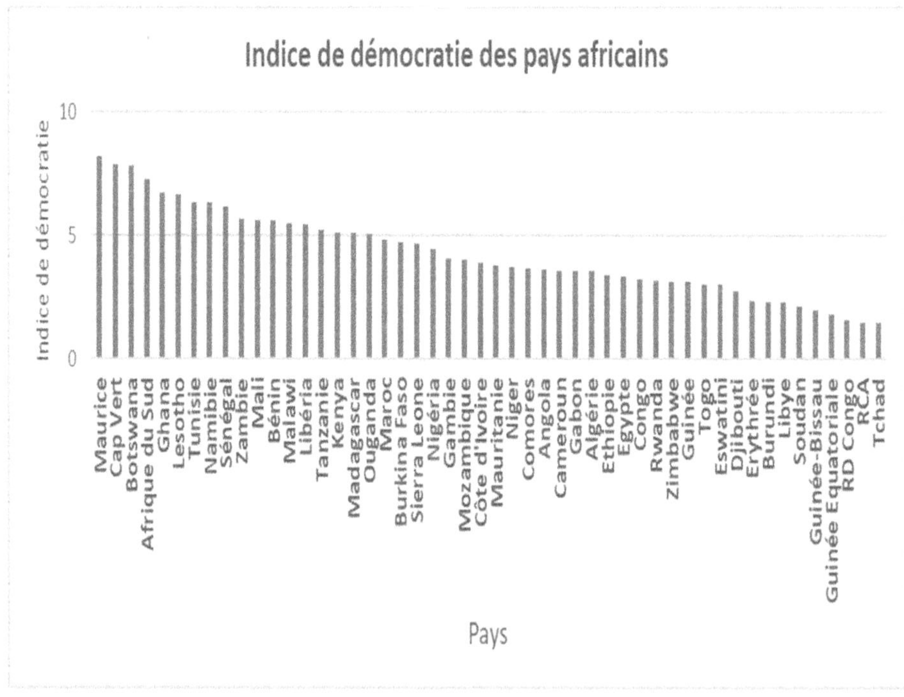

Dans le classement mondial de 167 pays dont 50 pays africains[1], les score et rang des dix premiers pays perçus comme les plus démocratiques sont : Norvège (9.87, 1er), Islande (9.58, 2e), Suède (9.39, 3e), Nouvelle-Zélande (9.26,4e), Danemark (9.22, 5e), Irlande (9.15, 6e), Canada (9.15, 7e), Australie (9.09, 8e), Finlande (9.03, 9e) et Suisse (9.03, 10e)[2].
S'agissant de la performance des pays africains, il ressort dans ce classement mondial que :

- Maurice (classé 16e mondiale avec un indice égal à 8.22) est réputée être une démocratie parfaite ; une performance exceptionnelle qui suscite l'admiration de cette petite île de l'océan Indien compte tenu de son histoire coloniale et culturelle ;
- 8 pays africains seulement (avec un indice compris entre 6 et 8) sont qualifiés de démocraties imparfaites. Ce sont : Cap-Vert (7.88, 23e), Botswana (7.81,22e), Afrique du Sud (7.24, 41e), Ghana (6.69, 52e), Lesotho (6.64, 56e), Tunisie (6.32, 69e), Namibie (6.31, 71e) et Sénégal (6.15, 74e) ;
- 15 pays africains (avec un indice compris entre 4 et 6) sont considérés comme étant des régimes hybrides. Il s'agit de : Zambie (5.68, 85e), Mali (5.64, 86e), Bénin (5.61, 87e), Malawi (5.49, 89e), Tanzanie (5.47, 91e), Liberia (5.23, 93e), Kenya (5.11, 95e), Madagascar (5.11, 95e), Ouganda (5.09, 98e), Maroc (4.87, 101e), Burkina Faso (4.75, 103e), Sierra Leone (4.66, 105e), Nigeria (4.44, 109e), Gambie (4.06, 113e) et Mozambique (4.02, 115e) ;
- 26 pays africains sur 50 pays ont un indice inférieur à 4 ; de ce fait, ils sont considérés comme étant des régimes autoritaires : Côte d'Ivoire (3.93, 116e), Mauritanie (3.82, 121e), Niger (3.76, 122e), Comores (3.71, 123e), Angola (3.62, 125e), Gabon (3.61, 126e), Cameroun (3.61, 126e), Algérie (3.56, 128e), Ethiopie (3.61, 129e), Égypte (3.36, 130e), Congo (3.25, 132e), Rwanda (3.19, 133e), Zimbabwe (3.16, 136e), Guinée (3.14, 137e), Togo (3.05, 142e), Eswatini (3.03, 144e), Djibouti (2.76, 145e), Érythrée (2.37, 151e), Burundi (2.33, 153e), Libye (2.32, 154e), Soudan (2.15, 155e), Guinée-Bissau (1.98, 157e), Guinée Équatoriale (1.81, 161e), RD Congo (1.61, 163e), RCA (1.52, 164e) et Tchad (1.50, 165e).

[1] Dont 4 pays ne font pas partie de l'analyse : Les Seychelles, Sao Tomé-et-Principe, Sud Soudan et Somalie.

[2] Ces pays sont immédiatement suivis par les pays ci-après qui constituent également des démocraties parfaites : Pays-Bas (8.89), Luxembourg (8.81), Allemagne (8.61), Royaume-Uni (8.53), Autriche (8.42), Maurice (8.22), Malte (8.15), Uruguay (8.12) et Espagne (8.06) ; après ces derniers arrivent les démocraties imparfaites dont le Cap-Vert (7.88) et le Botswana (7.81) qui sont classés 23e et 28e respectivement, devant les pays comme la France (7.80) et la Belgique (7.78).

Il me semble pertinent d'effectuer une comparaison entre les indices de démocratie et de corruption : les pays perçus à la fois comme des régimes autoritaires et faisant partie des pays les plus corrompus au monde sont ceux qui suscitent le plus d'inquiétudes quant à leur développement économique et social futur. Malheureusement, la plupart des 26 pays réputés autoritaires font aussi partie des pays perçus comme les plus corrompus du monde.
En revanche, le Rwanda est très singulier, dans la mesure où, bien que perçu comme régime autoritaire, il est l'un des pays africains à s'éloigner du fléau de la corruption qui mine le continent, en figurant dans le premier tiers (sur 180 pays) des pays les moins corrompus du monde[1].
Bien évidemment, tout le mérite revient aux pays ayant à la fois des vertus de démocratie et d'incorruptibilité comme Maurice et le Botswana.

7. *Indice Ibrahim de la gouvernance en Afrique*

Au sens de la Fondation Mo Ibrahim, la gouvernance est l'accès à des biens et services publics, dans les domaines politique, social et économique auxquels chaque citoyen peut légitimement prétendre auprès de son État et que tout État est tenu d'offrir à ses concitoyens.
L'indice Ibrahim de gouvernance globale (IIAG) d'un pays africain donné est un indicateur de la qualité de la gouvernance globale dans ce pays. Publié chaque année[2] par la Fondation Mo Ibrahim depuis 2007, il est élaboré à partir de 100 indicateurs mesurables et répartis selon les quatre catégories suivantes, chacune de celles-ci comportant des sous-catégories :

- Sécurité et État de droit : État de droit ; transparence et redevabilité ; sécurité individuelle et sécurité nationale ;
- Participation et Droits humains : Participation, droits, parité ;
- Développement économique durable : Gestion publique, environnement des entreprises, infrastructures et secteur rural ;
- Développement humain : Protection sociale, éducation et santé.

Comprise entre 0 et 100, la qualité de la gouvernance est d'autant plus élevée que l'IIAG correspondant est proche de 100.
Graphique 12 ci-dessous montre le classement des pays africains, par ordre décroissant de leur niveau de gouvernance globale.

---

[1] Sans vouloir tout justifier, pour reconstruire le Rwanda après le génocide de 1994 qu'il a subi, il était nécessaire d'avoir un dirigeant visionnaire empreint d'autorité. Une ouverture plus démocratique serait souhaitable aujourd'hui pour qu'il « sorte » par la grande porte.
[2] 2018 IIAG report – Mo Ibrahim Foundation.

Graphique 12 : Classement des pays africains selon leur indice de gouvernance globale

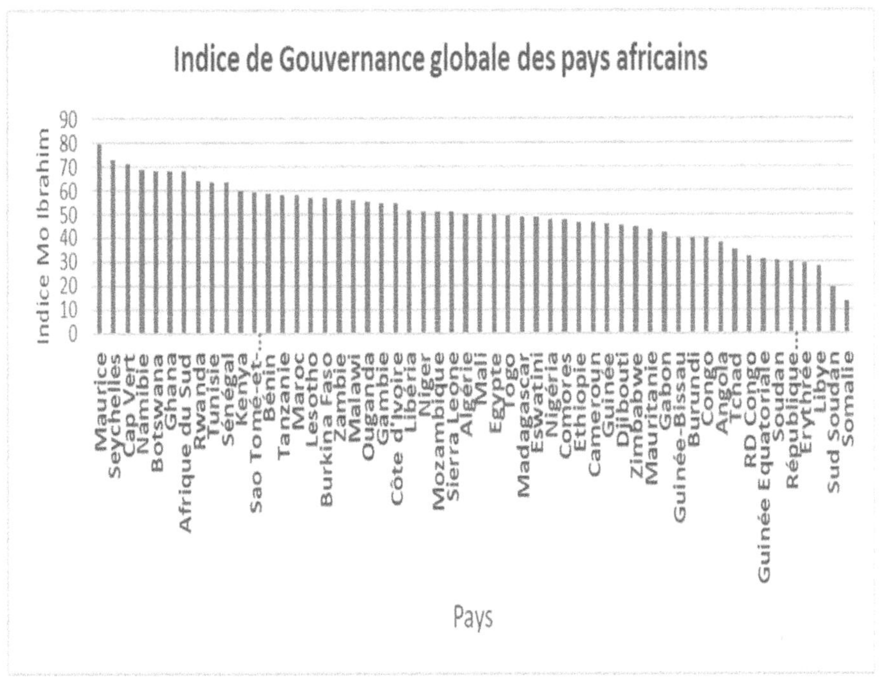

Selon le classement IIAG 2018, fondé sur les données 2017, il ressort que :

- Les score et rang des dix pays les plus vertueux en termes de gouvernance globale au sens défini préalablement sont :
  Maurice (79.5, 1er), Seychelles (73.2, 2e), Cap-Vert (71.1, 3e), Namibie (68.6, 4e), Botswana (68.5, 5e), Ghana (68.1, 6e), Afrique du Sud (68.0, 7e), Rwanda (64.3, 8e), Tunisie (63.5, 9e) et Sénégal (63.3, 10e) ;
- Les score et rang des dix pays les moins vertueux en termes de gouvernance sont :
  Angola (38.3), Tchad (35.4), République D. du Congo (32.1), Guinée Équatoriale (30.9), Soudan (30.8), RCA (29.9), Érythrée (29.3), Libye (28.3), Soudan du Sud (19.3) et Somalie (13.6).

Graphique 13 ci-après représente l'évolution annuelle de la gouvernance globale en Afrique (score moyen des pays africains) sur la période 2008-2017.

Graphique 13 : Evolution de la gouvernance globale des pays africains

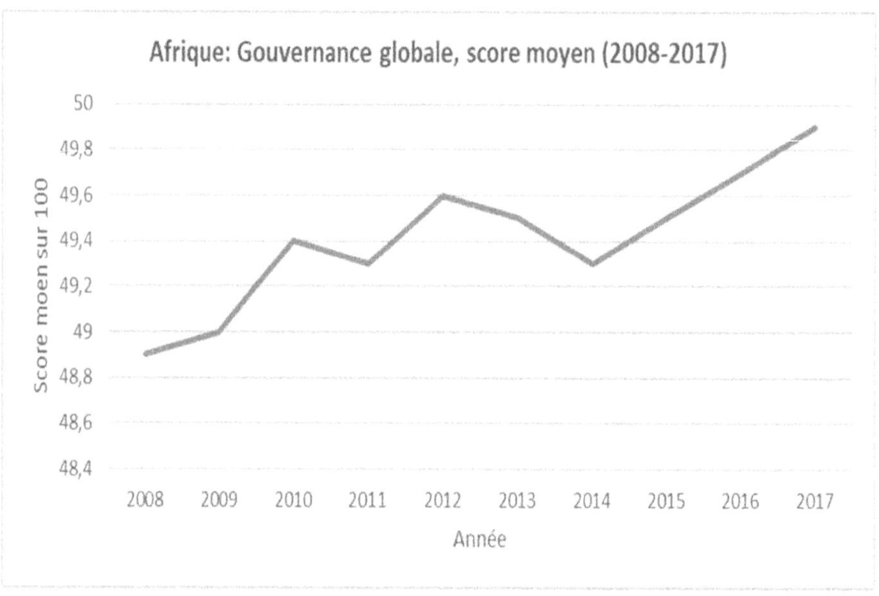

Le rapport IIAG 2018 détaille par ailleurs l'évolution de la gouvernance globale des pays africains depuis 2008, l'année de publication du tout premier rapport Mo Ibrahim sur la gouvernance. Les principaux enseignements tirés sont les suivants :

- Le score moyen (indice moyen de l'ensemble des pays) de la gouvernance globale est de 49.9 sur 100 ; le plus élevé des dix dernières années (2008-2017), comme illustré dans *Graphique 13* qui montre que la gouvernance en Afrique maintient une tendance à l'amélioration relativement faible ;
- Les progrès de la gouvernance sont à la traîne par rapport à la croissance démographique et aux attentes de la jeunesse : en effet, alors qu'au cours des dix dernières années, la population totale de l'Afrique a augmenté de +26%, passant en 2017 à 1.25 milliard d'individus – dont 60% ont moins de 25 ans – le score moyen de la sous-catégorie « Education » de l'IIAG pour la même année n'est que de 44.5 (sur 100), en baisse de 0.7 par rapport à son score maximum atteint cinq ans plus tôt. De manière plus précise, il est établi qu'actuellement la qualité de l'enseignement n'est pas à la hauteur de la demande croissante en matière d'enseignement et d'emploi ;

- La croissance économique[1] enregistrée en Afrique au cours de la dernière décennie ne s'est pas traduite par une progression du développement économique durable des citoyens africains. Ces derniers semblent n'avoir pas bénéficié des fruits de la croissance. En effet, le score moyen 2017 de la catégorie « Développement économique durable » est à peine supérieur à celui mesuré en 2008, alors que sur la même période, le PIB du continent a crû de 39.7%. Près de la moitié (43.2%) des citoyens du continent vivent dans l'un des vingt-cinq pays où cette catégorie a régressé au cours des dix dernières années. Ce qui signifie que nombre de gouvernements ont échoué à convertir la croissance économique de leur pays en développement économique durable pour leurs citoyens.

8. Indice « Doing Business »

L'indice « Doing Business » d'un pays donné est un indicateur de la facilité dans ce pays à faire des affaires. Publié chaque année par la Banque Mondiale depuis 2004, cet indice est élaboré à partir de données relatives à dix domaines : création d'entreprise, l'obtention d'un permis de construire, raccordement à l'électricité, transfert de propriété, obtention de prêts, protection des investisseurs minoritaires, paiement des taxes et impôts, commerce transfrontalier, exécution des contrats et règlement de l'insolvabilité.

L'indice « Doing Business » est compris entre 0 et 100. La qualité de la facilité de faire des affaires est d'autant plus élevée que l'indice est proche de 100 et inversement s'il est proche de 0.

Graphique 14 ci-après illustre graphiquement, le classement des pays africains, par ordre décroissant de leur niveau de facilité à faire des affaires (« Doing Business »).

[1] Elle se mesure à travers la croissance du Produit intérieur brut (PIB), une notion macro-économique définie précédemment, mais dont nous nuancions déjà l'interprétation en termes de performance économique.

Graphique 14 : Classement des pays africains selon leur indice « Doing Business »

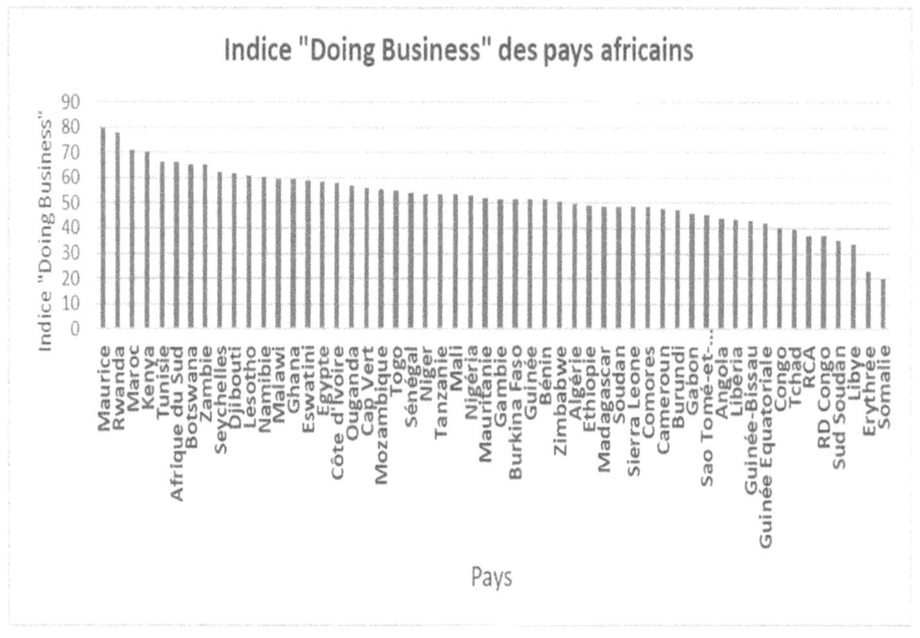

Dans le dernier classement de l'indice Doing Business mesuré pour 190 pays et publié en mai 2019 [1], les score et rang des dix premiers pays sont : Nouvelle-Zélande (86.59, 1er), Singapore (85.24, 2e), Danemark (84.64, 3e), Hong-Kong (84.22, 4e), Corée du Sud (84.14, 5e), Géorgie (83.28, 6e), Norvège (82.95, 7e), États-Unis (82.75, 8e), Royaume-Uni (82.65, 9e) et Macédoine (81.55, 10e).

Par ailleurs, les données correspondant à *Graphique 14* indiquent que :

- 2 pays africains s'illustrent particulièrement dans ce classement, se situant devant des pays tels que l'Espagne, la Russie, la France, le Portugal, les Pays-Bas, la Suisse, le Japon et la Chine. Il s'agit de Maurice (79.58, 20e) et du Rwanda (77.88, 30e) ;
- 8 autres pays africains sont classés dans les 100 premiers mondiaux. Ce sont respectivement : Maroc (71.02, 60e), Kenya (70.31, 61e) ; Tunisie (66.11, 80e), Afrique du Sud (66.03, 82e), Botswana (65.40, 86e), Zambie (65.08, 87e), Seychelles (62.41, 96e) et Djibouti (62.02, 99e) ;

[1] Doing Business 2019 – A World Bank Group Flagship Report, 16th edition.

- 18 pays africains sont classés entre les centième et cent cinquantième rangs du classement mondial. Ce sont (par ordre croissant) :
Lesotho (60.60, 106e), Namibie (60.63, 107e), Malawi (59.59, 111e), Ghana (59.22, 114e), Eswatini (58.95, 117e), Égypte (58.56, 120e), Côte d'Ivoire (58.00, 122e), Ouganda (57.06, 127e), Cap-Vert (55.95, 131e), Mozambique (55.53, 135e), Togo (55.20, 137e), Sénégal (54.15, 141e), Niger (53.72, 143e), Tanzanie (53.63, 144e), Mali (53.50, 145e), Nigeria (52.89, 146e), Mauritanie (51.99, 148e) et Gambie (51.72, 149e) ;
- 26 pays africains sur 54 (presque un pays sur deux) sont classés entre les cent cinquantième et cent quatre-vingt-dixième rangs du classement mondial. Il s'agit de (par ordre croissant) :
Burkina Faso (51.57, 151e), Guinée (51.51, 152e), Bénin (51.42, 153e), Zimbabwe (50.44, 155e), Algérie (49.65, 157e), Ethiopie (49.06, 159e), Madagascar (48.89, 161e), Soudan (48.84, 162e), Sierra Leone (48.74, 163e), Comores (48.66, 164e), Cameroun (47.78, 166e), Burundi (47.41, 168e), Gabon (45.58, 169e), Sao Tomé & Principe (45.14, 170e), Angola (43.86, 173e), Liberia (43.51, 174e), Guinée-Bissau (42.85, 175e), Guinée-Equatoriale (41.94, 177e), Congo (39.83, 180e), Tchad (39.36, 181e), RCA (36.90, 183e), RD Congo (36.85, 184e), Sud Soudan (35.34, 185e), Libye (33.44, 186e), Érythrée (23.07, 189e) et Somalie (20.04, 190e).

Les performances de Maurice et du Rwanda sont d'autant plus remarquables que ces pays s'érigent en exemples dans certains domaines relatifs à la facilité des affaires. En l'occurrence, le rapport Doing Business 2019 souligne notamment que *« le Rwanda fait partie des pays les plus avancés au monde en termes de transfert de propriété (2e rang du classement) et d'obtention de prêts (3e). Grâce à l'efficacité de son registre foncier, sept jours suffisent pour concrétiser une mutation, qui revient à 0,1 % seulement de la valeur du bien, comme en Nouvelle-Zélande ».*

D'une manière plus générale, il ressort de ce classement que la grande majorité de pays africains doivent continuer à progresser dans la mise en place de réformes adéquates, de manière à faciliter les affaires sur leur territoire. Cette analyse va d'ailleurs dans le même sens que celle issue du rapport Mo Ibrahim dont l'indice (IIAG 2018) a été présenté précédemment. A une différence près, on retrouve les mêmes pays, aussi bien en tête du classement qu'en fin du classement des pays africains.

9. *Indice de compétitivité*

La notion de compétitivité peut se définir de plusieurs manières, car ce concept englobe différents aspects de la vie économique. Deux notions sont toutefois traditionnellement distinguées : la compétitivité des entreprises et la compétitivité de l'État dans lequel celles-ci sont installées.
La compétitivité d'une entreprise est généralement définie comme sa capacité à faire face à la concurrence, c'est-à-dire, à maintenir et à accroître ses parts de marché face à la concurrence des autres entreprises nationales ou étrangères.
La compétitivité d'un État n'est pas synonyme de performance à l'exportation, contrairement à une idée largement répandue. L'Union européenne la définit[1] comme la capacité d'un État à améliorer durablement le niveau de vie de ses habitants et à leur procurer un haut niveau d'emploi et de cohésion sociale dans un environnement de qualité. Autrement dit, il s'agit de l'aptitude d'un territoire à maintenir et à attirer les activités et investisseurs au service de l'amélioration durable du bien-être des populations concernées.
Les économistes distinguent souvent deux types de compétitivité, tant pour les États que pour les entreprises :

- La compétitivité-prix, basée sur la capacité à produire des biens et services à des prix inférieurs à ceux des concurrents avec une qualité identique ;
- La compétitivité structurelle (ou hors-prix), basée sur la capacité à imposer ses produits sur un marché, non pas du fait de leur prix, mais en raison de leur qualité de leur innovation, des services attachés, etc.

Les facteurs de compétitivité, pour les entreprises comme pour les États, sont nombreux et interagissent entre eux : coût du travail, durée du temps de travail, organisation du travail et qualité du dialogue social, investissement en formation continue des salariés, coût des matières premières et de l'énergie, qualité des produits fabriqués, taux de change (qui impacte fortement le coût des importations et le prix des exportations), capacité des entreprises à trouver des financements et capitaux, effort de recherche et d'innovation dans les secteurs porteurs ainsi que le soutien à l'exportation, prise en compte des facteurs de développement durable, stabilité de l'environnement fiscal et social, existence d'une véritable politique industrielle. Plus généralement, il s'agit des politiques publiques améliorant le cadre dans lequel évoluent les acteurs économiques (qualité des infrastructures, des réseaux, des services publics…).

[1] Source : Avis du Conseil économique, social et environnemental sur la compétitivité, octobre 2011).

L'indice de compétitivité publié par le World Economic Forum (WEF)[1] concerne 140 pays. Il est établi en plusieurs étapes :

- Les deux tiers de la note finale obtenue par chaque État sont attribués par des dirigeants d'entreprises en fonction d'une centaine de critères qualitatifs et quantitatifs : indicateurs macroéconomiques, infrastructures, qualité du système éducatif, situation sociale, intensité de la recherche et développement… ;
- Le tiers restant est issu de données publiées par les grandes organisations internationales : le Fonds Monétaire International (FMI), l'Organisation de coopération économique des pays développés (OCDE) et l'Organisation mondiale de la santé (OMS).

L'indice de compétitivité est compris entre 0 et 100. La compétitivité d'un pays est d'autant plus élevée que l'indice WEF correspondant est proche de 100, et inversement s'il est proche de 0.
Graphique 15 ci-après représente le classement des pays africains, par ordre décroissant de leur indice de compétitivité.

Graphique 15 : Classement des pays africains selon leur indice de compétitivité

[1] Ou Forum économique mondial de Davos (Suisse).

Dans le classement 2018 de l'indice de compétitivité du WEF[1], les score et rang des dix premiers pays sont : États-Unis (86.6, 1er),
Singapore (83.5, 2e), Allemagne (82.8, 3e), Suisse (82.6, 4e),
Japon (82.5, 5e), Pays-Bas (82.4, 6e), Hong-Kong (82.3, 7e), Royaume-Uni (82.0, 8e), Suède (81.7, 9e) et Danemark (81.55, 10e).
Comme *Graphique 15* l'indique, les deux premiers pays africains dans ce classement mondial, c'est-à-dire, Maurice (63.7, 49e) et l'Afrique du Sud (61.8, 67e), n'arrivent que dans le deuxième tiers du classement. Ceci dénote tout le chemin qu'il reste à parcourir par la majorité des pays africains, pour être perçus comme étant compétitifs (au sens définis ci-dessus). En revanche, la bonne performance de Maurice dans ce domaine est à souligner.

10. Indice d'innovation globale

L'indice d'innovation globale (GII), publié en 2018 par l'Organisation mondiale de la propriété intellectuelle, en collaboration avec deux écoles de commerce internationales[2], concerne 126 pays dont 27 pays africains seulement.
L'indice d'innovation est compris entre 0 et 100. La capacité d'innovation d'un pays est d'autant plus élevée que son indice GII est proche de 100 et inversement s'il est proche de 0.
Graphique 16 ci-après fournit le classement des pays africains, par ordre décroissant de leur indice d'innovation globale.

---

[1] The Global competitiveness report 2018 – World Economic Forum.

[2] The Global Innovation Index 2018 – World Intellectual Property Organisation/Cornell SC Johnson College of Business/INSEAD.

Graphique 16 : Classement des pays africains selon leur indice d'innovation globale

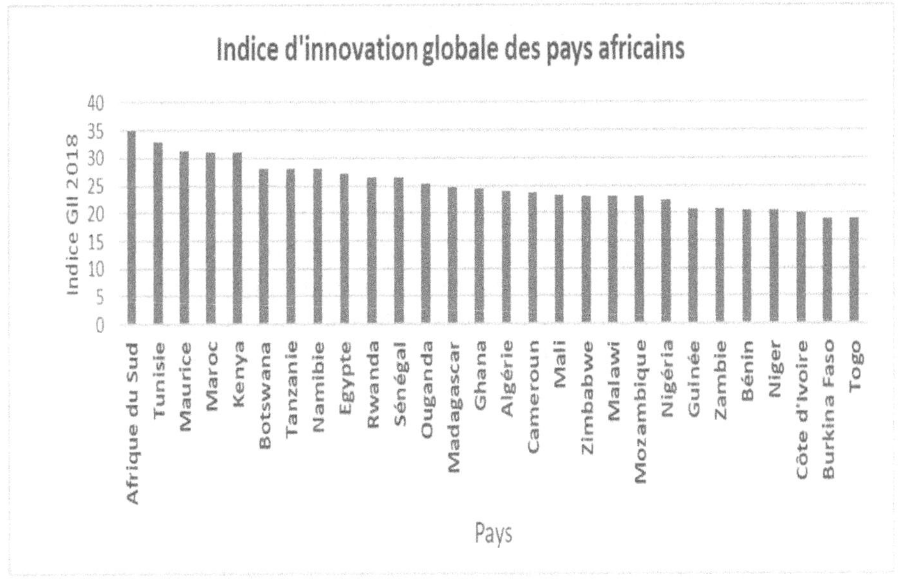

Dans le classement 2018, les score et rang des dix premiers pays sont : Suisse (68.40, 1er), Pays-Bas (63.32, 2e), Suède (63.08, 3e), Royaume-Uni (60.03, 4e), Singapore (59.83, 5e), États-Unis (59.81, 6e), Finlande (59.63, 7e), Danemark (58.39, 8e), Allemagne (58.03, 9e) et Irlande (57.19, 10e).

Par ailleurs, les données correspondant à *Graphique 16* indiquent que :

- Les 5 premiers pays africains sont :
  Afrique du Sud (35.13, 58e), Tunisie (32.86, 66e),
  Maurice (31.31, 75e), Maroc (31.09, 76e) et
  Kenya (31.07, 78e) ; ces pays n'arrivent que dans le deuxième tiers du classement ;
- Les 5 pays africains suivants sont :
  Botswana (28.16, 91e), Tanzanie (28.10, 92e),
  Namibie (28.03, 93e), Égypte (27.16, 95e) et
  Rwanda (26.54, 99e) ;
- Les autres pays africains figurant dans ce classement (soit 17 au total) se situent au-delà de la 100e place.

Comme pour la compétitivité, ce classement illustre tout le retard des pays africains en matière d'innovation dont on sait qu'elle concourt à la création de richesse d'une nation. D'ailleurs, on constate que les principaux pays innovants sont également les plus compétitifs à quelques exceptions près, notamment les quinze premiers.

11. Indice de développement des infrastructures

L'Indice de développement des infrastructures en Afrique (AIDI)[1] est publié par la Banque Africaine de Développement (BAD ou AfDB) et concerne exclusivement l'ensemble des 54 pays africains. Il permet notamment à la BAD de suivre et évaluer le développement des infrastructures sur le continent. Construit à partir de données collectées sur la période 2000-2015, l'indice 2018 est fondé sur la combinaison des quatre principaux indicateurs suivants : électricité, transport, technologies de l'information et des communications (TIC), eau et assainissement.
L'indice de développement des infrastructures est compris entre 0 et 100. Le niveau de développement d'un pays en infrastructures est d'autant plus élevé que son indice AIDI est proche de 100 et inversement s'il est proche de 0.
Graphique 17 ci-après illustre le classement des pays africains, par ordre décroissant de leur indice de développement des infrastructures.

---

[1] African Infrastructure Development Index (AIDI) - Décembre 2018 - www.afdb.org.

Graphique 17 : Classement des pays africains selon leur indice de développement des infrastructures

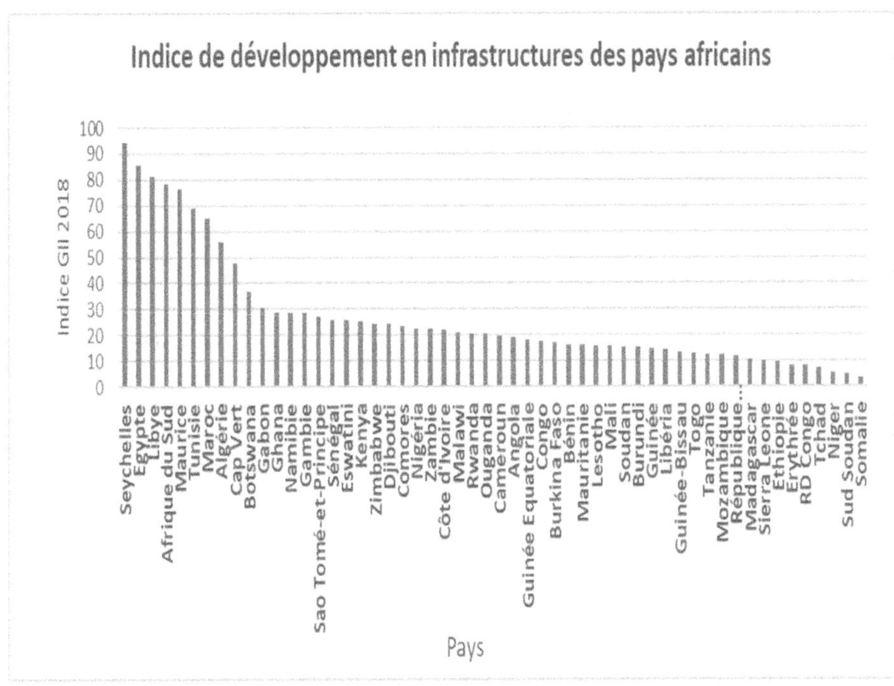

Dans le classement 2018, il ressort que :

- Les score et rang des dix pays du classement 2018 les mieux dotés en infrastructures sont :
  Seychelles (94.32, 1er), Égypte (85.85, 2e), Libye (81.41, 3e),
  Afrique du Sud (78.53, 4e), Maurice (76.79, 5e),
  Tunisie (68.98, 6e), Maroc (64.88, 7e), Algérie (55.79, 8e),
  Cap-Vert (47.96, 9e) et Botswana (36.79, 10e).
  Ce sont les mêmes pays que lors des deux derniers classements 2016 et 2017, dans le même ordre ; ils se distinguent par une performance robuste des investissements dans tous les secteurs. Parmi ces dix pays, cinq sont situés en Afrique du Nord et trois autres sont des pays insulaires où le tourisme constitue un pan important de l'économie. Ces derniers investissent donc traditionnellement dans les infrastructures pour attirer les touristes ;

- Le score de chacun des dix pays du classement 2018 les moins bien dotés en infrastructures se présente de la manière suivante, par ordre décroissant :
  RCA (11.95), Madagascar (10.73), Sierra Leone (9.94), Éthiopie (9.70), Érythrée (8.22), RDC (8.15), Tchad (7.24), Niger (5.31), Soudan du Sud (4.60) et Somalie (3.36).
  Ces pays sont caractérisés par de faibles performances en matière de TIC, de transport, d'énergie, d'approvisionnement en eau et assainissement.

Force est de constater qu'il y a des inégalités d'accès aux services d'infrastructures, avec une différence assez marquée entre les pays les plus performants et ceux les moins performants. De plus, une comparaison du développement global des infrastructures dans les cinq sous-régions africaines met en évidence des fortes disparités entre sous-régions, plaçant l'Afrique du Nord en tête avec la meilleure performance (70), suivie par l'Afrique australe (35), l'Afrique de l'Ouest (20), l'Afrique de l'Est (15) et l'Afrique centrale (10).
Graphique 18 et *Graphique 19* ci-après illustrent la relation entre la richesse économique (matérialisée ici par le PIB par habitant) et le développement des infrastructures d'un pays. Plus précisément, ces deux représentations graphiques mettent en évidence l'importance des infrastructures dans le processus de développement d'un pays et permettent de visualiser quelques « anomalies » économiques. C'est ainsi qu'il en ressort notamment que :

- La Guinée Équatoriale et le Gabon sont des pays relativement riches mais insuffisamment dotés en infrastructures ;
- Le Nigeria est un poids lourd de l'économie africaine qui souffre d'un déficit en infrastructures.

Graphique 18 : Relation entre la richesse économique par habitant et l'indice de développement des infrastructures des pays africains

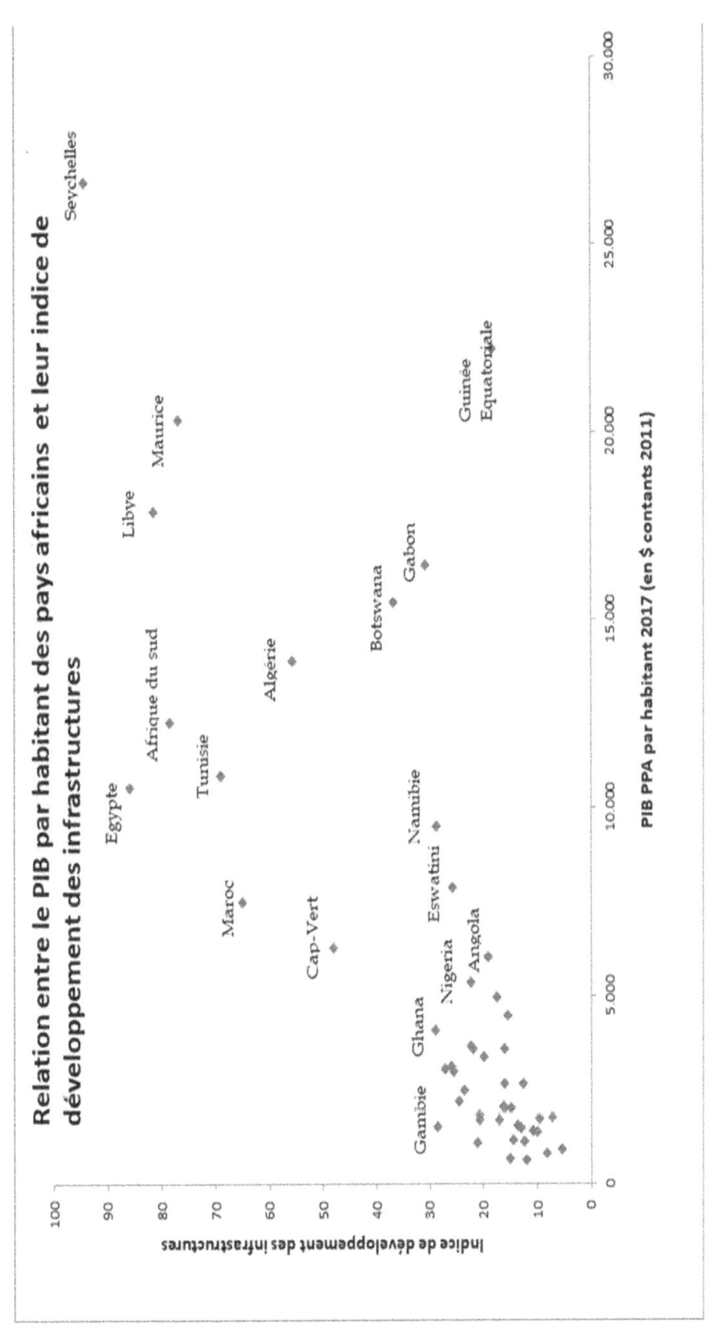

Graphique 19 : Relation entre la richesse économique par habitant et l'indice de développement des infrastructures des pays africains

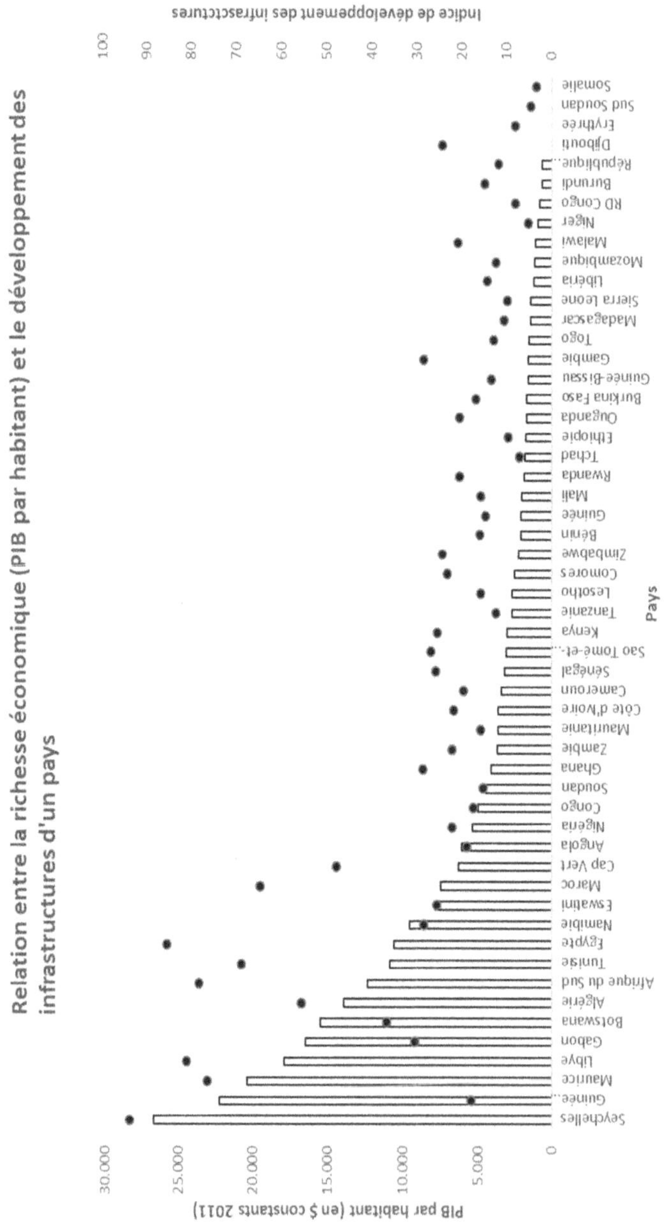

L'analyse précédente portant sur les principaux indices de performance des pays africains permet d'identifier et d'apprécier les facteurs ayant un rôle essentiel dans le processus de développement des pays africains. À mon sens, le préalable pour amorcer le développement des pays africains est le développement de leurs infrastructures pour la plupart d'entre eux, sachant que ceux-ci ont accumulé un retard considérable. En effet, le développement au travers de l'industrialisation ne saurait se faire sans infrastructures de qualité (routes/autoroutes, eau, énergie, télécommunication). En plus de ce manque d'infrastructures, il ressort clairement que la grande majorité des pays africains (y compris ceux ayant d'excellentes infrastructures) ont encore d'importants efforts à consentir pour améliorer la qualité de leur gouvernance. En même temps, ces pays doivent absolument s'attaquer à l'éradication de la corruption, du moins à la réduction de celle-ci, un fléau qui les gangrène économiquement et socialement. Enfin, pour jeter les bases d'un développement à long terme, ils ont intérêt à progresser rapidement en compétitivité et en innovation, car ce sont des domaines dans lesquels ils ont accumulé un retard abyssal au niveau mondial.

II. Analyse de la performance globale des pays africains

1. Analyse statistique des 54 pays africains par rapport à l'ensemble des indices considérés : Analyse en composantes principales

Après avoir analysé la performance individuelle de chaque pays africain, à partir de dix des onze indices présentés précédemment, il m'a semblé utile d'effectuer une analyse en composantes principales de l'ensemble des pays par rapport aux indices considérés.

L'analyse en composantes principales (ACP) est une technique statistique extrêmement puissante de compression et de synthèse de l'information, très utile lorsque l'on est en présence d'un nombre important de données quantitatives à traiter et à interpréter.

Une ACP se fait à partir d'une population donnée, composée d'individus décrits par un certain nombre de variables. Dans notre cas, la population étudiée est constituée des 54 États africains, chaque État étant considéré comme un individu (statistique) ; les variables retenues pour étudier notre cette population correspondent aux sept indices suivants (qui ont déjà été analysés précédemment) : perception de la corruption, gouvernance globale, démocratie, PIB par habitant, compétitivité et développement en infrastructures (cf. données en Annexe 1).

Le but de cette ACP est de voir comment les 54 pays africains se répartissent dans un plan[1] donné, compte tenu de ces sept variables (indices). De ce fait, l'ACP est une analyse factorielle, en ce sens qu'elle produit des facteurs (ou axes principaux) qui sont des combinaisons linéaires des variables initiales (les sept indices), hiérarchisées et indépendantes les unes des autres.

Dans *Tableau 10* ci-après, les variables Var1, Var2, Var2, Var4, Var5, Var6 et Var7 correspondent aux sept indices retenus dans le cadre de cette ACP. On a respectivement :
Var 1 : PIB par habitant ;
Var 2 : Développement humain ;
Var 3 : Corruption ;
Var 4 : Gouvernance ;
Var 5 : Compétitivité ;
Var 6 : Démocratie ;
Var 7 : Infrastructures.

Tableau 10 : Matrice des corrélations entre les sept indices de départ

	Var1	Var2	Var3	Var4	Var5	Var6	Var7
Var1	**1.0000**	0.8028	0.3251	0.1805	0.6165	0.1569	0.7278
Var2	0.8028	**1.0000**	0.4931	0.4565	0.7241	0.4093	0.8295
Var3	0.3251	0.4931	**1.0000**	0.8799	0.5733	0.6475	0.5042
Var4	0.1805	0.4565	0.8799	**1.0000**	0.5253	0.7484	0.4687
Var5	0.6165	0.7241	0.5733	0.5253	**1.0000**	0.4668	0.7301
Var6	0.1569	0.4093	0.6475	0.7484	0.4668	**1.0000**	0.3230
Var7	0.7278	0.8295	0..5042	0.4687	0.7301	0.3230	**1.0000**

Tableau 10 fournit la matrice des corrélations permettant d'analyser les relations bilatérales existant entre les différentes variables retenues. Par exemple, on constate que le coefficient de corrélation entre le PIB par habitant (Var1) et l'indice de développement (Var2) est de 0.8028 ; ce qui signifie que ces deux variables sont fortement corrélées, c'est-à-dire, qu'elles varient fortement dans le même sens de variation (aussi bien à la hausse qu'à la baisse). En revanche, le PIB par habitant (Var1) est très faiblement corrélé à l'indice de démocratie (Var6), le coefficient de corrélation entre ces deux variables étant 0.1569 ; ce qui traduit que la relation (linéaire) entre la croissance économique et la démocratie est positive, mais faible.

[1] i.e. un espace de dimension 2 composé de deux axes : axe des abscisses (horizontal) et axe des ordonnées (vertical).

Tableau 11 : Valeurs propres et pourcentage de variance expliquée par les quatre premiers axes factoriels

N° de l'axe principal ou facteur (k)	Nom de l'axe principal ou facteur	Valeur propre (λ_k)	Part de la variance totale expliquée $\lambda_k / \sum \lambda_i$	Part de la variance totale expliquée (% cumulé)
1	**Facteur 1**	**4.34452879**	**62.06%**	**62.06%**
2	**Facteur 2**	**1.50695511**	**21.53%**	**83.59%**
3	Facteur 3	0.38065763	5.44%	89.03%
4	Facteur 4	0.31563685	4.51%	93.54%

D'après *Tableau 11*, la part de variance expliquée par les deux premiers axes principaux (ou facteurs) est de 83.59% ; ce qui représente une valeur très élevée et qui signifie que ces deux facteurs (Facteur 1 et Facteur 2) expliquent à eux seuls 83.59% de l'information fournie par l'ensemble des sept axes factoriels possibles. Par conséquent, on peut se contenter de retenir ces deux facteurs pour l'analyse, l'information contenue sur les cinq autres facteurs - parmi lesquels Facteur 3 et Facteur 4 - pouvant être considérée comme étant résiduelle ou négligeable, car représentant une part de variance égale à 16.41%[1].

Pour chacun des deux facteurs retenus, la lecture des corrélations avec les sept variables permet de déterminer leur signification concrète. On peut observer sur le cercle des corrélations (cf. *Graphique 20*) entre les deux premières composantes principales (ou facteurs) et les sept variables que le facteur 2 (Component 2 sur le graphique) apparaît comme un indicateur séparant les variables en deux sous-groupes.

[1] Ce pourcentage correspond à la part de variance expliquée par les cinq autres axes principaux (sur les sept possibles de l'ACP effectuée), c'est-à-dire, les facteurs Facteur 3, Facteur 4, Facteur 5, Facteur 6 et Facteur 7. Il est égal à 100 moins la variance expliquée par les deux premiers axes, Facteur 1 et Facteur 2 (83.59%).

Graphique 20 : Corrélations entre les sept variables et les facteurs 1 et 2 (Component 1 et Component 2)

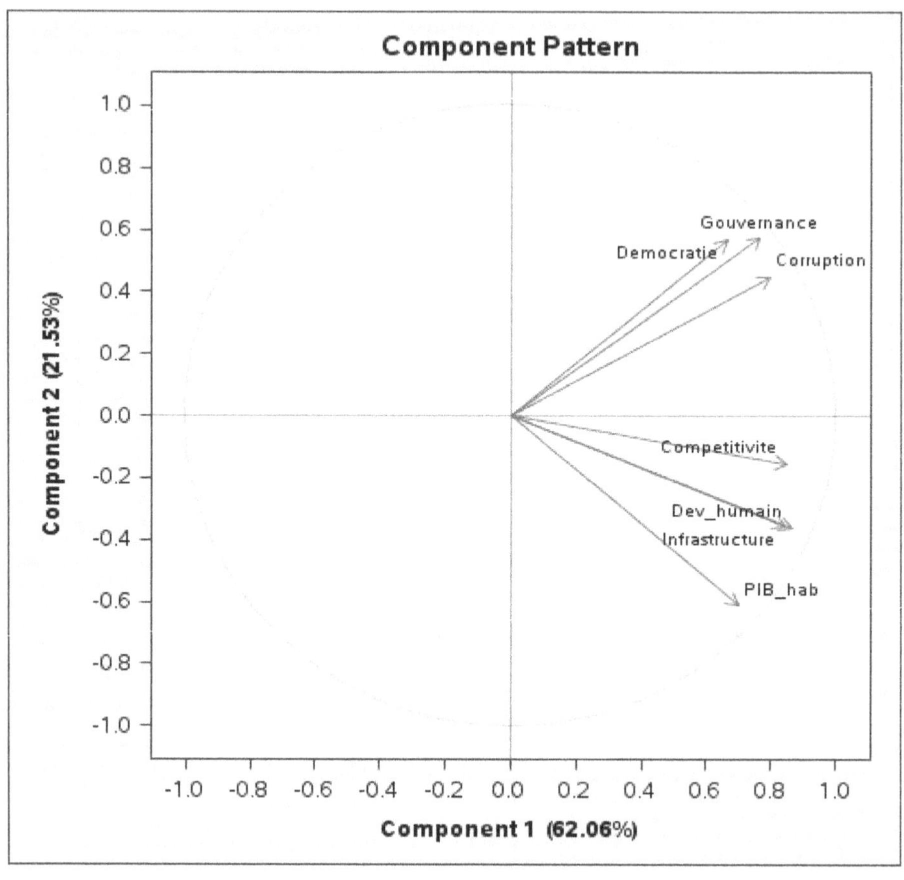

Tableau 12 : Coordonnées des vecteurs propres correspondant aux quatre premiers facteurs

	Vecteurs propres correspondant aux quatre premiers facteurs			
Variables	**Facteur 1**	**Facteur 2**	**Facteur 3**	**Facteur 4**
PIB/hab.	0.335202	-0.497362	0.057576	0.392352
Dév. Humain	0.415186	-0.296061	0.175396	0.260623
Corruption	0.383487	0.363410	-0.515682	0.134503
Gouvernance	0.367986	0.468484	-0.270516	0.084549
Compétitivité	0.408229	-0.125856	0.104510	-0.855566
Démocratie	0.319230	0.461304	0.759578	0.138161
Infrastructures	0.405247	-0.291195	-0.197317	-0.042581

En projetant [1] les sept vecteurs sur l'axe correspondant au Facteur 1 (ou Component 1, dans *Graphique 20*), on constate des corrélations positives importantes (toutes comprises entre 0.3192 et 0.4152, comme indiqué dans *Tableau 12*). Ce qui signifie que chacune des sept variables considérées (corruption, gouvernance, démocratie, PIB par habitant, infrastructures, compétitivité et développement humain) contribue positivement à l'explication de la valeur économique d'un pays.

En procédant de la même manière pour le Facteur 2 (ou Component 2, dans *Graphique 20*), on constate d'une part, des corrélations positives avec des indicateurs de gouvernance, et d'autre part, des corrélations négatives avec des indicateurs économiques. Ce qui signifie que le Facteur 2 permet de distinguer les pays selon deux critères généraux :

- Un critère de gouvernance (corruption, gouvernance et démocratie) ;
- Un critère économique (PIB par habitant, infrastructures, compétitivité et développement humain).

[1] Il s'agit d'une projection orthogonale.

Graphique 21 : Coordonnées des pays africains sur les deux premiers factoriels

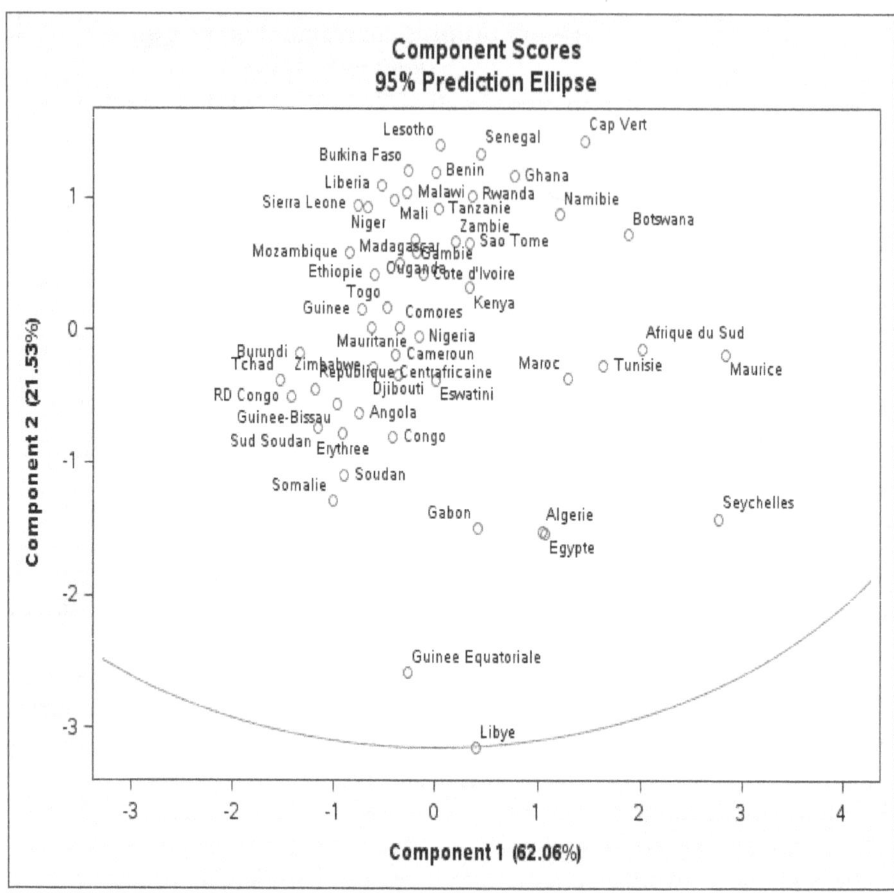

La projection des coordonnées des individus statistiques étudiés (i.e. chacun des 54 pays africains) sur les deux premiers axes principaux, Component 1 (ou Facteur 1) et Component 2 (ou Facteur 2), donne la représentation graphique ci-dessus (cf. *Graphique 21*). On peut en tirer plusieurs enseignements sur les différents pays.

En se focalisant sur ces deux premiers axes principaux, il ressort que :

- Les pays les plus à droite dans le graphique ont une meilleure situation économique par rapport aux autres, parmi lesquels : Maurice, Seychelles[1], Afrique du Sud, Botswana, Tunisie, Cap-Vert, Maroc, Namibie, Algérie, Égypte et Ghana ;
- Les pays les plus en haut dans le graphique ont une meilleure gouvernance générale (gouvernance, démocratie, corruption) par rapport aux autres, notamment : Cap-Vert, Lesotho, Sénégal, Burkina Faso, Bénin et Ghana ;
- Les pays combinant le mieux gouvernance et performance économique sont : Botswana, Cap-Vert, Namibie, Ghana, Sénégal et Rwanda ;
- Les pays les plus à gauche dans la partie inférieure du graphique, c'est-à-dire, dont l'ordonnée (Component 2) est comprise entre -1 et 0, sont les moins performants, aussi bien économiquement qu'en ce qui concerne la gouvernance. Il s'agit notamment des pays suivants : Tchad, RD Congo, République Centrafricaine, Burundi, Zimbabwe, Sud Soudan et Somalie ;
- Le Gabon et la Guinée Équatoriale sont des « anomalies » économiques au sens où ceux-ci constituent des pays extrêmement riches en matières premières (pétrole, bois...), mais dont la qualité de la gouvernance empêche un développement économique véritablement inclusif ;
- La Libye est la moins performante sur le plan de la gouvernance ; ce qui n'est pas surprenant ; en réalité, le pays a été déstabilisé politiquement en 2011 à la suite de l'intervention militaire injustifiée de la Communauté internationale, sous l'égide de l'ONU, au travers de la résolution 1973 de son conseil de sécurité qui a été outrepassée par la France et la Grande-Bretagne. Pourtant la Libye a un potentiel de développement considérable, car étant riche en matières premières et parmi les pays africains les mieux dotés en infrastructures.
- L'Algérie et l'Égypte, dans une moindre mesure que la Libye, souffrent également de problème de gouvernance, alors que ces deux pays ont tout le potentiel pour s'ériger comme des moteurs de l'économie du continent africain.

[1] Il convient de préciser au lecteur que Seychelles devrait normalement se retrouver à un niveau au moins équivalent à celui de Maurice en ce qui concerne la gouvernance globale, caractérisée par le premier axe principal (Component 1, sur le graphique). En effet, pendant l'analyse, du fait d'une donnée manquante pour la variable « démocratie », Seychelles a été pénalisée en remplaçant cette donnée manquante par la valeur moyenne de cette variable.

2. *Classement des pays par rapport à l'ensemble des indices considérés*

En complément de l'analyse en composantes principales précédente, il m'a semblé utile de construire un indice synthétique (donc théorique). Cet indice permet d'apprécier la performance globale de chaque pays africain, à partir de l'ensemble des indices de performance couvrant les différents domaines considérés. Il est calculé comme une combinaison linéaire des différents indices considérés.

Dans cette perspective, pour chacun des pays, j'ai considéré les indices (cf. données en Annexe 1) pondérés de la manière suivante :

- Indice des inégalités : X_1 ayant pour poids $x_1 = 0\%$[1] ;
- Indice de perception de la corruption : X_2 ayant pour poids $x_2 = 15\%$;
- Indice de gouvernance globale : X_3 ayant pour poids $x_3 = 10\%$;
- Indice de facilité des affaires[2] : X_4 ayant pour poids $x_4 = 7.5\%$;
- Indice de démocratie : X_5 ayant pour poids $x_5 = 7.5\%$;
- Taux de croissance du PIB par habitant sur la période 2000-2017 avec parité de pouvoir d'achat, en valeurs constantes 2011 : X_6 ayant pour poids $x_6 = 5\%$;
- PIB par habitant 2017 en $: X_7 ayant pour poids $x_7 = 5\%$;
- Indice d'innovation : X_8 ayant pour poids $x_8 = 0\%$[3] ;
- Indice de compétitivité : X_9 ayant pour poids $x_9 = 15\%$;
- Indice de développement humain : X_{10} ayant pour poids $x_{10} = 20\%$;
- Indice de développement en infrastructures : X_{11} ayant pour poids $x_{11} = 15\%$.

De cette pondération (d'autres pondérations étant envisageables), il ressort qu'on a deux groupes de variables (ou indices de performance) :

- Un groupe de variables représentant la performance par rapport au cadre institutionnel et à l'organisation du pays, constitué des quatre variables X_2, X_3, X_4 et X_5, représentant un poids total de 40% ;
- Un groupe de variables représentant la performance économique du pays, constitué des variables X_6, X_7, X_9, X_{10} et X_{11}, correspondant à un poids total de 60%.

[1] Il a été constaté que l'indice sur les inégalités est non corrélé avec les autres indices.
[2] Correspond à l'indice « Doing Business » publié annuellement par la Banque Mondiale.
[3] Indice non pris en compte car renseigné pour 28 pays africains seulement (sur 54).

Ensuite, chacune des variables X_i (i variant de 1 à N=11) a été statistiquement normalisée, c'est-à-dire transformée en une nouvelle variable (indice de performance normalisé), Z_i, ayant pour composantes Z_i^j, $j \in \{1, 2 \ldots, 54\}$; le chiffre 54 représentant le nombre de pays africains.

Où : $Z_i^j = \frac{X_i^j - Min(X_i)}{Max(X_i) - Min(X_i)}$ avec

X_i^j est la valeur de l'indice X_i pour le pays africain j

Z_i^j est la valeur de l'indice X_i normalisé pour le pays africain j

$$Min(X_i) = valeur\ minimum\ de\ l'indice\ X_i$$

$$= Min(X_i^j), j \in \{1, 2 \ldots, 54\}$$

$$Max(X_i) = valeur\ maximum\ de\ \ l'indice\ X_i$$

$$= Max(X_i^j), j \in \{1, 2 \ldots, 54\}$$

L'indice synthétique résultant est le vecteur Y qui correspond à la combinaison linéaire des variables Z_i, pondérées par leurs poids respectifs x_i (i variant de 1 à N=11). Soit :

$$Y = x_1 * Z_1 + x_2 * Z_2 + .. + x_{10} * Z_{10} + x_{11} * Z_{11}$$

Ainsi, un pays africain $j \in \{1, 2 \ldots, 54\}$ a pour indice synthétique global :

$$Y^j = x_1 * Z_1^j + x_2 * Z_2^j + .. + x_{10} * Z_{10}^j + x_{11} * Z_{11}^j$$

Finalement, les valeurs du vecteur Y correspondent aux différents pays africains - c'est-à-dire, les $Y^j, j \in \{1, 2 \ldots, 54\}$ - sont classées par ordre décroissant, i.e. du plus performant au moins performant. Il en résulte la représentation graphique ci-après (cf. *Graphique 22*).

Graphique 22 : Classement des pays africains en fonction des différents indices de performance

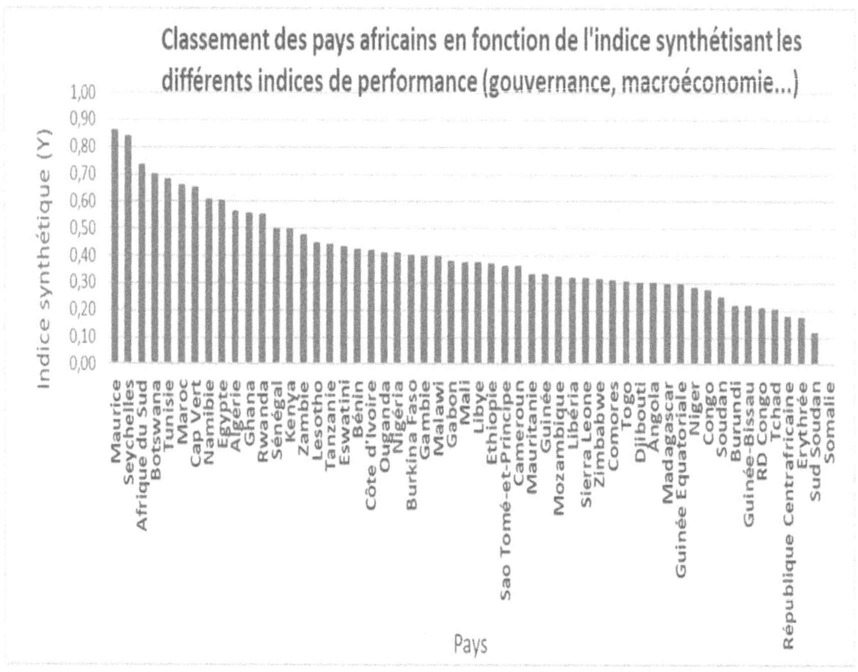

C'est typiquement ce genre d'analyse que les cabinets de conseil en investissement et les analystes financiers effectuent pour structurer leur opinion en matière d'investissement. Et comme on peut le constater, les résultats obtenus au travers de cet indice synthétique sont cohérents avec l'analyse en composantes principales (ACP) présentée dans le paragraphe précédent.

Finalement, cette deuxième analyse est complémentaire à la première qui est purement statistique (fondée sur l'ACP). Ces deux techniques pourront être utilisées régulièrement par des universitaires ou professionnels, afin notamment d'actualiser l'évolution des pays africains dans les différents domaines abordés (gouvernance et développement économique).

« Kgosi ke kgosi ka morafe»

i.e. « Le chef est le chef par le peuple »

Devise tirée de ta tradition démocratique de l'ethnie « Tswana »

Dossier 2

MODÈLE DE DÉVELOPPEMENT DU BOTSWANA

I. Présentation du Botswana actuel

Ayant pour capitale Gaborone, le Botswana est un pays enclavé de l'Afrique australe, entouré de l'Afrique du Sud, la Namibie, le Zimbabwe, l'Angola et de la Zambie. Sa superficie est de 581 730 km2. Sa population, qui était de 2.33 millions d'habitants en 2018[1], est majoritairement composée de la tribu des Tswana. Son territoire est principalement recouvert par le désert du Kalahari et le delta de l'Okavango. Devenu indépendant le 30 septembre 1966, le Botswana était, d'un point de vue économique, parmi les pays les plus pauvres du monde, au moment de son indépendance. Fort heureusement, celui-ci a bénéficié de la vision de ses dirigeants qui ont pratiqué une excellente gestion de sa manne diamantifère découverte au lendemain de son indépendance. Ce qui a permis au Botswana de réaliser des performances économiques exceptionnelles, comparables à celles de la Chine et la Corée du Sud. Pourtant, bien avant son indépendance, l'économie du Botswana reposait essentiellement sur l'exploitation de son cheptel bovin. Actuellement - i.e. en 2019 -, selon le classement de la Banque Mondiale, le Botswana est rangé dans la catégorie des « pays à revenus intermédiaires, économiquement plus prospères ». Malgré cette croissance soutenue pendant cinquante ans, à compter de son indépendance, le Botswana est confronté à de nombreux défis, notamment la réduction des fortes inégalités sociales persistantes dans la population et la diversification de son économie ; celle-ci étant menacée par les projections d'extinction de ses réserves de diamants à l'horizon 2025. Enfin, sur le plan institutionnel, le Botswana est considéré comme un exemple de démocratie parlementaire authentique et stable.

[1] Selon la Banque Mondiale.

Graphique 23 : Carte géographique du Botswana

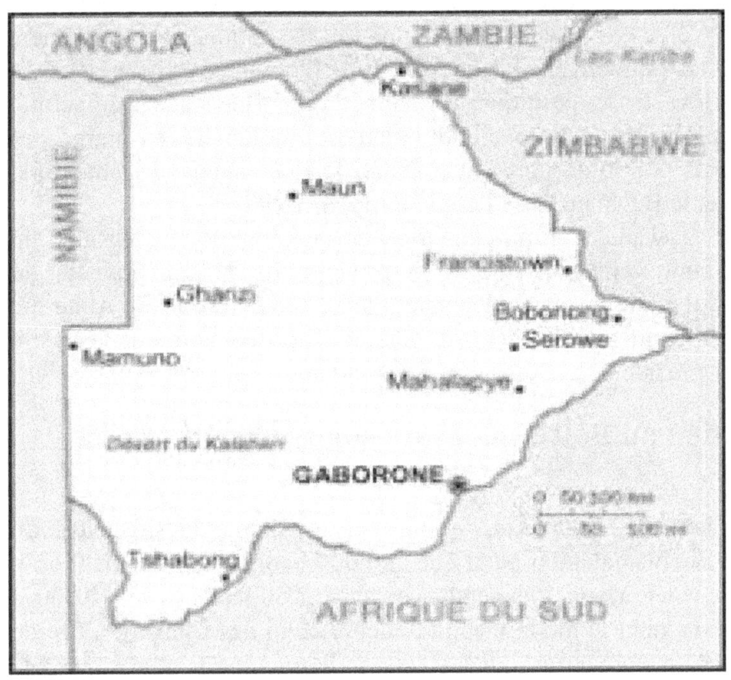

Dans la suite, nous nous attachons à expliquer les principaux facteurs ayant concouru au développement du Botswana.

II. Décolonisation du Botswana

Le Botswana, de son ancien nom, Bechuanaland, est un ancien protectorat britannique né à partir de quatre grandes chefferies Tswana (Mangwanto, Ngwaktse, Kwena et Kgatla) progressivement constituées par des alliances, le commerce et des guerres. Elles ont été stabilisées au XIXe siècle, avant de se retrouver confrontées aux colons Boers et à l'administration britannique.

En effet, pour résister à l'expansionnisme foncier des Boers, les chefs Tswana avaient demandé et obtenu la protection britannique en 1885, sous la forme de protectorat du Bechuanaland. En 1895, trois chefs Tswana, Bothoen I (Ngwaketse), Sebele I (Kwena) et Khama III (Ngwato), se rendirent en Angleterre avec les missionnaires Edwin Lloyd et William C. Willoughby pour protester contre l'annexion par Cecil Rhodes du Bechuanaland en colonie anglaise. C'est ainsi que les Britanniques décidèrent finalement de se contenter d'instaurer un gouvernement parallèle entre le Bechuanaland et l'Afrique du Sud. Toutefois, entre 1934 et 1938, à travers les « Proclamations 74 et 75 », l'administration britannique essaya d'infléchir le pouvoir des chefs traditionnels en réduisant leur autorité concernant notamment leurs droits aux taxes locales et la vente de bétail.

En 1948, Seretse Khama, le chef des Ngwato, épousa l'Anglaise Ruth Williams. De ce fait, il fut déchu de son trône en 1950 par le gouvernement colonial et envoyé en exil, car deux ans plus tôt, les nationalistes afrikaners avaient accédé au pouvoir en Afrique du Sud. Il revint d'exil en 1956 et commença à s'investir en politique, formant le parti Botswana Democratic Party (BDP) qui était soutenu par l'administration coloniale, en marge des deux autres partis politiques créés bien avant, le Bechuanaland Democratic Party en 1959, et le Bechuanaland People Party en 1960.
La Pression des Tswana et la proclamation de la République d'Afrique du Sud en 1961 sont venues accélérer le principe de la souveraineté du Bechuanaland qui allait devenir indépendant le 30 septembre 1966. Au terme d'une élection présidentielle, Seretse Khama fut démocratiquement élu comme premier président du Botswana indépendant.

III. Situation du Botswana avant son indépendance en 1966

D'une superficie de 712 000 km2 – une fois et demie la superficie du Cameroun – le Bechuanaland n'avait que 300 000 habitants au moment où il s'apprêtait à accéder à son indépendance, avec 2 500 blancs et 40 000 à 50 000 Bochimans dont le mode vie était encore celui des tribus de l'âge de la pierre taillée. La population qui était assez homogène (l'ethnie Tswana représentant 80% de la population) pratiquait une agriculture de subsistance, essentiellement axée sur l'exploitation d'un abondant cheptel et sur la culture des produits vivriers tels que le maïs ou les agrumes. Les ressources minières comportaient l'or, l'argent et l'amiante.
Lorsque le Botswana accédait à l'indépendance en 1966, après quatre-vingts ans passés sous protectorat anglais, il figurait parmi les vingt pays les plus pauvres et les moins avancés de la planète, sur le plan économique. Alors que 93% de la population active était employée dans l'agriculture, le Botswana n'était pas autosuffisant sur le plan alimentaire et les revenus des travailleurs employés dans les mines sud-africaines constituaient l'essentiel de ses maigres ressources extérieures. C'est ainsi que l'annonce de son indépendance a suscité des questions quant à sa capacité à assumer son indépendance[1], à relever les défis qui se posaient à lui, à savoir : la mise en valeur du pays, la gestion des relations de ses dirigeants avec le gouvernement sud-africain et la stabilité politique du Botswana.
Effectivement, sur le plan des relations avec le gouvernement sud-africain, les ressortissants du Botswana n'étaient pas exclus de la loi sud-africaine de 1947 des « indigènes étrangers » dont l'entrée était interdite en Afrique du

[1] Le Monde Diplomatique (mars 1966, page 11) titrait « Le Bechuanaland s'apprête à affronter l'épreuve de l'indépendance ».

Sud. Cette dernière, au risque de faire faillite, ne pouvait pas se permettre d'ériger une frontière avec le Botswana dont la moitié de la main-d'œuvre travaillait dans les mines et les exploitations agricoles sud-africaines. De surcroît, cette main d'œuvre était à bas coût pour l'Afrique du Sud qui ployait, elle-même, sous le poids de l'apartheid. Le Botswana importait la totalité de sa consommation et exportait toute la production de son abattoir public, la Botswana Met Corporation, qui était la seule et unique entreprise. La viande de boucherie du Botswana était offerte sur le marché sud-africain et bénéficiait des prix minimums garantis par la République sud-africaine. L'Afrique du Sud accordait ainsi au Botswana un pourcentage fixe de ses ressources douanières. Les chemins de fer appartenaient au réseau de l'Afrique du Sud. Les transports aériens étaient entre les mains des compagnies privées sud-africaines, et les transports routiers, sous la supervision du ministère sud-africain des chemins de fer. De plus, dans le cadre d'une véritable union douanière liant l'Afrique du Sud au Botswana, les deux pays utilisaient la même unité monétaire, le rand sud-africain. De cette manière, le Botswana bénéficiait de la stabilité monétaire sud-africaine, d'une balance des comptes régulièrement équilibrée et d'un accès facile aux marchés de capitaux. Ses produits étaient versés dans la masse commune des exportations sud-africaines. Face à cette situation, en prenant son indépendance, le Botswana devait tout créer de lui-même à grands frais, et cesser de profiter directement ou indirectement de l'infrastructure sud-africaine, des transports, des communications, des institutions financières et commerciales.

Par ailleurs, au moment d'accéder à l'indépendance, le Botswana était non seulement confronté à de graves difficultés de ravitaillement du fait qu'il soit couvert en grande partie par le désert du Kalahari, mais également, avait perdu la moitié de son cheptel bovin à la suite d'une sécheresse catastrophique. De plus, la famine avait commencé à décimer certaines tribus les plus défavorisées, poussant la Grande-Bretagne et les États-Unis à envoyer sur place 6 000 tonnes de produits alimentaires.

Du coup, on comprend mieux le pessimisme qui régnait au moment de l'indépendance du Botswana. D'ailleurs, les anciennes générations[1] qui avaient assisté à la cérémonie de passation de pouvoirs le 30 septembre 1966 racontent combien les Anglais étaient pressés de quitter ce territoire enclavé de l'Afrique Australe, sans grande perspective d'avenir, où il ne se passait jamais rien. « Nothing happens there », avaient coutume de répéter les administrateurs anglais.

[1] En l'occurrence, M. Kitumile Masire qui fut le deuxième président du Botswana après l'indépendance, à partir de 1980 après le décès M. Seretse Khama, le père de l'indépendance.

IV. Processus de développement du Botswana après 1966

Comme par miracle, un an après son indépendance, le Botswana fit la découverte de deux gisements de diamant à Orapa et à Letlhakane, mis en exploitation en 1971 et 1977 respectivement. Du cuivre fut également découvert en 1967 à Selibi-Phikwe. Ce miracle allait s'amplifier avec la découverte en 1973 du gisement exceptionnel de diamants de Jwaneng, mis en exploitation en 1982, qui constitue la plus grande mine de diamants mise à jour depuis un siècle et l'un des premiers sites au monde pour la qualité de ses gemmes. A partir de 1968, le gouvernement entama des réformes structurelles, notamment en votant la loi « Tribunal Land Act », créant des conseils régionaux chargés des domaines, afin d'assurer les attributions des terrains qui étaient, autrefois, une prérogative royale. En 1973, l'exploitation du charbon de la mine de Morupule permit l'approvisionnement en électricité par la principale centrale du pays. En lançant en 1976 sa propre monnaie, le pula, le Botswana cessa dès lors d'utiliser le rand sud-africain. Pour assurer la défense du pays, le président Seretse Khama établit la Botswana Defense Force (BDF) et nomma son fils, Ian Seretse Khama, à la tête de cette institution dont le but principal était d'assurer la défense du pays contre l'attaque des régimes blancs de Rhodésie, Afrique du Sud et Namibie, ainsi que de riposter à tout problème relatif à la guerre civile d'Angola en cours.

En 1980, le président Seretse Khama décéda. Il fut remplacé par le Vice-président Kitumile Masire. Deux ans plus tard, une autre mine de diamant à Jwaneng, la plus riche du monde, commençait ses opérations. A l'issue de l'élection présidentielle de 1982 remportée par le parti BDP, Kitumile Masire était réélu comme président.

V. Une démocratie parlementaire authentique

Depuis son indépendance le 30 septembre 1966, le Botswana est une démocratie parlementaire et un véritable État de droit dont la Constitution a très peu été révisée depuis cette date. Celle-ci garantit à chaque citoyen, les libertés de conscience (article 11), d'expression (article 12), d'association (article 13) et de circulation (article 15). Elle protège le droit de la propriété (article 8) ainsi que l'inviolabilité du domicile (article 9). Elle reconnaît le droit de chacun à une vie décente et interdit toute forme de discrimination. Le respect de ces droits est assuré par une justice et une presse indépendantes. En réalité, le Botswana n'a jamais interdit un parti politique et ne connaît aucun prisonnier politique.

C'est une démocratie parlementaire multiraciale dont le fonctionnement s'inspire des institutions britanniques. Le Parlement est composé de deux chambres : l'Assemblée nationale et la Chambre des Chefs, composées de 44 et 15 membres respectivement. Chaque projet de loi est examiné trois fois. Le président de la République est choisi par l'assemblée en son sein, contrôle le pouvoir exécutif et nomme les ministres qui sont issus du Parlement. Il nomme également le Vice-président qui est en quelque sorte son adjoint. Ce dernier lui succède jusqu'au terme du mandat en cours, en cas d'empêchement ou de décès[1]. Par ailleurs, le Vice-président est le Chef de la majorité à l'Assemblée, à la place du président de la République, qui n'y est pas souvent. Ce dernier a la faculté de dissoudre l'Assemblée nationale (ou Chambre basse). Inversement, l'Assemblée nationale peut présenter une motion de défiance dont l'adoption emporte, ou bien démission du gouvernement, ou bien, si celui-ci refuse, dissolution de l'Assemblée ; ce qui entraîne de facto un renouvellement du gouvernement. Les institutions de cette démocratie fonctionnent sans heurt. Depuis son indépendance en 1966, le Botswana a connu l'alternance après le décès du père de l'indépendance, Sir Seretse Khama, le 13 juillet 1980. Ses successeurs sont : Kitumile Masire, en remplacement du président décédé en tant que Vice-président (de juillet 1980 à mars 1984), élu ensuite comme président, puis réélu deux fois pour 5 ans (de septembre 1984 à mars 1998) ; M. Festus Mogae, élu puis réélu une fois pour 5 ans (d'avril 1998 à mars 2008) ; M. Ian Seretse Khama, élu puis réélu une fois pour 5 ans (d'avril 2008 à mars 2018) ; M. Mogkweetsi E. Masisi, élu président depuis le 1er avril 2018.

La réussite de cette démocratie parlementaire s'explique par le fait que ses institutions sont le fruit d'une longue tradition de discussion et de recherche de consensus. En effet, bien avant le protectorat britannique, les pouvoirs des Chefs étaient limités et la vie des villages était gouvernée par la « Kgotla », c'est-à-dire, l'assemblée régulière des membres du clan, à l'ombre de l'arbre central du village, où les hommes de la communauté pouvaient discuter librement des décisions les concernant[2]. Les Chefs n'étaient pas tenus de respecter le point de vue majoritaire, mais leurs décisions s'en écartaient d'autant plus rarement que des chefs despotiques pouvaient être révoqués. De plus, le fait que les minoritaires avaient la faculté de s'établir ailleurs incitait ardemment à privilégier la persuasion et la concertation, au lieu de l'affrontement direct. Cette tradition de concertation s'incarne aujourd'hui dans les larges consultations régulièrement organisées pour répondre aux grandes questions portant sur l'avenir de la nation.

[1] Comme ce fut le cas avec le décès du père de l'indépendance du Botswana.

[2] Le Botswana. Marie-Lory, Editions Khartala, 1994.

C'est ainsi que la Chambre de Chefs du Parlement est constituée de :

- Huit Chefs traditionnels des principales tribus (Bakgatla, Bamalete, Bakwena, Bamangwato, Bangwaketse, Barolong, Batawana et Batakwa) du Botswana énumérées par la Constitution qui sont membres de droit ;
- Sept membres élus soumis à renouvellement lors de chaque élection législative.

La Chambre des Chefs est obligatoirement consultée en cas de révision de la Constitution, ainsi que pour tous les textes relatifs au droit coutumier, au droit familial, au régime de propriété des sols et à certains aspects du droit civil. Ses membres peuvent également traiter tout sujet pertinent à leur sens. Ils ont le pouvoir de convoquer les membres du gouvernement. Cette Chambre consultative exerce une influence considérable. Les députés évitent de s'opposer frontalement aux Chefs traditionnels (« Kgosi ») dont ils sont par ailleurs sujets. La légitimité de la Chambre des Chefs est d'autant plus importante que chaque Chef consulte régulièrement sa tribu lors d'assemblées traditionnelles (« Kgotla »). La devise suivante, qui domine la salle des débats de la Chambre des Chefs, en est une illustration :

« Kgosi Ke Kgosi Ka Batho », c'est-à-dire, *« Le Chef est le Chef par le peuple ».*

En contrepartie, les Chefs ne peuvent appartenir à un parti politique, et en principe, ne doivent intervenir ni dans le processus électoral ni dans le débat de politique générale. Cette disposition vise à prévenir aussi bien des conflits de conscience chez les citoyens que des conflits politiques entre les autorités traditionnelles et le gouvernement issu du suffrage universel, les citoyens demeurant largement fidèles à leurs Chefs.

Finalement, la Chambre des Chefs constitue une institution originale qui s'articule parfaitement et efficacement à la démocratie parlementaire botswanaise calquée sur le modèle anglais. Elle permet ainsi au Botswana d'allier le « traditionnel » à la « modernité », notamment, elle :

- Préserve les solidarités et les appartenances traditionnelles, tout en évitant que celles-ci ne conduisent à une fragmentation tribale de la nation ;
- Assure l'expression des Chefs dont elle canalise l'autorité traditionnelle [1], dans le cadre d'une démocratie parlementaire authentique ;
- Favorise la prise en compte des intérêts des pasteurs et des agriculteurs, souvent lésés au profit des classes urbaines dans nombre de pays en développement.

---

[1] Depuis le Chieftainship Act de 1966, le président de la République dispose d'un droit de regard sur la désignation des chefs par leurs tribus, ainsi que de la faculté de les suspendre.

VI. Une stratégie et des politiques macroéconomique et publique propices au développement

Plutôt que de nationaliser les compagnies minières afin de préserver les revenus, comme ce fut le cas ailleurs dans d'autres pays, le gouvernement botswanais a opté pour les impôts, redevances et titres participatifs ; laissant au secteur privé, le contrôle opérationnel des compagnies minières. Cette stratégie à long terme du « gagnant-gagnant » a plutôt favorisé des partenariats sous la forme d'entreprises conjointes à parts égales (ou « joint-venture ») que des entreprises étatiques. Ainsi, les compagnies minières partenaires sont susceptibles d'obtenir des taux de rendement suffisamment attractifs pour continuer à stimuler leur productivité. C'est dans cette perspective que les gisements de diamants du Botswana sont exploités par Debswana, une société contrôlée à 50% par le gouvernement botswanais et à 50% par De Beers, la société sud-africaine. Il se trouve que la part des profits revenant effectivement au gouvernement botswanais est très élevée, ce d'autant que le Botswana produit des diamants à grande échelle et à bas prix, et ne souffre pas de la détérioration des termes de l'échange, comme certains pays en voie de développement, producteurs de matières premières.

Sur le plan macroéconomique, le Botswana est parvenu à réaliser une croissance de son PIB de manière soutenue, depuis son indépendance. Les graphiques ci-après (cf. *Graphique 24* et *Graphique 25*) illustrent cette performance qui est d'autant plus exceptionnelle que le taux de croissance annualisé du PIB du Botswana sur les quarante et cinquante dernières années, 8.9% et 8.4% respectivement, est d'une part, supérieur à celui de la Corée du Sud (7.9% et 7.4% respectivement), et d'autre part, presque équivalent à celui de la Chine (8.8% et 8.7% respectivement).

Graphique 24 : Evolution de la croissance du Botswana sur la période 1961-2017

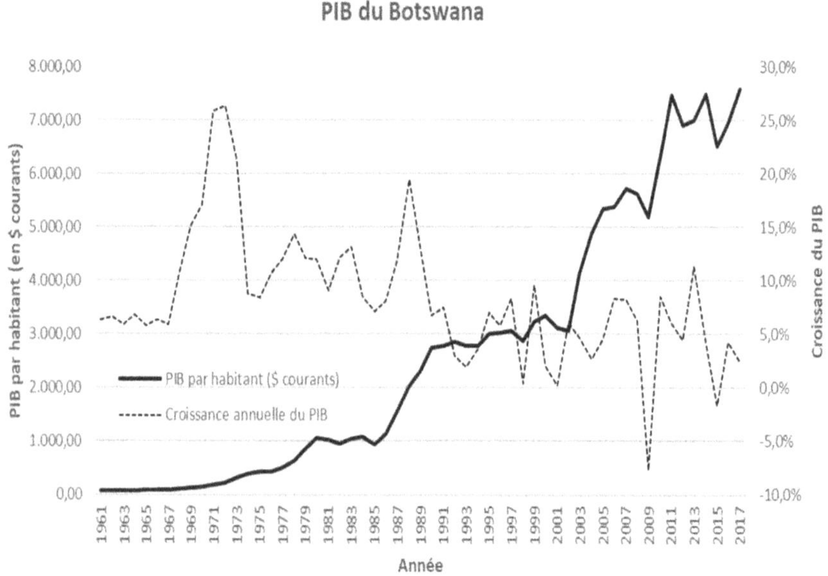

Graphique 25 : Evolution du taux de croissance du PIB à long terme du Botswana

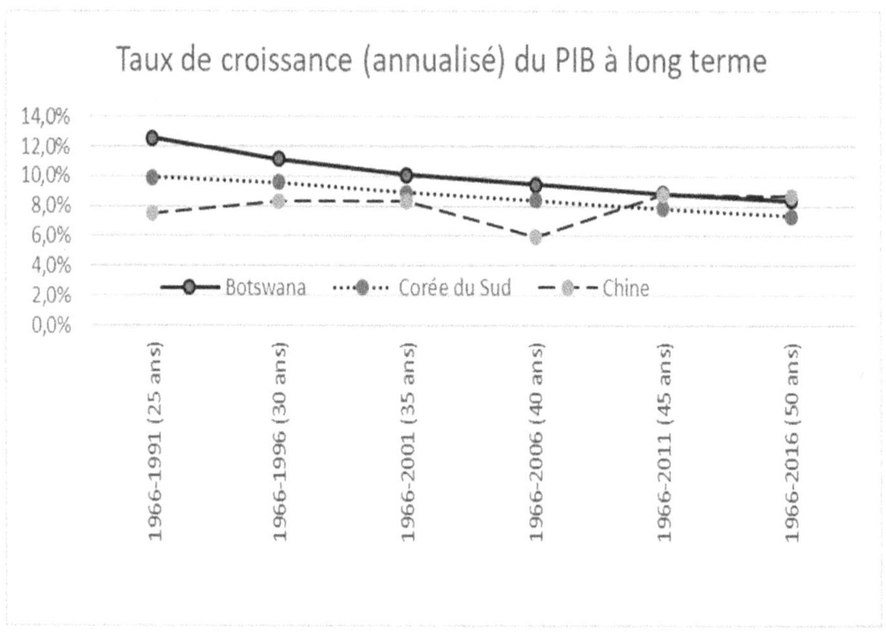

Graphique 24 montre que la croissance avait dépassé les 11% en 2013 (une conséquence de la très bonne performance des industries extractives), pour ensuite baisser sensiblement en 2014 et 2015 (du fait d'un fort repli de l'activité minière), avant de reprendre timidement en 2016 et 2017 (en raison de la baisse de la demande externe en diamants, notamment la demande américaine). A cette conjoncture défavorable au cours ces dernières années, se sont rajoutés la baisse de la demande mondiale pour les autres minerais exportés et l'impact de la pire sécheresse connue par le pays depuis 1992 sur le secteur agricole. Dans son article retraçant l'histoire du miracle botswanais[1], Arthur Silve, chercheur à l'Ecole d'économie de Paris, écrit : *« L'importance cruciale des diamants dans l'histoire du développement du Botswana constitue de même aussi sa principale vulnérabilité »*. En réalité, la structure de l'économie est restée inchangée depuis les années 1990, largement dépendante du secteur minier et notamment du diamant (80% des exportations, 38%-40% des recettes budgétaires et 23% des recettes douanières). Le pays évolue ainsi au rythme des fluctuations de la demande internationale en minerais et en pierres précieuses. Bien que les industries extractives soient l'atout majeur du pays, elles entretiennent parallèlement le sous-développement des secteurs agricole et manufacturier qui ne représentent que 2.4 % et 6.3% du PIB respectivement.

Les recettes considérables tirées des diamants ont été gérées de manière exceptionnelle. En effet, la prudence économique et l'absence de dépenses inutiles et superflues ont évité au Botswana de souffrir des mêmes maux qui affectent les économies rentières, notamment certains exportateurs de ressources minières plus prodigues. Ces maux se manifestent par un endettement gagé sur les ressources futures, une hypertrophie du secteur public, une inflation élevée et des salaires trop élevés par rapport à la productivité du travail ; ce qui nuit au développement du secteur privé. En plus d'adopter un train de vie modeste[2] malgré des réserves diamantifères abondantes, le gouvernement botswanais a évité de subir les contraintes qui sont assorties aux prêts consentis par la Banque Mondiale ou le Fonds Monétaire International. Il a par ailleurs eu la chance d'opérer dans un environnement macroéconomique relativement favorable, avec une inflation stable, une monnaie forte, une balance commerciale excédentaire, une augmentation des réserves des devises étrangères et un excédent budgétaire.

C'est certainement cette politique macroéconomique prudente qui a permis à l'économie botswanaise de surmonter sans grands déséquilibres majeurs la chute des cours mondiaux du diamant, consécutive à la crise asiatique de 1997 et à la crise financière internationale de 2008. Cette dernière crise a

[1] Article disponible en ligne à l'adresse https://www.cairn.info/revue-afrique-contemporaine-2012-2-page29.htm.

[2] Cette modestie se traduit notamment par des bâtiments officiels (présidence, ministères, parlement) sans extravagance, sans faste.

révélé les faiblesses de ce régime de croissance soutenu. Selon les sources disponibles[1], le recul des exportations de diamants a conduit à un recul du PIB en 2009 avant une reprise rapide en 2010, comme illustré dans le graphique précédent (cf. *Graphique 24*). 20% des réserves de change ont été consommées entre août 2008 et mai 2009 pour compenser le déficit de la balance des paiements. De plus, le Botswana est plus vulnérable sur le plan économique depuis 2014, avec une décélération de la croissance et la montée du chômage qui touche près de 20% de la population. Cette vulnérabilité est consécutive au déclin de la demande dans le monde et à la chute vertigineuse des prix des matières premières (particulièrement, le diamant). Conscients de ce problème, les dirigeants botswanais ont un nouveau défi à relever : la diversification de l'économie.

VII. Une gestion exemplaire de la rente diamantifère malgré une diversification limitée de l'économie

La forte croissance de l'économie botswanaise s'explique principalement par la manne diamantifère reçue par le Botswana au lendemain son accession à l'indépendance. Son économie, à l'instar de celle de nombreux pays en développement, dépend largement de ses exportations de produits de base. En réalité, à la découverte de ses gisements diamantifères en 1967 et 1973, le Botswana était exposé à la « malédiction des matières » comme nombre de ses pairs africains qui :

- Ont vu leur processus de développement enrayé (Angola, Congo, Sierra Leone, Nigeria, République démocratique du Congo) ; ou bien
- Se sont enrichis sans développement sur fond d'exploitation d'une rente minérale (Gabon, Guinée Équatoriale).

Cependant, force est de constater que le Botswana, à l'instar de Maurice qui fera l'objet d'une analyse par la suite, a su éviter ce piège, grâce à :

- La modernité de sa démocratie exceptionnelle savamment articulée avec sa culture traditionnelle, et à
- La qualité de la stratégie et des politiques macroéconomique et publique mises en œuvre pour accompagner son développement.

L'extraction diamantifère a bénéficié en grande partie au secteur public. En effet, celle-ci a nécessité d'importants investissements en capital pour se déployer, et s'est trouvée très peu articulée sur le reste de l'économie. C'est ainsi que le développement d'activités privées était réduit, du moins au début du processus.

[1] Cf. https://www.cairn.info/revue-afrique-contemporaine-2012-2-page29.htm

Fort de sa richesse tirée de l'extraction diamantifère, le gouvernement botswanais a adopté un politique budgétaire très volontariste, avec souvent un niveau de dépenses publiques significativement plus élevé que la moyenne des pays développés. Les dépenses publiques ont d'abord été orientées vers les mines et la filière bétail (la première filière économique du pays jusqu'à la découverte des mines des diamants). Ainsi, la Botswana Meat Corporation (BMC), l'abattoir public qui fut créé en 1947, a été transformée sous l'impulsion du gouvernement, en une institution :

- Efficace, avec la multiplication par vingt de la capacité des abattoirs botswanais entre 1966 et 1994 ;
- Légitime, du fait de la préservation de la relation sociale préexistante dans la filière, entre grands propriétaires et travailleurs agricoles ; et
- Sécurisante, grâce à la mise en place d'un fonds de stabilisation et une garantie de débouchés pour les éleveurs.

Ce qui en a fait un modèle de bon fonctionnement d'une entreprise publique en Afrique.

Ensuite, les dépenses publiques se sont progressivement portées sur l'éducation (qui est devenue le poste le plus important du budget des dépenses), la défense nationale (pour faire face au risque relatif à l'instabilité des pays voisins) et la santé de base.

Sur le plan des investissements en direction des services sociaux, le gouvernement botswanais s'est efforcé d'améliorer les conditions sociales pour tous, en termes d'élargissement des infrastructures et de prestations de services (éducation, santé). Pour ce faire, sous l'impulsion de son ministère de finances et de la planification du développement, le Botswana s'est appuyé sur un système de plans nationaux et de contrôle budgétaire rigoureux, dans lequel les dépenses proposées devaient servir aux objectifs à long terme, après avoir été examinées à la loupe et contrôlées. Effectivement, sachant que la majeure partie de la population était privée de services sociaux à l'époque de l'indépendance, le Botswana partait quasiment de zéro pour créer une infrastructure sociale et des institutions modernes. Face à l'énormité de cette tâche et à la misère considérable, sa stratégie de développement a été menée avec prudence et pragmatisme. Ce d'autant que le pays devait faire face à des problèmes spécifiques, notamment à la forte dispersion de sa population qui complique et renchérit la création d'infrastructures et la fourniture de services (par exemple, politique nationale de peuplement, satisfaction des besoins des populations vivant dans des régions retirées en matière de routes, eau, santé, électricité...).

La formation et l'éducation de la jeunesse sont une constante des plans nationaux de développement du Botswana. Cet effort répond à une aspiration ancienne : lors du protectorat britannique, les Batswana ont continûment lutté afin que l'administration coloniale consacrât davantage de ressources

aux écoles, certaines tribus ayant créé les premières écoles secondaires du pays, par leurs propres moyens ou avec l'aide des missions religieuses. Les dépenses en éducation qui représentaient 8.5% du PIB en 1994 - un des plus élevés du monde - correspondent à 9% du PIB aujourd'hui, le gouvernement s'étant engagé à offrir gratuitement à tous dix années d'éducation primaire.
Pour transformer son enclavement en atout et réduire sa dépendance économique vis-à-vis de l'Afrique du Sud, le Botswana s'est doté d'infrastructures modernes. Alors que le réseau routier était quasiment inexistant au moment de l'indépendance en 1966, en moins de quinze années plus tard, le Botswana disposait déjà de 8 000 km de routes dont 3 000 km totalement goudronnées, parmi lesquelles le Trans Kalahari[1] qui fut inauguré en 1998. Par ailleurs, les dirigeants botswanais ont conduit très rapidement une politique de développement aéroportuaire notamment, l'ouverture de l'aéroport international Seretse Khama à Gaborone (1984), la rénovation de l'aéroport de Maun - plaque tournante du tourisme vers le delta de l'Okavango -, l'ouverture de l'aéroport de Kasane aux portes du Parc Chobé (1991). Ces aéroports sont bien desservis par Air Botswana, une compagnie aérienne parapublique. Le Botswana s'est par ailleurs doté d'infrastructures modernes en matière de télécommunications et d'une administration régulièrement reconnue comme l'une des moins corrompues parmi les administrations des pays dits émergents.
La santé publique fut également une des grandes priorités du développement social et des investissements sociaux. En effet, à l'époque de l'indépendance, le petit service de santé de base hospitalière du pays était en mesure de desservir qu'une infime minorité de la population. En 1973, le gouvernement botswanais a adopté une stratégie de soins de santé primaire basée sur le concept de la décentralisation des soins, grâce à l'établissement d'un réseau de dispensaires, de postes sanitaires et d'unités mobiles, soutenus par les hôpitaux et les autres services de santé de niveau tertiaire[2]. Cette option était centrée sur l'équité, la collaboration intersectorielle, la participation communautaire, ainsi que sur l'octroi de services appropriés, accessibles et moyennant un prix abordable. En 1978, le réseau de base était en place et au début des années 1980, l'objectif qui consistait à avoir un établissement de santé dans chaque village de plus de 500 habitants était pratiquement atteint. En 1985, plus de 80% de la population avait accès à un établissement de santé situé à moins de 15 km de son domicile. Une fois le réseau de base mis sur pied, les efforts visant à améliorer le système de santé ont ensuite porté sur le maintien du système de santé en place, l'élimination de ses lacunes et des disparités, et l'amélioration de la qualité des soins. Dans son Septième

[1] Qui relie le port de Walwis-Bay (Namibie), Gaborone (Botswana), Johannesburg (Afrique du Sud) et Maputo (Zimbabwe).

[2] Cette mesure intervint dix ans bien avant que la communauté internationale reconnaisse l'importance des soins de santé primaires.

Plan de développement national, le gouvernement botswanais se donnait comme objectif à atteindre dans le secteur sanitaire, la santé pour tous en l'an 2000 et de manière plus volontariste, le gouvernement souhaitait procurer à chaque Botswanais : *« un niveau de santé lui permettant de mener une vie productive sur le plan économique et social » (République du Botswana, 1991).*

De plus, l'approvisionnement en eau revêt une importance capitale pour le Botswana à plusieurs titres, principalement en ce qui concerne la survie de la population et les activités économiques. La création d'un vaste programme de forages permettant de capter les eaux souterraines a contribué à améliorer les conditions de vie en zones rurales. De plus, de grands barrages ont été construits pour fournir de l'eau salubre dans le cadre du développement et/ou l'expansion des zones urbaines. C'est ainsi qu'au début des années 90, le projet visant à fournir un accès universel à l'eau salubre était quasiment achevé, avec 89% de la population qui avait accès à de l'eau salubre provenant des canalisations, de trous de sondes et de puits ; la couverture étant 77% dans les zones rurales et 100% dans les zones urbaines. Pour guider ses efforts d'amélioration des services, en 1991, le gouvernement botswanais a élaboré un Plan directeur national pour l'approvisionnement en eau, établissant un cadre général au secteur de l'eau jusqu'à l'horizon 2000. Au terme de cette échéance, seuls de petits groupes de la population vivant dans des régions isolées souffraient encore de problèmes d'approvisionnement en eau, le coût des équipements nécessitant de gros investissements pour peu de rentabilité. Pour y remédier, le gouvernement botswanais a opté d'encourager ces petits groupes concernés à se déplacer vers des agglomérations plus importantes, en appliquant une politique nationale d'implantation dont le but est de limiter les investissements dans les infrastructures des villages de moins de 500 habitants.

VIII. Synthèse des performances du Botswana au travers de dix indices de référence

Le tableau ci-après (cf. *Tableau 13*) résume le classement du Botswana, aux niveaux africain et mondial, en termes d'indicateurs socio-économiques et autres indicateurs (gouvernance, corruption...).

Tableau 13 : Performances du Botswana au travers de dix indices de référence

Indice de performance	Classement au niveau de l'Afrique	Classement au niveau mondial	Premier pays africain au niveau mondial (rang)	Premier pays au niveau mondial
Indice de perception de la corruption 2018 (1)	2ième/54	34ième/180	Seychelles (28e)	Danemark
Indice de démocratie (2)	3ième/50	28ième/167	Maurice (16e)	Norvège
Indice Ibrahim de la gouvernance en Afrique 2018 (3)	5ième/54	Non Applicable	Maurice	Non Applicable
Indice de compétitivité (4)	6ième/38	90ième/140	Maurice (49e)	États-Unis
Indice d'innovation globale 2018 (5)	6ième/28	91ième/126	Afrique du Sud (58e)	Suisse
Indice de développement humain 2017 (6)	5ième/53	101ième/189	Seychelles (62e)	Norvège
PIB PPA 2017 ($ constant 2011) par habitant (7)	6ième/50	79ième/187	Seychelles(51e)	Qatar
Indice de la facilité de faire des affaires (8)	7ième/54	86ième/190	Maurice (20e)	Nouvelle Zélande
Indice des inégalités des revenus (9)	7e /50	10ième/164	Afrique du Sud (1er)	Afrique du Sud
Indice de développement des infrastructures (10)	10e /54	Non Applicable		

(1) Transparency International - Corruption Perceptions Index 2018.

(2) Democracy Index 2017 - The Economist, intelligence Unit.
(3) 2018 IIAG report – Mo Ibrahim Foundation.
(4) The Global competitiveness report 2018 – World Economic Forum.
(5) The Global Innovation Index 2018 – World Intellectual Property Organisation/Cornell SC Johnson College of Business/INSEAD.
(6) Rapport 2018 - Programme de Nations Unies pour le Développement (PNUD).
(7) Produit intérieur brut par habitant 2017 en parité de pouvoir d'achat et en valeur constante 2011 - Données site internet - Banque Mondiale.
(8) Doing Business 2019 – A World Bank Group Flagship Report, 16th edition.
(9) Indice de Gini - dernières valeurs connues (mises à jour à différentes dates) - site internet de la Banque Mondiale.
(10) Africa Infrastructure Development Index 2018 - African Development Bank.

Tableau 13 montre à quel point le Botswana constitue pour l'Afrique un modèle de démocratie et de développement économique. De par sa forte croissance enregistrée au cours des cinq dernières décennies, le Botswana est devenu un « pays à revenus intermédiaires, économiquement plus prospères ». Il a su mettre les fruits de son développement miraculeux au service de la cohésion sociale, bien qu'il reste quelques déséquilibres sociaux à résorber. En effet, sur le plan social, en dépit d'améliorations significatives, le Botswana souffre d'importantes inégalités des revenus (avec indice de 53.3, l'un des 10 plus élevés au monde), d'un taux de chômage substantiel (18.6% de la population active) et d'un niveau élevé de pauvreté (18.2% de la population vit avec moins de 1.9 USD par jour et 26.3% avec moins de 3.1 USD par jour). Néanmoins, en termes d'indice de développement humain (IDH) publié par le PNUD, le Botswana reste parmi les pays africains les mieux notés.

Selon l'économiste sud-africain Ross Harvey, chercheur à l'Institut sud-africain des affaires internationales (SAIIA[1]), *« Le miracle botswanais » peut s'expliquer par la combinaison de trois facteurs qui sont la taille de population - 2 millions d'habitants -, l'homogénéité ethnique[2] - ce qui renvoie à la culture du pays - et l'importance des chefferies traditionnelles (ou « kgotla »)[3] qui ont servi de modèle dans la mise en place des institutions démocratiques actuelles, notamment le Parlement du Botswana.*

Harvey ajoute que : *« ces institutions étaient déjà en place lorsque l'exploitation des ressources diamantaires a commencé, empêchant une petite élite ou un clan de s'en emparer en toute impunité à la faveur d'un État faible, contrairement à ce qui s'est passé dans d'autres pays africains rentiers ».*

---

[1] South African Institute of International Affairs.

[2] La population est à 80% composée des Tswana.

[3] Qui existaient déjà bien avant l'époque coloniale.

Tableau 14 ci-après fournit la notation financière, ou le rating (en anglais), que les principales agences de notations attribuent au Botswana. Celle-ci correspond à leur perception du niveau de risque représenté par le Botswana. Elle joue un rôle important, notamment dans le coût de l'accès aux capitaux auprès des marchés financiers.

Tableau 14 : Notation financière du Botswana en novembre 2019

Agence de Notation	**Moody's**	**Standard & Poor's**	**Fitch**
Notation de la dette souveraine par les agences de notation en 2019	A2	A-	Pas de notation
Qualité de la notation	Qualité moyenne supérieure (*)		

(*) C'est le troisième niveau de qualité de signature (sur dix niveaux) après « Première Qualité » et « Haute Qualité » qui correspondent aux notations AAA (Standard & Poor's) - c'est-à-dire, le meilleur niveau attribué aux pays considérés comme sans risque (Allemagne, Australie, Canada, Suisse, Danemark, Liechtenstein, Luxembourg, Pays-Bas, Norvège, Suède, Singapour, États-Unis) - et AA (Standard & Poor's) respectivement. Avec un rating de A2, le Botswana aurait des conditions d'emprunt sur les marchés financiers certes moins favorables que celles des pays mieux notés (AAA, AA), mais ces conditions seraient meilleures que celles de tous les autres pays africains. En effet, à l'exception de Maurice, la majorité de ces derniers ont une très faible qualité de signature qui correspond généralement au sixième niveau équivalent aux notations B+ à B- de Standard & Poor's, qualifiées de « Très spéculatif ». Dès lors, il est aisé de comprendre pourquoi l'accès des pays africains aux marchés financiers est difficile et très onéreux. La charge des intérêts de la dette de la plupart des pays africains augmente avec les taux d'emprunt correspondants qui sont élevés, parce que liés à la notation financière de ces pays. Par exemple, à montant d'emprunt équivalent, l'Allemagne supportera une charge d'intérêts inférieure à celle du Botswana. En revanche, la charge d'intérêts de ce dernier serait inférieure à celle d'un pays moins bien noté que lui (Bénin, Burundi, Congo, République centrafricaine, Tchad…).

IX. Religion et culture

Le Botswana est majoritairement chrétien. Il est par ailleurs composé d'importantes minorités religieuses telles que les bahaïs, les musulmans (principalement d'origine sud-asiatique) et les hindous, qui sont en général des travailleurs immigrés étrangers. Un pourcentage croissant de la population, théoriquement chrétienne, semble n'adhérer à aucune croyance religieuse. Le gouvernement reconnaît le pluralisme religieux et encourage le dialogue et la coopération interreligieux.

« La liberté d'être soi est la plus haute forme de justice envers les autres. »

Proverbe mauricien

Dossier 3

Modèle de développement de Maurice

I. Présentation de l'île Maurice actuelle

Ayant pour capitale Port-Louis, Maurice est une petite île située dans le sud-ouest de l'océan Indien, à 2 000 km de la côte africaine, à 1 000 km de Madagascar et à 160 km de l'île de la Réunion. Sa superficie est de 1 865 km2. Sa population, qui était de 1.26 million d'habitants en 2018[1], est composée de personnes provenant de différentes cultures et religions. Devenue indépendante le 12 mars 1968, Maurice a été proclamée République le 12 mars 1992. Comme le Botswana, Maurice était parmi les pays les plus pauvres du monde, sur le plan économique, au moment de son indépendance. Mais, par ce que l'on a appelé le « miracle mauricien », articulé autour de la canne à sucre, elle a su transformer et diversifier son économie de manière exceptionnelle, durable et soutenue, jusqu'à la crise financière 2008. Tant et si bien qu'actuellement, selon le classement de la Banque Mondiale, d'un point de vue économique, Maurice est dans la catégorie des « pays à revenus intermédiaires, de la tranche supérieure ». Toutefois, depuis cette crise financière et malgré l'ingéniosité de sa politique de diversification, le taux annuel de croissance économique (croissance du PIB) s'est stabilisé en moyenne autour de 3.7%. Ce qui est loin du boom économique des années 1980. C'est ainsi que Maurice se trouve désormais confrontée au problème de la diversification de son économie, compte tenu de l'étroitesse de son marché intérieur. Enfin, sur le plan institutionnel, Maurice est considérée comme un exemple de démocratie parlementaire qui a su se doter d'institutions publiques et privées pour accompagner son développement.

[1] Selon la Banque Mondiale.

Graphique 26 : Situation géographique de Maurice

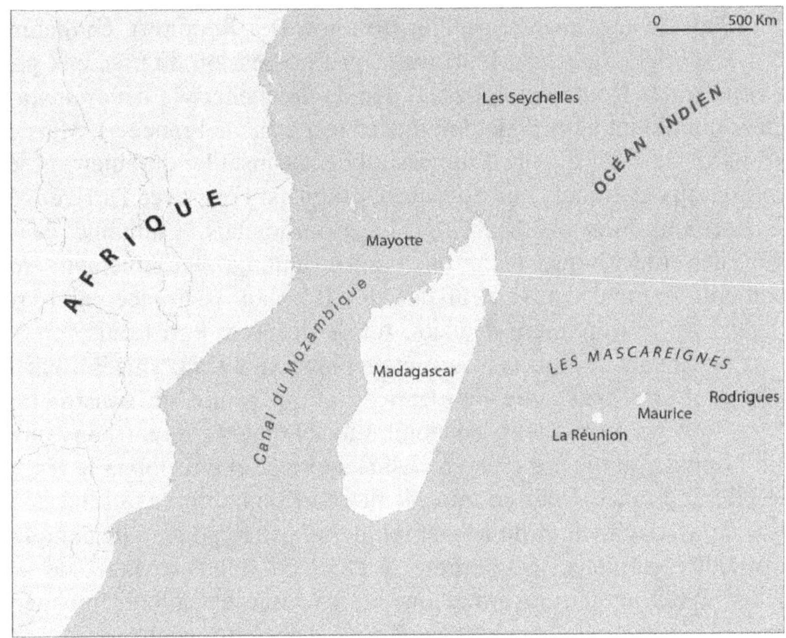

Dans la suite, nous nous attachons à expliquer les principaux facteurs ayant concouru au développement de Maurice.

II. La colonisation de Maurice dans le temps

Maurice fut découverte en 1507 par des navigateurs portugais, et baptisée "Ilha do Cirne" (ou l'île du Cygne, en français). Elle a été colonisée successivement par les Hollandais au XVIIe siècle, les Français au XVIIIe siècle et les Britanniques, du début de XIXe siècle jusqu'à son indépendance en 1968.

C'est en 1598 que l'Amiral hollandais Van Warwyck prit possession de l'île avec ses hommes, en lui donnant le nom « Mauritius », en l'honneur du prince d'Orange, Maurice de Nassau. Toutefois, ce ne fut qu'en 1638 que les Hollandais firent une première tentative de colonisation de l'île, époque à laquelle, Tasman - un célèbre navigateur hollandais - s'élançait à la découverte de la côte ouest de l'Australie. Dès lors, ils firent venir des esclaves indonésiens, africains et malgaches comme ouvriers agricoles. Pour nourrir ces esclaves, ils implantèrent des cerfs de Java, toutes sortes d'arbres fruitiers, mais surtout la canne à sucre dont le sol de l'île est encore majoritairement composé aujourd'hui. Cette première colonisation dura une vingtaine d'années. Effectivement, en 1658, les Hollandais décidèrent de

renoncer au processus de colonisation, principalement du fait de l'exposition de l'île à de nombreux cyclones, des maladies, la sécheresse, ainsi que du fait des naufrages et des esclaves fugitifs.
Abandonnée par les Hollandais, l'île devint une colonie française lorsque, en septembre 1715, en provenance de l'île Bourbon (La Réunion), Guillaume Dufresne d'Arsel débarqua sur Mauritius et prit possession du précieux port d'attache situé sur la Route des Indes. Il décida de changer la dénomination de Mauritius qui devint alors "Isle de France" (ou « Île de France »). Mais ce ne fut qu'à partir de 1721 que les Français allaient s'installer durablement, ce retard étant dû aux cyclones, rats et esclaves fugitifs. C'est avec l'arrivée, en 1735, de Bertrand François Mahé de La Bourdonnais, Capitaine de la Compagnie des Indes, que l'Isle de France amorça véritablement son développement. Nommé Gouverneur des îles Bourbon et France par le roi français Louis XV, sa première décision fut de désigner Port Louis comme capitale, au détriment de Port Sud qui était plus exposé aux alizés[1]. Par la suite, il fit de Port Louis, une base navale et un centre de construction navale. Sous son gouvernement, de nombreux bâtiments furent construits[2] ainsi qu'un hôpital. De plus, il créa une usine sucrière et développa le réseau routier de l'île de France. Pour ce faire, il fit venir de nombreux esclaves en provenance de Madagascar et du Mozambique. A cette époque l'île comptait environ 60 000 habitants. Surnommé « Père de l'île », Mahé de La Bourdonnais, après avoir transformé une île sauvage en colonie prospère, mourut en 1753, à la suite d'une longue période d'accusations, d'humiliations et d'emprisonnement. Ensuite, l'île fut administrée par les représentants de la Compagnie des Indes jusqu'en 1763. A partir de l'année suivante, elle commença à devenir le théâtre d'une opposition acharnée entre Français et Anglais, pour le contrôle des Indes et la colonisation des Seychelles. C'est ainsi que dès l'année 1767, jusqu'en 1810 (fin de colonisation française), l'île allait passer sous l'administration des officiers élus français, à l'exception de la brève période de la Révolution française. Une période durant laquelle les habitants de l'île étaient autonomes, libérés de la colonisation française. Toutefois, en 1794, au moment de l'abolition de l'esclavage en France, les colons français refusèrent de libérer les esclaves de l'île. Finalement, en 1810, une vague expédition anglaise fut lancée au large de Grand Port pour la prise de l'île. Cette première attaque fut contenue par les troupes françaises en août 1810[3]. Mais la principale attaque lancée par les Anglais quelques mois plus tard (décembre 1810) depuis l'île Rodrigues - conquise plus tôt - allait s'avérer triomphale. Les Anglais débarquèrent à Cap Malheureux (dans

---

[1] L'alizé est un vent régulier dans les zones intertropicales dû à un mouvement des hautes pressions subtropicales vers les basses pressions équatoriales.

[2] Dont certains sont encore présents à ce jour, tels que le Château de Mon Plaisir (à Pamplemousse) et les Casernes Centrales (à Port Louis).

[3] Ce fut la seule et unique victoire de Napoléon sur les Anglais au cours de leurs diverses guerres impérialistes.

le nord de l'île) et renversèrent les Français qui capitulèrent. Conformément au Traité de Paris en 1814, l'Isle de France reprit son nom initial, Mauritius, et fut définitivement cédée à la Grande-Bretagne, avec ses territoires dépendants incluant Rodrigues et les Seychelles. Sur l'acte de capitulation des Français, signé par les deux pays, les Anglais garantirent qu'ils respecteraient la langue française, les coutumes, les lois et les traditions des Mauriciens.
La colonisation de Mauritius (Maurice, en français) par les Anglais commença avec le Gouverneur Robert Farquhar, qui décida d'intensifier le réseau routier, mais surtout de donner un véritable essor à la culture de la canne à sucre. Tant et si bien qu'au milieu du XIXe siècle, 250 usines fonctionnaient. Décrétée en 1835, l'abolition de l'esclavage eut d'importantes répercussions sociales, démographiques et économiques dans l'île. Les planteurs, qui employaient des esclaves importés de Madagascar et du Mozambique pendant la période de l'occupation française, avaient perdu leur main d'œuvre du fait de l'abolition de l'esclavage. Ils étaient ainsi confrontés à une pénurie de force de travail. Pour compenser les pertes subies, le gouvernement anglais leur accorda une somme de deux millions de sterling. C'est ainsi que l'île procéda à une immigration massive d'Indiens engagés sous contrats, pour travailler dans les champs de canne à sucre. Malgré les conditions de travail proches de l'esclavage, ces centaines de milliers d'Indiens arrivés sur l'île parvinrent à tirer le meilleur parti de leur travail et à diversifier leurs activités. A un tel point qu'au cours du XXe siècle, ils étaient capables d'investir tous les secteurs de l'économie et de la vie politique. Ces immigrants indiens, de religions hindoue et musulmane, changèrent rapidement la structure de la population et la vie de l'île. Ils furent ensuite rejoints par une minorité de commerçants chinois.
De manière générale, sous la colonisation anglaise, la culture de la canne à sucre connut un nouvel essor, l'île devenant prospère, grâce surtout à l'exportation du sucre vers l'Angleterre. Par ailleurs, l'extension et l'amélioration des moyens de communication permirent d'accompagner les progrès économiques pendant que la construction des infrastructures se mettait en place, petit à petit.

III. Situation économique de Maurice avant son indépendance en 1968

A la veille de son indépendance, Maurice comptait parmi les pays les plus pauvres de la planète, d'un point de vue économique, et dépendait encore du sucre pour plus de 95% de ses recettes totales d'exportation. D'ailleurs, en 1961, puis de nouveau en 1972, deux prix Nobel (James Edward Meade en économie et V.S. Naipaul en littérature) avaient prédit l'avortement inéluctable du développement de Maurice. Et pourtant, au début des années 1960, il y eut une tentative de diversification de l'économie pour éviter des troubles sociaux et politiques. En effet, la production sucrière avait atteint les limites de son développement et l'économie traversait une période de baisse de revenu réel. Plus précisément, le pays avait réalisé un taux de croissance démographique élevé de 3% par an, contre un taux moyen de croissance économique de 0.7% par an sur la période 1954-1958, comme illustré dans *Tableau 15* ci-après. Si bien qu'à la fin des années 1950, le taux de chômage de la population était de 15%.

Tableau 15 : Croissance économique de Maurice sur la période 1954-1958

Année	Produit National Brut (en millions de Roupies mauriciennes ou Rs)	Revenu par habitant à prix constants 1953 (en Rs)	Taux de croissance (en%)
1953	566	1 078	
1954	559	1 037	-1.24
1955	565	1 009	1.07
1956	571	986	1.06
1957	588	985	2.98
1958	587	956	-0.17

Source : Le rapport Meade, 1961

A cette époque, un grand débat sur la stratégie de développement à adopter eut lieu. Il y avait d'un côté, les partisans pour une industrialisation de substitution aux importations, et de l'autre, les partisans pour une industrialisation orientée vers l'exportation. Finalement, le gouvernement mauricien, à la lumière des recommandations du rapport Meade, choisit une industrialisation de substitution aux importations, destinée à encourager la fabrication des produits locaux, de manière à remplacer les produits en provenance de l'extérieur du pays. Pour ce faire, une législation d'incitations fiscales fut adoptée en 1964, afin d'encourager la mise en place de ces industries. Bien que cette stratégie ait permis la mise en place d'un certain nombre d'activités industrielles, elle n'a pas eu l'effet escompté sur le taux de chômage et le taux de croissance économique : à la fin des années 1960, ces deux taux étaient de 15% et moins de 1% respectivement (en moyenne annuelle).

IV. Processus de développement de Maurice après 1968

Peu après l'indépendance de Maurice, le nouveau gouvernement dut se rendre à l'évidence que la stratégie adoptée jusqu'alors avait échoué, et, qu'il y avait urgence à trouver une nouvelle solution pour espérer redresser la situation économique et inverser la courbe du chômage galopant. Les raisons de cet échec étaient le manque de capitaux, la pénurie de main-d'œuvre qualifiée et la faible culture entrepreneuriale (forte aversion à la prise de risque). À cette époque, les milieux d'affaires mauriciens prirent connaissance du succès de Porto Rico et de Taiwan, avec l'industrialisation par les exportations. C'est ainsi qu'une mission d'enquête composée de certains représentants du gouvernement et des industriels se rendit à Taiwan et fut conquise par le concept de « Export Processing Zone » (EPZ). Le gouvernement de Ramgoolam (le « père de l'indépendance ») décida alors de suivre cette stratégie. Au travers de l'adoption de la Loi n°51 de 1970, une zone franche fut créée, assortie de dispositions fiscales et financières incitatives pour les investisseurs. De surcroît, en 1970, Maurice signa la Convention de Yaoundé II, et fut le premier pays du Commonwealth, bien avant le Royaume-Uni, à rejoindre le Marché Commun Européen en 1973. De ce fait, elle allait avoir un accès facile aux marchés de la Communauté économique européenne et en faire bénéficier à ses investisseurs, notamment les industriels hongkongais qui n'y avaient pas accès. Pendant la première moitié des années 1970, cette stratégie donna de très bons résultats. De 1970 à 1974, le produit intérieur brut (PIB) fut multiplié par trois et le revenu par habitant passa de 1 446 roupies (Rs) à 3 065 roupies ; soit une hausse de 112% en quatre ans. L'économie mauricienne bénéficia également du boom des matières premières sur la période 1972-1975, les cours mondiaux du sucre atteignant le record de 300 livres la tonne en 1974. Forts de ces excellents résultats, les groupes sucriers franco-mauriciens investirent dans le tourisme, car issus de grandes familles possédant de nombreux terrains situés en bord de mer. Par la suite, leurs investissements étaient plus massifs, la filière dégageant désormais ses propres profits et bénéficiant des surplus apportés par les entreprises de la zone franche. Toutefois, les gains exceptionnels tirés de cette « manne sucrière » entraînèrent également de fortes augmentations salariales sur l'ensemble des secteurs (y compris dans le secteur public) ainsi qu'une inflation importante qui passa de 2.4% (en 1970) à 25.3% (en 1974).

Dans la seconde moitié des années 1970, la dynamique économique allait reculer globalement, du fait de plusieurs facteurs internes et externes. Sur le plan interne, la poussée inflationniste, l'absentéisme important au travail et les grèves à répétition entraînaient la perte de compétitivité des produits manufacturés de Maurice vis-à-vis de ses concurrents à l'extérieur. Qui plus est, Maurice subissait des catastrophes climatiques : cyclone Gervaise (1975), inondations (1976), sécheresse (1977) et cyclone Claudette (1979). Sur le plan extérieur, elle fut secouée significativement par la récession mondiale après la crise pétrolière de 1973, la baisse des cours du sucre à partir de 1976, et la crise pétrolière de 1979 qui eut pour conséquence, le doublement du prix du pétrole. En 1979, Maurice était au bord de la faillite économique. Le gouvernement prit alors la décision de recourir à l'intervention financière des agences multilatérales, le Fonds Monétaire International (FMI) et la Banque Mondiale. En contrepartie, Maurice s'engagea dans un plan d'ajustement structurel essentiellement tourné vers la stabilisation des dépenses et la rationalisation du système des prix. La dévaluation du 23 octobre 1979 de la roupie de 22,8 % par rapport au Droit de Tirage Spécial (DTS)[1] fut l'une des principales mesures de ce programme, en plus de la réduction des subventions à la consommation, la mise en application de mesures de libéralisation du commerce intérieur et une politique restrictive de crédit. Officiellement, Maurice sortit de ce plan d'ajustement structurel[2] en 1986. Les grands équilibres financiers étaient rétablis (maîtrise de l'inflation, réduction de l'endettement, reconstitution des réserves de change, essor de l'épargne intérieure). Dès lors, le pays se lança de nouveau dans une phase de croissance soutenue, stimulée notamment par la hausse des exportations du textile et du développement de l'industrie du tourisme.

L'exploitation de la canne à sucre et du secteur textile a joué un rôle crucial dans la compétitivité externe de Maurice. Effectivement, au travers des Conventions de Lomé qui avaient étendu en 1976 aux pays ACP[3] les garanties de prix offerts par la CEE[4] aux producteurs européens de sucre, Maurice bénéficiait d'une position de marché très favorable pour ses exportations de sucre vers l'Union européenne. Le prix de vente garanti estimé était 90% supérieur au cours du marché international sur une période qui allait durer environ trente ans (jusqu'en 2009[5]). Il en fut autant avec le textile, où Maurice bénéficia indirectement, jusqu'en fin 2004[6], du système de quotas internationaux appelés accords multifibres (AMF), destinés à limiter les importations textiles en provenance d'Asie.

Toutefois, à partir de la fin de l'année 1987, des limites à ce mode de développement étaient déjà perceptibles, avec notamment une tendance à la hausse des coûts et le recul d'un avantage compétitif essentiel pour une petite économie ouverte comme Maurice. C'est ainsi que les années 2000 ont été marquées par la forte pression de la mondialisation. Maurice fut ainsi

[1] Une devise utilisée par le FMI.

[2] Les politiques d'ajustement structurel ont généralement tendance à creuser les inégalités et l'île Maurice n'a pas fait exception (Lamusse et Burn, 1991 : 114). Toutefois, la stratégie choisie par le gouvernement, fondée sur l'essor dynamique de la zone franche, a conduit à une expansion rapide de l'emploi. Effectivement, la création d'emplois fut une priorité constante de la politique gouvernementale jusqu'à ce que le plein emploi soit officiellement considéré comme acquis en 1990. C'est en l'occurrence la progression des emplois productifs qui assure le maintien des revenus de l'ensemble de la population, et par là même la justice sociale, durant la période d'ajustement structurel.

[3] Afrique, Caraïbes, Pacifique.

[4] Communauté Économique Européenne, – devenue Union européenne depuis 2000.

[5] En 2007, l'Union européenne dénonçait unilatéralement le protocole sucre, avec effet à partir de 2009.

[6] Fin des accords multifibres.

contrainte de procéder à des restructurations dans deux principaux secteurs de son économie, le textile et de l'habillement d'une part, et le sucre d'autre part. Soucieux de soutenir à long terme la croissance, les pouvoirs publics optèrent alors pour une stratégie de diversification de l'économie, fondée sur plusieurs projets de développement :

- Les technologies de l'information et de la communication (TIC) et l'innovation avec la Loi 2001 ;
- La transformation des produits de la mer ;
- Le développement du port franc de Maurice, au travers du Freeport Act 2004, dans le but de transformer Maurice en un grand centre régional de distribution, transbordement et commercialisation ;
- Le développement des « Integrated Resort Scheme » (IRS), une composante de la stratégie de développement mauricien, associant hôtellerie et loisirs haut de gamme de manière intégrée, avec des retombées positives en termes financier, économique, social et immobilier (villas de luxe, terrains de golf, marinas et piscines individuelles, équipement de sports nautiques, centres médicaux, salons de beauté, restaurants gastronomiques) ;
- Le développement du secteur financier extraterritorial (offshore).

V. Construction et consolidation d'une démocratie parlementaire authentique : les différentes étapes

La Grande-Bretagne, colonisatrice de Maurice pendant la période 1810-1968, peut être considérée comme la pierre angulaire et l'inspiratrice du modèle de démocratie de Maurice. Un modèle que le monde entier admire aujourd'hui, qui s'est pourtant construit dans la douleur, du fait de la diversité culturelle de sa population[1].

La Grande-Bretagne a su créer les conditions de la mise en place d'institutions politiques démocratiques donnant aux minorités le droit d'expression, le droit de vote ; ceci, bien avant l'accession à l'indépendance de Maurice en 1968. En effet, en 1825, le gouvernement colonial jeta les bases d'un développement constitutionnel, créant le Conseil de gouvernement qui fut élargi par la suite pour accueillir des représentants élus. La Constitution fut amendée en 1933, le droit de vote restant toutefois réservé à une certaine classe sociale, ainsi qu'aux propriétaires (de plantations notamment). Une lutte politique majeure, en termes ethniques, opposait les deux groupes issus de la population libre de la première phase de colonisation de l'île par les Français (période 1710-1810) : les blancs (ou « franco-mauriciens ») et les Métis (« ou « Gens de couleur », descendants

[1] Dans le cas du Botswana par exemple, la population était très homogène, car l'ethnie tswana représentait à elle seule 80% des habitants. De plus, bien avant son indépendance en 1966, la plupart des institutions étaient déjà en place.

d'esclaves n'ayant en revanche pas accès à la citoyenneté politique). Pendant plusieurs années, des négociations pour une Constitution plus libérale eurent lieu. En 1945, le gouvernement colonial se posa en arbitre dans le débat autour d'une réforme de la Constitution 1886, avec pour enjeu, l'accès à la citoyenneté politique des groupes asiatiques, et en particulier, du groupe hindou.

Devenus démographiquement majoritaires, les hindous commencèrent à contester la gestion économique de la colonie par l'élite sucrière blanche. Ces protestations contre les conditions de travail dans les plantations et le monopole des planteurs blancs sur l'accès aux biotechnologies sucrières s'exprimèrent par des grèves et émeutes entre 1937 et 1943. La contestation était canalisée par le Parti travailliste (créé en 1936) qui revendiquait l'introduction du suffrage universel et une représentation des travailleurs agricoles des propriétés sucrières, des dockers et des artisans au Conseil législatif. C'est dans ce contexte de forte mobilisation sociale que le gouvernement colonial fut amené à introduire le système consultatif, destiné à gérer une réforme constitutionnelle accordant la citoyenneté politique aux groupes contestataires (hindous, asiatiques). Cette réforme constitutionnelle se matérialisa en 1948, institutionnalisant le pluralisme culturel dans le processus démocratique de l'île, c'est-à-dire, reconnaissant la diversité des communautés ethniques. Le Conseil du gouvernement fut remplacé par le Conseil législatif, et, le principe électif fut institué comme principal mode de désignation des membres du Conseil législatif.

Dans les années 1950, le processus démocratique évolua avec l'instauration du suffrage universel et la représentation des minorités, les deux principaux thèmes des conférences constitutionnelles organisées à Londres par le gouvernement britannique en 1955 et 1956. Celles-ci réunirent les représentants des deux grands partis, le Parti travailliste et le Ralliement mauricien (créé en 1952), ainsi que les représentants de l'élite sucrière blanche qui n'existait réellement pas d'un point de vue institutionnel, malgré sa prépondérance économique. Le Parti travailliste demanda l'instauration du suffrage universel, tandis que le Ralliement mauricien s'y opposa, défendant le principe de représentation proportionnelle, afin de garantir la protection des minorités. Le gouvernement colonial anglais trancha dans le débat, en promulguant la Constitution de 1958 qui allait instaurer le suffrage universel pour l'élection des députés au Conseil législatif et accompagner celui-ci d'un système de nominations correctives, en vue d'assurer la représentation des minorités. C'est donc cette Constitution qui fut à l'origine du multipartisme. Néanmoins, la fragmentation du paysage politique en fonction des clivages communautaires rendait nécessaires les alliances intercommunautaires, du fait qu'aucun parti ne pouvait se prétendre obtenir une majorité électorale sur une base communautaire.

Par la suite, deux autres conférences constitutionnelles furent organisées en 1961 et 1965. A l'issue de la première de ces deux conférences, le gouvernement britannique accorda une semi-autonomie à Maurice. C'est ainsi qu'en 1964, les élites mauriciennes parvinrent à un accord de gouvernement d'union nationale. Plus précisément, celles-ci étaient composées de représentants des quatre principaux partis siégeant à l'Assemblée législative : le Parti travailliste, le Ralliement mauricien (devenu Parti mauricien en 1957), l'Independent Forward Bloc (IFB) dont la base électorale était majoritairement indienne, et le Comité d'Action Musulman (CAM). Le chef du Parti travailliste majoritaire, Dr Ramgoolam, fut désigné Premier ministre du gouvernement. Quant à elle, la Conférence de 1965 ouvrit la route de l'indépendance, en accordant le principe d'autodétermination à Maurice. Toutefois, l'échec des négociations sur le statut final de l'île entraîna l'éclatement de la grande coalition, avec le retrait du Parti mauricien, transformé en Parti mauricien social-démocrate (PMSD). Du coup, l'espace politique se scinda en deux pôles :

- D'un côté, le Parti travailliste forma un front pour l'indépendance avec le CAM et le l'IFB ;
- De l'autre, le PMSD qui se regroupa avec les communautés minoritaires (chinois, hindous de basses castes, une partie des musulmans adhérents au Muslim United Party et les Tamouls du Tamil United Party) pour se prémunir d'une identification à l'élite sucrière blanche, autour de l'idée d'intégration au Royaume-Uni.

Aux élections générales législatives du 7 août 1967, les électeurs mauriciens étaient amenés à voter indirectement pour ou contre l'indépendance. En réalité, ils devaient voter des candidats qui allaient ensuite se prononcer à leur compte, au sein de l'Assemblée législative, sur la question du statut final de l'île. Ainsi, les décisions sur l'avenir constitutionnel de l'île étaient déléguées aux chefs des partis politiques représentant les différents segments de la population et réunis au sommet du système électoral, au sein de l'Assemblée législative. Cette méthode de proportionnalité permettait de minimiser les risques de veto, en maintenant la possibilité de négociations secrètes entre partis politiques.

En élisant une majorité de candidats Parti travailliste/CAM/IFB, l'électorat choisissait la voie de l'indépendance : le Parti de l'indépendance, conduit par le Premier ministre travailliste, Sir Seewosagur Ramgoolam, remportait 454 441 voix et 39 sièges contre 341 283 voix et 23 sièges au PMSD.

Le 12 mars 1968, Maurice accédait à l'indépendance et devenait un État souverain en instituant la Constitution de 1968, toujours en vigueur à ce jour, certes avec des amendements. Cette Constitution instaure un régime parlementaire calqué sur le modèle anglais, avec quelques modifications pour accommoder les spécificités de la société pluriethnique. Elle garantit l'État de droit, les droits de la personne humaine et des élections libres à intervalles réguliers.

Le moins que l'on puisse dire est que l'indépendance de Maurice était mal partie, aussi bien politiquement qu'économiquement. Rejetée par 44% de la population, cette indépendance fut, non seulement proclamée sur fond d'affrontements interethniques meurtriers, certes sous la surveillance des troupes britanniques, mais également accompagnée d'un « mouvement de panique » de plusieurs Mauriciens qui optèrent pour l'exil volontaire, effrayés par l'épouvantail du « péril hindou » ou « du spectre de la famine. Le tissu social était fragilisé et l'économie bloquée. En effet, la diversification à travers l'industrialisation n'était encore qu'à ses débuts, alors que l'industrie sucrière avait atteint les limites de sa capacité d'absorption de la main-d'œuvre. Or, l'éradication des épidémies contribuait à l'essor rapide de la population mauricienne. La structure démographique qui jouait en faveur de la jeunesse mauricienne donna lieu à l'émergence d'un nouveau parti en septembre 1969 : le Mouvement militant mauricien (MMM), fondé par un groupe de jeunes étudiants révolutionnaires dont le Franco-Mauricien Paul Bérenger et ayant pour devise : *« enn sel lepep enn sel nasyon »*, c'est-à-dire, *« un seul peuple, une seule nation ».*
Privilégiant la lutte des classes plutôt qu'à celle des races, le MMM contestait la politique du « compromis communaliste » entre le Parti travailliste et le PSMD au sein du gouvernement national. Soutenu par les syndicats, le MMM appela à des grèves, paralysant la vie économique. En décembre 1971, le gouvernement de Ramgoolam se mua en État répressif, instaurant l'état d'urgence, afin de faire face à la détérioration de la vie politique et sociale marquée par des affrontements interethniques, grèves, manifestations et arrestations. De plus, le gouvernement renvoya les élections générales prévues pour 1972. Toutefois, Maurice ne céda pas à la tentation autoritaire. Le PMSD fut expulsé du gouvernement en 1973, et bien qu'ayant perdu le soutien du privé, il prouva son efficacité dans l'opposition. Lors des élections générales du 16 décembre 1976, le Parti travailliste, le PMSD et le MMM furent les trois principales formations à se disputer le pouvoir. Le MMM, avec 30 sièges et 38.6% des suffrages exprimés, démontrait qu'il était devenu le plus grand parti de l'île[1]. Le Parti travailliste recueillit 37.9% des suffrages et 28 sièges, contre 16.2% des suffrages et 7 sièges pour le PMSD. Ces deux derniers s'allièrent pour remporter les législatives et le Premier ministre Ramgoolam fut reconduit à la tête de l'exécutif, mais le leader du PMSD, Gaëtan Duval, ne fit pas partie du gouvernement, car s'étant largement fait battre par un candidat du MMM. L'état d'urgence fut levé en 1978.
En juin 1982, on assistait à la première alternance politique avec la victoire du MMM aux élections générales, fort de son alliance avec le nouveau parti, le Parti socialiste mauricien (PSM), une dissidence du Parti travailliste. Il

[1] Il convient de souligner ici que l'abaissement de l'âge électoral de 21 à 18 ans joua en la faveur du MMM qui était proche de la jeunesse.

faut dire que le marasme économique aidant, malgré des décisions courageuses, notamment les deux dévaluations de la roupie mauricienne, le gouvernement de Ramgoolam devint de plus en plus impopulaire. Au terme de ces élections, le tandem MMM/PSM recueillit 64.1% des suffrages contre 25.7% et 7.7% de suffrages pour les Parti travailliste et PMSD respectivement. Anerood Jugnauth devint alors le nouveau Premier ministre du gouvernement. Cette transition démocratique fut pacifique, sur fond de vie politique dynamique, ponctuée par la suite d'élections libres et régulières. Elle est devenue la marque de fabrique de l'île Maurice indépendante. C'est ainsi que la survie politique de Anerood Jugnauth, en tant que Premier ministre du gouvernement, se fera au travers du jeu des alliances pour une majorité stable, pendant la période 1982-1995 qui fut ponctuée de cinq élections générales.

Le 12 mars 1992, sous son gouvernement, Maurice devint une République, rompant ainsi avec la Couronne britannique, tout en restant membre du Commonwealth. A cette occasion, le Gouverneur général fut remplacé par le président qui jouissait des pouvoirs restreints selon la Constitution. Mais, le système Premier ministériel ne fut guère modifié. Une des règles non écrites, mais strictement observée, est que le cabinet est représentatif des divers groupes ethniques du pays. Le recrutement dans la fonction publique et dans la Force Policière est la responsabilité de commissions indépendantes. De même, l'indépendance du Commissaire de police est garantie constitutionnellement. Il est par ailleurs à noter que Maurice ne possède pas d'armée, l'Unité paramilitaire faisant partie intégrante de la Force Policière.

Lors des élections de novembre 1995, la coalition entre Parti travailliste et MMM remporta tous les sièges à pourvoir et 63.7% des suffrages contre 19.3% à l'alliance gouvernementale formée par MSM[1] (ex PSM) et RMM (une dissidence du MMM). Ainsi, le Parti travailliste revint au pouvoir avec pour Premier ministre, Navin Ramgoolam, fils de Sir Seewoosagur Ramgoolam (le « père de l'indépendance » de Maurice). Paul Bérenger (leader du MMM)[2] en était le Vice-Premier ministre. Cependant, la conjoncture économique et sociale jouait contre le gouvernement. En effet, le « miracle économique » atteignait ses limites et s'essoufflait, alors que les nouveaux défis de la mondialisation s'annonçaient. Avec l'accord multifibre et la montée en puissance de la Chine, de l'Inde, du Pakistan entre autres, le textile mauricien n'était plus protégé : fermetures d'usine et licenciements se profilaient à l'horizon, alors que la réforme du protocole sucre Afrique Caraïbes Pacifique (ACP)/Union européenne était annoncée. Par ailleurs, le malaise social de plus en plus perceptible dans la société mauricienne prenait la forme de replis identitaires, notamment avec le discours du

---

[1] Mouvement Socialiste Militant.

[2] Qui sera éjecté du gouvernement en 1997 au vu du déballage de ses divergences avec le Premier ministre.

« malaise créole » ou encore la montée du « Hizbulla » dans les faubourgs de la capitale. C'est dans ce contexte qu'intervinrent les émeutes de février 1999, à la suite du décès de Kaya (icône identitaire de la communauté créole) dans sa cellule, après avoir été incarcéré pour avoir fumé du cannabis sur scène pendant l'un de ses concerts. A l'annonce de la mort de leur idole, les jeunes de la communauté créole, considérée comme la communauté la plus défavorisée de l'île, descendirent dans la rue pour en découdre avec la police et s'en prendre aux cités ouvrières essentiellement occupées par les Indiens. Les affrontements et les pillages qui s'en suivirent sur plusieurs jours, mirent au grand jour, l'ampleur des clivages communautaires que les politiques mauriciens n'avaient pas su réduire. Aux élections générales du 11 septembre 2000, une fois de plus, le jeu des alliances tourna en faveur de l'opposition : la coalition MSM/MMM remporta les élections au détriment de l'alliance initiée par le Parti travailliste, avec 52.3% des suffrages contre 36.5%. Conformément à l'accord de l'alliance victorieuse, Anerood Jugnauth fut nommé Premier ministre jusqu'en 2003, avant de démissionner pour candidater au poste de président de la République. En septembre 2003, il fut remplacé par Paul Bérenger qui devint pour la première fois Premier ministre non-hindou de Maurice.

Les élections générales de juillet 2005 furent remportées par la coalition « alliance sociale », constituée entre le Parti travailliste et les autres partis de l'opposition, qui gouverna jusqu'en décembre 2014, avec pour Premier ministre, Navin Ramgoolam. Ensuite, le 10 décembre 2014, l'opposition réunissant les socialistes et les centristes – dont les partis MSM et PMSD – créa la surprise, en remportant très largement les élections générales face à l'alliance des deux plus grands partis historiques, le MMM de Paul Bérenger et le Parti travailliste dirigé par Navin Ramgoolam. C'est Anerood Jugnauth qui fut nommé Premier ministre. Ce dernier est une figure de la vie politique mauricienne dont le nom est associé au « miracle économique mauricien » des années 1980. Depuis janvier 2017, il a été remplacé par son fils, Pravind Jugnauth, l'actuel leader du parti MSM.

Comme on peut le constater, depuis son accession à l'indépendance en 1968, malgré la diversité d'une société parfois divisée, Maurice connaît une remarquable stabilité politique, en dépit de fréquents changements d'alliances entre les différents partis de son espace politique. Cette stabilité politique repose sur une démocratie inspirée de la Révolution française (séparation des pouvoirs législatif, exécutif et juridique) et le respect des institutions calquées sur le régime parlementaire anglais.

VI. Une stratégie et des politiques macroéconomique et publique propices au développement d'une économie diversifiée

Rares sont les pays africains qui sont parvenus aussi bien que Maurice à diversifier leur économie et à augmenter leur revenu par habitant.

Bien que ses performances s'expliquent par une multiplicité des facteurs, on peut considérer que trois grands éléments ont été les moteurs de sa profonde transformation économique :

- Une action publique cohérente (l'État ou les autorités mauriciennes) ;
- Des institutions d'appui appropriées ;
- Le choix d'un processus participatif pour l'élaboration des politiques (secteur privé).

L'État a joué un rôle clé dans le « miracle mauricien », par ses incitations et investissements dans le capital physique (infrastructures) et humain (éducation et formation). Il a su créer un environnement propice aux institutions d'appui au commerce et à l'investissement, ainsi qu'aux entreprises du secteur privé. Par ailleurs, en responsabilisant le secteur privé au travers de l'approche participative, l'État a permis à celui-ci d'apporter sa pierre à l'édifice, c'est-à-dire, d'une part, contribuer sur les politiques et consensus, et d'autre part, influer sur l'évaluation des institutions d'appui afin d'instaurer la confiance mutuelle.

Pour accompagner le développement des différentes activités – appelées « piliers » selon la communication gouvernementale –, l'État a commencé par sécuriser l'activité sucrière (premier pilier) lors de la négociation des Conventions de Lomé. Peu de temps après l'indépendance, il a contribué à mettre en place les infrastructures publiques et les organismes de formation nécessaires au développement du secteur du tourisme (deuxième pilier), ainsi que les incitations fiscales et financières pour attirer les investisseurs. Il a ensuite créé une zone franche (troisième pilier), initialement pour favoriser la compétitivité internationale du secteur textile. L'élaboration d'un secteur extraterritorial ou offshore (quatrième pilier) offrant de nombreux services de supports aux entreprises, en contrepartie d'importantes incitations fiscales, a contribué à étendre le champ de cette zone franche à une variété d'activités industrielles et commerciales. Finalement, la décennie 2000 a été marquée par le développement d'un secteur d'outsourcing (cinquième pilier), ayant vocation à faire de Maurice, un centre régional pour les technologies de l'information et de la communication. En effet, s'agissant de ce dernier pilier, l'État a voulu capitaliser sur l'éducation bilingue et de qualité de sa population, ainsi que sur les infrastructures de communication existantes, en plus des nouveaux investissements en infrastructures nécessaires. Selon les données disponibles [1], en 1976, l'agriculture représentait plus de 20% du produit intérieur brut (PIB), le secteur manufacturier 15% et les services 52% du PIB. En 2009, le poids de l'agriculture dans l'économie avait considérablement fondu (4% du PIB) ; celui du secteur manufacturier était plus ou moins stable (19% du PIB), alors que le secteur des services devenait de plus en plus prépondérant (plus de 73% du PIB).

Graphique 27 : Evolution de la croissance de Maurice sur la période 1977-2017

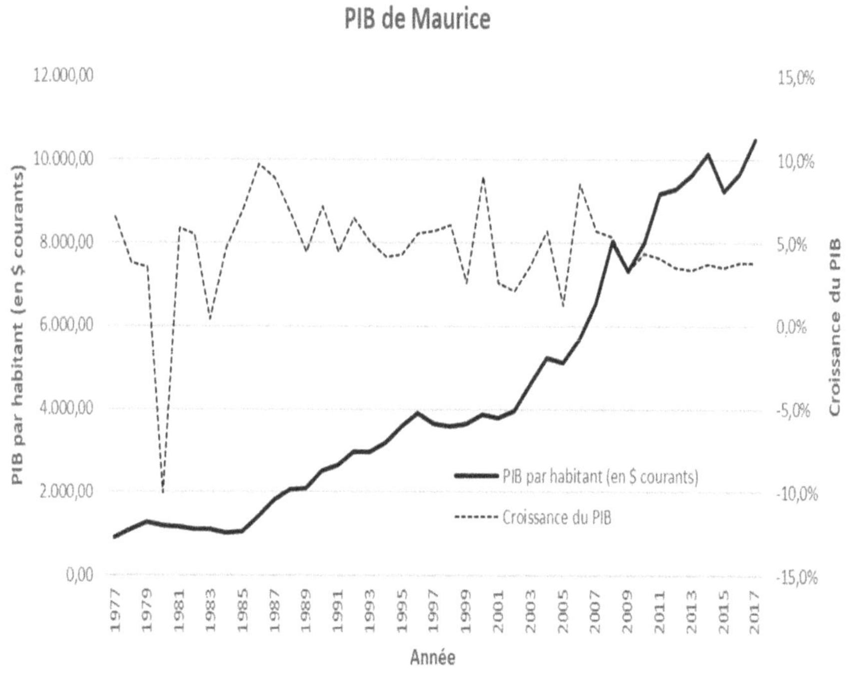

[1] Sur le site du bureau central de statistiques.

Graphique 28 : Evolution du taux de croissance du PIB à long terme de Maurice

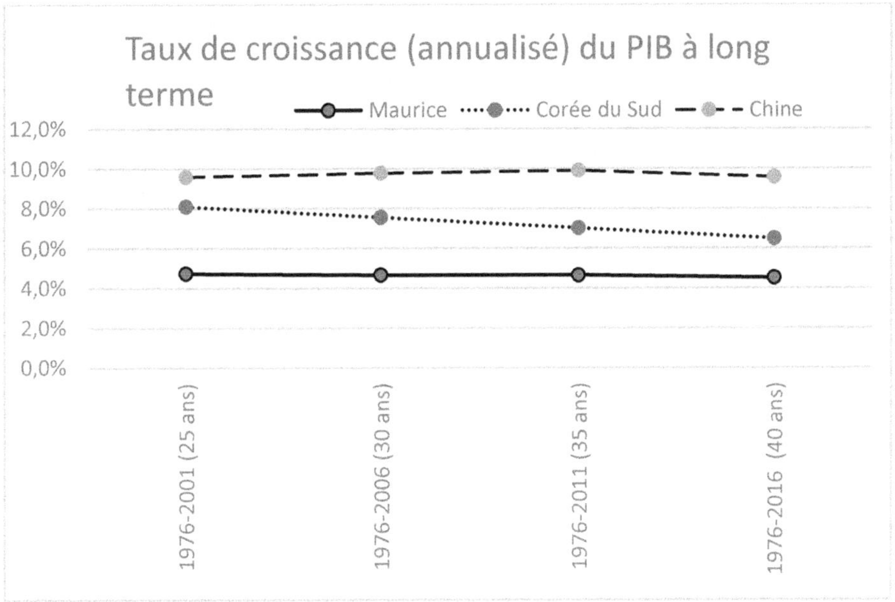

Sur le plan macroéconomique, Maurice a pu réaliser une croissance soutenue de son PIB, en moyenne égale à 4.5% par an sur la période 1976-2016 (sur quarante années)[1]. Ce qui constitue une performance long terme très élevée comme l'illustrent *Graphique 27* et *Graphique 28*, bien que celle-ci soit inférieure aux performances de la Corée du Sud (6.5%) et de la Chine (9.6%) sur la même période.

Graphique 27 montre que la croissance annuelle du PIB de Maurice se situe en moyenne à 3.7 % depuis 2009, après avoir atteint un des deux sommets depuis les années 2000 : 9% (en 2000) et 8.5% (en 2006). Cette normalisation coïncide avec l'année de prise d'effet de la fin du bénéfice du protocole sucre par Maurice ; à effet de l'année 2009, les exportations de sucre vers l'Union européenne allaient désormais se conformer aux règles de concurrence plus libérales de l'Organisation mondiale du commerce (OMC). D'où l'absolue nécessité de continuer à trouver les moyens de la diversification de son économie.

[1] Ceci, malgré le pessimisme qui prévalait au moment de son accession à l'indépendance en 1968.

VII. Une gestion efficace de la rente sucrière

L'industrie sucrière a été le détonateur de l'essor économique de Maurice qui a su tirer parti de la protection commerciale de ses exportations de sucre, en sa qualité de membre du Commonwealth dans un premier temps, puis de l'Accord du Marché Commun de l'Union européenne, dans un deuxième temps. Cette protection lui a généré une source de revenus essentielle pour assurer son développement social et économique. Grâce à une mobilisation astucieuse de ces revenus, il a été possible, d'une part de financer l'investissement aux fins de la diversification, notamment dans de nouvelles activités économiques dynamiques telles que le tourisme, les entreprises de la zone franche, et d'autre part, de fournir des services de base à la population.

Dans les années 1960, lorsque l'économie était basée sur la production du sucre, les revenus de l'industrie du sucre ont directement ou indirectement financé pratiquement toutes les infrastructures que Maurice allait utiliser comme tremplin pour son développement économique après l'indépendance. Du fait de la forte densité d'une population répartie de manière assez régulière sur l'ensemble de l'île, il a été relativement facile d'assurer à tous, l'accès aux routes, à l'électricité et à l'eau. Si bien que lorsque Maurice accédait à l'indépendance, elle disposait d'un vaste réseau routier, électrique et d'un système d'approvisionnement en eau. Ce sont autant d'éléments clés pour le développement social et économique qui a suivi. L'amélioration des conditions de logement dans les années 1960 et 1970 était plus du fait des cyclones que d'une politique volontariste d'amélioration du logement ou de la santé[1].

Dans les années 1970, la grande disponibilité des transports, de l'électricité et de l'eau a été un facteur déterminant dans la création de la zone franche. Ainsi, des usines ont pu s'implanter dans toutes les régions du pays et le gouvernement a su rapidement exploiter cet atout. La création d'emplois à proximité des agglomérations au lieu de déplacer les travailleurs à grands frais, a permis d'éviter les embouteillages. Ainsi, le travail en usine est devenu plus accessible et donc plus attrayant pour les femmes qui constituent la majorité de la main-d'œuvre employée dans la zone franche.

L'éducation constitue un axe de priorité pour les autorités mauriciennes depuis longtemps. En 1945, le Plan de développement décennal de la British Colonial Development and Welfare Act (loi coloniale britannique sur le développement et le bien-être) donnait la priorité à la « lutte contre les deux grands handicaps dont souffrait le peuple mauricien, à savoir, la mauvaise

[1] L'Administration centrale du logement est née après le passage en 1960 des ouragans Alix et Carol; en 1970, 13 000 logements avaient déjà été construits. C'est au cyclone Gervaise que l'on peut attribuer la mise en place d'un programme d'urgence en 1975 qui a conduit à la construction de 7 500 nouveaux logements de bien meilleure qualité.

santé et la médiocrité de l'éducation »[1]. Il s'agissait de démocratiser l'enseignement afin que « les jeunes mauriciens puissent devenir des citoyens responsables et actifs »[2]. La diffusion de l'enseignement de base a contribué de manière décisive à promouvoir la démocratie dynamique de Maurice qui, elle-même, est l'un des piliers de la réussite de ce pays. De plus, l'essor de l'économie amorcé dans les années 1960 s'est appuyé sur la zone franche et le tourisme. Les emplois créés par ces activités exigeaient des connaissances de base en lecture et en arithmétique, plutôt que des compétences professionnelles particulières.

Au fur et à mesure que l'économie est devenue plus complexe et plus prospère, la qualité de l'enseignement s'est améliorée et, la gamme des cursus d'enseignement et des cours de formation s'est élargie, tout en s'adaptant aux besoins des entreprises de pointe. Chaque année, le gouvernement augmente son budget pour l'éducation. En 2017, il représentait plus de 12% de la dépense publique, avec notamment un taux de scolarisation de 97% pour le primaire[3] et 72% pour le secondaire. Les écoles et collèges sont pour la plupart des établissements gouvernementaux, accessibles sans frais de scolarité. Le gouvernement a annoncé en début d'année 2019 que les frais de scolarité, de première, deuxième et troisième années d'une dizaine d'universités publiques mauriciennes, seront gratuits à compter de la rentrée 2019.

Sur le plan de la santé publique, de remarquables progrès ont été effectués par rapport à la situation des années 1960, l'infrastructure sanitaire mise en place restant dans la continuité du système colonial anglais. Au XIXe siècle, des hôpitaux et dispensaires étaient fournis à travers le « Poor Law Medical Service ». En 1931, un rapport de la Commission sur la situation financière de Maurice faisait état du problème d'engorgement dans des hôpitaux et recommandait un système de dispensaires pour y faire face. Ainsi, lors de la Seconde Guerre mondiale, la quarantaine de dispensaires qui couvraient l'île allait servir de base au futur développement de ce système. Après l'indépendance, à la suite de la recommandation de Titmuss[4], la politique gouvernementale s'est concentrée sur l'augmentation du nombre de centres offrant des soins de santé primaires :

- En procédant tout d'abord à une série de rationalisations et de restructurations, notamment en intégrant à partir de 1972 les centres de planification familiale et les hôpitaux dans le ministère responsable de la santé ;

---

[1] Cf. Colonial Office, 1951, par. 8.

[2] Cf. ibid., par. 45

[3] La scolarité est obligatoire depuis 1993.

[4] Richard M. Titmuss (1907-1973, chercheur anglais en politique sociale qui fut également consultant en Afrique avec le Professeur Brian Abel-Smith.

- Et en lançant un programme de construction de centres médicaux dans les années 1970 et 1980.

En 1970, le budget de la santé s'élevait à 9,5 % du budget annuel de l'État. Dans les années 1980 (i.e. douze ans après l'indépendance de l'île), le secteur public comprenait[1] : 7 hôpitaux généraux, 4 hôpitaux spécialisés, 6 centres de soins, 59 dispensaires, 5 dispensaires mobiles et 74 centres pour familles et enfants. Le secteur privé comptait quant à lui : 7 cliniques privées, 27 dispensaires de sucreries et 48 pharmacies privées. Ainsi, dès 1985, les Mauriciens avaient accès à un centre de soins de santé primaires, situé dans un rayon de 5 km ou à 30 minutes de chez eux, en utilisant les transports publics (OMS, 1986). La formation du personnel de santé et le planning familial ont été plus particulièrement développés.

VIII. Synthèse des performances de Maurice au travers de dix indices de référence

Le tableau ci-après (cf. *Tableau 16*) résume le classement de Maurice, aux niveaux africain et mondial, en termes d'indicateurs socio-économiques et autres indicateurs (gouvernance, corruption...).

[1] Cf. Thèse de Doctorat en médecine de Sébastien WONG NG – Faculté de médecine de Nancy (Université de Nancy 1), 2008.

Tableau 16 : Performance de Maurice au travers de dix indices de référence

Indice de performance	**Classement au niveau de l'Afrique**	**Classement au niveau mondial**	**Premier pays africain au niveau mondial (rang)**	**Premier pays au niveau mondial**
Indice de perception de la corruption 2018 (1)	6ième/54	56ième/180	Seychelles (28e)	Danemark
Indice de démocratie (2)	1er/50	16ième/167	Maurice (16e)	Norvège
Indice Ibrahim de la gouvernance en Afrique (3)	1er/54	Non Applicable	Maurice	Non Applicable
Indice de compétitivité (4)	1er/34	49ième/140	Maurice (49e)	États-Unis
Indice d'innovation globale 2018 (5)	3ième/28	75ième/126	Afrique du Sud (58e)	Suisse
Indice de développement humain 2017 (6)	2ième/53	65ième/189	Seychelles (62e)	Norvège
PIB PPA 2017 ($ constant 2011) par habitant (7)	3ième/50	64ième/187	Seychelles (50e)	Qatar
Indice de la facilité de faire des affaires (8)	1er/54	20ième/190	Maurice (20e)	Nouvelle Zélande
Indice des inégalités des revenus (9)	38ième/50	96ième/164	Afrique du Sud (1er)	Afrique du Sud
Indice de développement des infrastructures (10)	5e /54	Non Applicable		

(1) Transparency International - Corruption Perceptions Index 2018.
(2) Democracy Index 2017 - The Economist, intelligence Unit.
(3) 2018 IIAG report – Mo Ibrahim Foundation.
(4) The Global competitiveness report 2018 – World Economic Forum.

(5) The Global Innovation Index 2018 – World Intellectual Property Organisation/Cornell SC Johnson College of Business/INSEAD.
(6) Rapport 2018 - Programme de Nations Unies pour le Développement (PNUD).
(7) Produit intérieur brut par habitant 2017 en parité de pouvoir d'achat et en valeur constante 2011 - Données site internet - Banque Mondiale.
(8) Doing Business 2019 – A World Bank Group Flagship Report, 16th edition.
(9) Indice de Gini - dernières valeurs connues (mises à jour à différentes dates) - site internet de la Banque Mondiale.
(10) Africa Infrastructure Development Index 2018 - African Development Bank.

Tableau 17 ci-après fournit la notation financière, ou rating (en anglais), attribuée à Maurice par l'agence de notation Moody's. Elle correspond à leur perception du niveau de risque représenté par Maurice. Elle joue un rôle important, notamment dans le coût de l'accès aux capitaux auprès des marchés financiers.

Tableau 17 : Notation financière de Maurice en novembre 2019

Agence de Notation	**Moody's**	**Standard & Poor's**	**Fitch**
Notation de la dette souveraine par les agences de notation en 2019	Baa1	Pas de notation	Pas de notation
Qualité de la notation	Qualité moyenne inférieure (*)		

(*) C'est le quatrième niveau de qualité de signature (sur dix niveaux) après « Première Qualité », « Haute Qualité » et « Qualité moyenne inférieure », trois niveaux attribués aux pays à faible risque. Les pays africains ont souvent une très faible qualité de signature correspondant généralement au sixième niveau (« Très spéculatif »).

IX. Religion et culture

La structure de la religion à Maurice est liée à la diversité de sa culture, avec une histoire souvent mouvementée s'articulant autour d'influences issues de plusieurs régions du monde (Europe, Inde, Chine et Afrique). Maurice est passée du statut de pays inhabité au XVIe siècle, à celui d'un pays rempli d'une diversité de gens qui coexistent pacifiquement aujourd'hui, malgré leur héritage varié et leurs croyances religieuses.
Pratiqué par environ 52% de la population, l'hindouisme est la principale religion à Maurice. Il a été largement introduit et répandu sur l'île au travers de l'immigration massive des Indiens. Ces derniers avaient été recrutés comme travailleurs sous contrat pendant la période de colonisation

britannique, à compter de 1835, l'année d'abolition de l'esclavage sur l'île par les Anglais.
Ensuite, on retrouve en deuxième position, le christianisme, qui est pratiqué par 30% de la population. 83% de ces chrétiens se réclament de l'Église catholique romaine ; les autres étant notamment des presbytériens, adventistes, pentecôtistes et autres types de religions. Le christianisme fut introduit par les explorateurs hollandais, puis renforcé par les colonialistes français à partir de 1715, après que les premiers aient abandonné l'île en 1910. Les Français ont ensuite imposé une loi qui stipulait que tous les esclaves amenés à Maurice devaient être baptisés dans la foi catholique. Pendant les guerres napoléoniennes, les Britanniques ont essayé en vain de convertir les Mauriciens au protestantisme. La cathédrale Saint-Louis à Port Louis, construite par les Français au XVIIIe siècle, est la plus ancienne église. C'est visiblement l'église la plus importante de l'île. Elle fut considérablement endommagée au XIXe siècle, consécutivement à un cyclone, et n'a été reconstruite qu'en 1925. Une tour jumelle lui fut ajoutée en 1932.
Par ailleurs, 17% de la population de Maurice pratique la religion musulmane. 90% de ces musulmans sont des sunnites comprenant la langue ourdou. Au sein de la communauté musulmane, arrivée sur l'île en tant qu'ouvriers sous contrats pendant la colonisation anglaise, il y a trois ethnies : les Menons, les Surtees et les Hindis Calcattias. Une grande partie de cette communauté vit dans et autour de Port Louis, qui est aussi le site de l'une des magnifiques mosquées de l'île, la mosquée de Jummah. Construite vers 1850 et agrandie en 1878, à partir de matériaux essentiellement importés de Bombay (pierre, bois, chaux...), cette mosquée a mobilisé un grand nombre de travailleurs spécialisés venus d'Inde.
En plus des trois religions ci-dessus, il y a le bouddhisme qui est pratiqué par 1% de la population seulement. Les adhérents au bouddhisme proviendraient essentiellement d'une minorité de Sino-Mauriciens.
Il ressort finalement que Maurice, par sa diversité, a réussi à passer d'un régime colonial à une démocratie parlementaire, où les gens sont autorisés à pratiquer leur religion, à embrasser leurs cultures et à parler leurs langues librement, tout en édifiant une culture mauricienne. La religion fait partie de l'identité de cette culture. C'est ainsi que les jours fériés et les différents festivals religieux contribuent notamment à mettre en valeur l'ethnicité culturelle et religieuse de Maurice.

« La perfection est un chemin, non une fin »

Proverbe coréen

Dossier 4
MODÈLE DE DÉVELOPPEMENT DE LA CORÉE DU SUD

I. Présentation de la Corée du Sud actuelle

Ayant pour capitale Séoul, la Corée du Sud est un pays d'Asie de l'est occupant le sud de la péninsule de Corée. Sa superficie est de 99 618 km2, et sa population (en 2018) de 51.6 millions d'habitants[1].

Graphique 29 : Carte géographique de la Corée du Sud

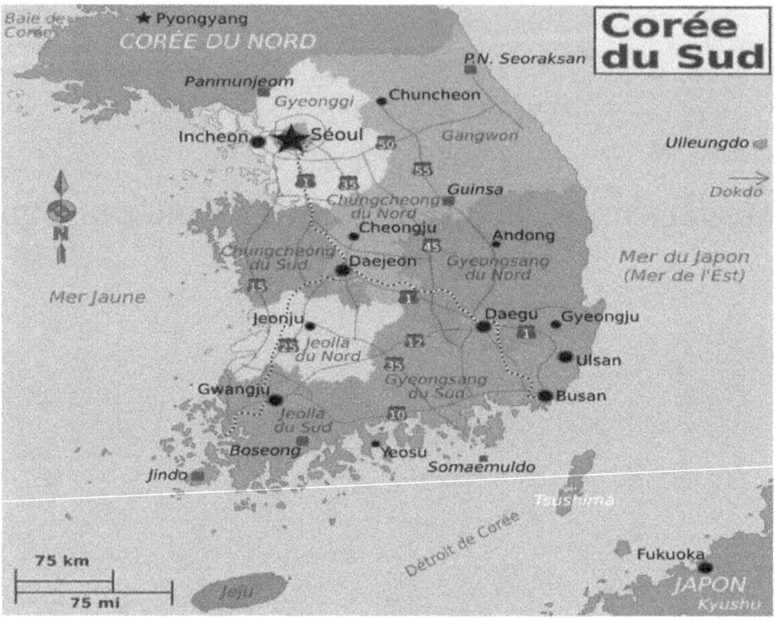

Dans la suite, nous nous attachons à expliquer les principaux facteurs ayant concouru au développement de la Corée du Sud.

[1] Selon l'Organisation des Nations Unies (ONU).

II. La religion

Le bouddhisme et le confucianisme partagent certains aspects communs. Ils accordent une importance à la manifestation de l'altruisme, au développement personnel ou encore à l'éthique. Ces deux philosophies ont réellement commencé à cohabiter[1] dans la cité bien avant l'époque de la dynastie Joseon (1392-1894)[2], jusqu'à l'arrivée du néoconfucianisme. Le néoconfucianisme est un mouvement philosophique instigué par le penseur chinois Zhu Xi (1130-1200), privilégiant l'éducation, l'observation des coutumes ou rituels sociaux, le besoin d'agir conformément aux codes moraux définis par la société, le respect mutuel, tout en gardant le culte de la hiérarchie. Les néo-confucianistes pensent en effet que toute chose s'explique et le rôle de l'homme est de travailler pour parvenir à cette compréhension. Mais, grand lecteur de textes bouddhistes, Zhu était plutôt un penseur rationaliste que spirituel. Il estimait que le bouddhisme était creux et trompeur, que celui-ci pouvait certes s'accommoder avec l'ancien confucianisme, mais pas avec le néoconfucianisme. Après que le savant coréen An Hyang eût lu et été inspiré de transcrire et d'importer dans son pays l'un des travaux de Zhu en 1286, le néoconfucianisme commença à influencer les intellectuels coréens. La présence d'académies de confucianisme allait favoriser le développement de ce nouveau courant de pensée. De plus, le pouvoir excessif des monastères et la corruption dont ils étaient accusés, faisaient que l'approche antibouddhiste de Zhu arrivait au bon moment. Bien que les gens ordinaires et l'essentiel de l'élite continuaient d'être en faveur du bouddhisme, il y eut de puissants opposants à cette religion. Le roi Tajeo[3], le fondateur de la dynastie Joseon en 1392, en charge de plusieurs portefeuilles administratifs (éducation, politique fiscale, diplomatie et défense), fit du néoconfucianisme l'idéologie officielle de l'État, en lieu et place du bouddhisme. Au début du règne de la dynastie Joseon, plusieurs monarques restèrent fidèles au bouddhisme : par exemple, le roi Taejo lui-même et le roi Sejong le Grand[4] étaient bouddhistes et pensaient qu'il n'y avait pas de contradiction d'être guidé par la philosophie

---

[1] Ce mélange peut s'illustrer avec la création de l'élite « Hwarang », un groupe de jeunes combattants de la dynastie Shilla (de 57 av. J-C à 935) - composé d'adolescents issus de l'aristocratie, de bonne moralité - qui étaient formés à l'équitation, au tir à l'arc, aux arts martiaux, ainsi qu'aux disciplines intellectuelles, et endoctrinés à l'éthique morale issue aussi bien du bouddhisme que du confucianisme. Bien qu'ils étaient considérés comme une force bouddhiste, les deux premières instructions du code de moralité qui leur avaient été enseignées par leur moine bouddhiste – nommé Wongsang – étaient : *« sois loyal à ton Dieu »* et *« aime et respecte tes parents et tes enseignants »*. Il n'y a pas plus instructions confucianistes comme instructions.

[2] Ou encore la dynastie Yi, la dernière avant la colonisation de la Corée par le Japon à partir de 1910.

[3] Décédé en 1398, il n'aura régné que pendant six ans avant de céder le trône à ses fils.

[4] Quatrième roi de la dynastie Joseon de 1418 à 1450.

confucianiste sur les questions sociales et de l'être par la philosophie bouddhiste sur les questions métaphysiques. Toutefois, ils furent contraints par les puissants fonctionnaires qui étaient plutôt en faveur du néoconfucianisme, en lieu et place de l'ancienne forme de confucianisme. Les néo-confucianistes s'attaquèrent également au chamanisme[1] qui a aussi bien résisté au cours de l'ère Joseon pendant laquelle plusieurs membres de la noblesse et des classes ordinaires étaient restés attachés à la fois au bouddhisme et au shamanisme, à l'image de l'impératrice Myeongseong[2], à la fin du XIXe siècle.
Après avoir eu des débuts très difficiles dans les années 1590, aujourd'hui, le christianisme est plus pratiqué que le bouddhisme en Corée du Sud. Ce n'est véritablement qu'à partir de la fin du XVIIIe siècle que le catholicisme commença à s'enraciner en Corée. Effectivement, pour plusieurs raisons, il fut d'abord perçu comme une menace pour le régime. Le catholicisme, perçu comme une religion étrangère, soutenait que les hommes avaient été créés égaux par Dieu. Par conséquent, il représentait une menace pour l'ordre social et venait contredire les principes du néoconfucianisme, fondés sur l'obéissance de la hiérarchie sociale, et particulièrement le respect de la monarchie. De plus, certains catholiques refusaient de pratiquer les rites ancestraux, *jesa*[3], au motif que ceux-ci constituaient une idolâtrie. C'est ainsi que le catholicisme s'est pratiqué clandestinement en Corée jusqu'aux années 1870-1880, moment à partir duquel la Corée commençait à normaliser ses relations avec les puissances occidentales, et de ce fait, était amené notamment à réfléchir sur sa politique répressive. Le nombre de catholiques dans le pays allait ainsi passer de 12 000 en 1882 à 73 000 en 1910 (au début de la colonisation de la Corée par le Japon).
Quant aux protestants, en 1884, les Coréens virent l'arrivée des premiers missionnaires américains qui se sont aussitôt mis à construire des hôpitaux, écoles et universités, afin de contribuer matériellement au développement de la Corée. En s'érigeant comme un grand promoteur de l'éducation en Corée, l'Église protestante venait confirmer aux yeux des Coréens l'idée selon laquelle cette nouvelle forme de christianisme récemment importée par les Américains était progressiste, moderne et bénéfique pour le pays. C'est ainsi qu'en 1910, début de la colonisation de la Corée par le Japon, le protestantisme était devenu plus populaire que le catholicisme, avec plus de 100 000 pratiquants.

---

[1] Le chamanisme est une spiritualité centrée sur la médiation entre les êtres humains et les esprits de la nature, les âmes des animaux, ou encore la communication avec des divinités.
[2] Aussi connue sous le nom, la reine Min.
[3] Une cérémonie célébrée en souvenir d'un ancêtre mort. En général, il y a plusieurs cérémonies dans l'année.

III. Le capitalisme à la sud-coréenne

En Corée du Sud, le capitalisme s'appuie principalement sur les bases du confucianisme et d'une stratégie de développement articulé autour du système de chaebol ; les chaebol étant des ensembles d'entreprises, de domaines variés, entretenant entre elles des participations croisées.

Dans les années 1950, la Corée du Sud était l'un des pays les plus pauvres de la planète, sur le plan économique. La guerre de Corée de 1950 à 1953 à l'issue de laquelle la Corée fut divisée en deux pays distincts, la Corée du Nord et la Corée du Sud, a été plus dommageable à cette dernière. En l'occurrence, elle avait privé de logement un tiers de la population, de nombreux orphelins et enfants arborant les rues à la recherche de nourriture. Le produit intérieur brut par habitant de la Corée du Sud était largement en dessous de 100 $US. Le gouvernement dépendait fortement de l'aide étrangère consentie principalement par les États-Unis. Sur le plan politique, le pays était dirigé par le président Syngman Rhee, sous un régime dictatorial, sanguinaire et corrompu.

Le 16 mai 1961, à la suite d'un coup d'État, le Général Park Chung-hee devint président du pays qu'il allait diriger de manière autocratique. Toutefois sa vision économique allait être salutaire pour le développement économique de la Corée du Sud. En effet, le nouveau président, appelé président Park par la suite, convainquit le fondateur de Samsung, Lee Byung-chul, le plus grand entrepreneur sud-coréen dans les années 1950, exilé au Japon, à rentrer au pays. A son retour, ce dernier fut incarcéré notamment pour évasion fiscale et réussit malgré tout à négocier avec le président Park, en promettant non seulement de donner une grande partie de sa richesse à l'État, mais également de mettre son influence au service de l'État, de manière à persuader d'autres entrepreneurs de faire comme lui, afin d'exécuter la stratégie de développement économique imposée par le président Park. Une stratégie qui avait pour ambition de poursuivre le développement industriel de la Corée du Sud, dans le but de la sortir de la pauvreté et de la rendre plus prospère que la Corée du Nord. C'est ainsi que Lee devint président de la fédération des industries de Corée du Sud, une organisation qui représente aujourd'hui les intérêts des grandes firmes sud-coréennes. Il convient de souligner qu'à cette époque, l'environnement des affaires était particulièrement corrompu. En négociant avec Lee, le président Park avait compris qu'il pouvait instrumentaliser la menace de poursuite pour corruption, de manière à atteindre son objectif, en exploitant l'expertise organisationnelle des grands capitaines d'industrie du pays. C'est ainsi qu'il offrit à dix-huit dirigeants d'entreprises le choix entre participer au développement ou aller en prison. Bien évidemment, ces derniers optèrent pour la première option et s'acquittèrent des amendes au titre de délits d'évasion fiscale ou de pots de vin qui leur étaient reprochés. Le gouvernement réinvestit le montant de ces amendes dans les projets que le président Park avait demandé aux compagnies de ces dirigeants de développer. Le premier plan quinquennal fondateur du développement industriel de 1962 à 1967 visait les domaines suivants : chimie, cimenterie, engrais, textile et raffinage de pétrole. Plus tard, le nombre d'entreprises impliquées dans cette stratégie de développement allait s'accroître. Ce fut notamment le cas avec la société Daewoo, créée en 1967, qui après s'être spécialisée au départ dans le textile, étendit son activité dans d'autres domaines industriels (fabrication des composants électroniques, voitures et navires), selon le plan économique tracé par l'État.

Si cette stratégie devait être mise en œuvre par les grandes entreprises sud-coréennes exclusivement, celles-ci avaient des niveaux de fonds propres insuffisants pour investir dans des industries lourdes nécessitant des capitaux importants, comme la construction navale et la fabrication de véhicules. Ainsi, elles ne pouvaient que recourir à la dette pour exécuter le plan de développement dont l'État était le chef d'orchestre. Fort heureusement pour elle, le gouvernement y remédia avec une injection massive de liquidités provenant de prêts du gouvernement américain et, plus tard, des paiements reçus dans le cadre de la participation de la Corée du Sud à la guerre des États-Unis contre le Vietnam. Par ailleurs, à ces liquidités s'ajoutaient les prêts préférentiels et compensations consentis par le Japon, au titre de la colonisation de la Corée de 1910 à 1945. L'État pouvait financer les entreprises choisies à des taux d'intérêt très compétitifs, au travers des banques nationales coréennes. Ainsi, neuf entreprises se partageaient, à elles seules, 40% des prêts consentis par ces banques.

En raison des relations entre le gouvernement et le milieu des affaires, la corruption était toujours présente. Fort heureusement, le président Park n'était personnellement pas corrompu. Sa grande capacité managériale et son intégrité allaient ainsi permettre d'éviter le chaos, et même, de transformer les grandes entreprises sud-coréennes en championnes industrielles. En réalité, sur le plan stratégique, dans les années 1950, ces conglomérats de grandes entreprises partenaires de l'État (chaebol) mis en place par le président Park, s'étaient engagés au départ dans un développement par substitution aux importations[1], afin d'amener progressivement les entreprises sud-coréennes à exporter et se confronter à la compétition internationale. Ici, l'État s'érigeait en État visionnaire ou État stratège, traçant les lignes directrices. Lequel a ainsi construit une économie fondée sur l'exportation, par une série de plans de développement successifs. Plusieurs stratégies ont été mises en œuvre selon les secteurs (substitution aux importations, mise en

---

[1] Cette stratégie a lieu lorsqu'un État, pour favoriser l'émergence des entreprises locales, va bloquer les importations et permettre aux entreprises locales de fabriquer les produits bloqués à l'importation et de les vendre dans le marché local. En général, notamment au début, la production est inefficiente mais c'est un coup de pouce à l'essor de ces entreprises.

place de grandes industries lourdes au cours des années 1970, montée en gamme progressive). Le développement s'est également appuyé sur de grandes institutions publiques. Pour se doter d'un outil de pilotage, dès 1961, le gouvernement créa un Bureau de planification économique, réunissant principalement des économistes et des hauts fonctionnaires. Cette structure avait vocation à concevoir les grandes directions du développement, afin de maîtriser les progrès de l'industrialisation dans le cadre d'une stratégie globale. Plus tard, en 1971, au travers d'une loi spéciale, le gouvernement créa le Korea Advanced Institute and Technology (KAIST), dans la perspective de développer la recherche scientifique et la formation technologique, faisant appel dans un premier temps à des professeurs et chercheurs de haut niveau formés aux États-Unis.

C'est ainsi que des entreprises telles que Samsung et LG sont devenues très performantes et efficaces. Cependant, comme dans tout système capitaliste, et malgré le partenariat entre l'État et l'industrie, quelques entreprises ont dû faire faillite, notamment au début du plan, puis dans les années 1970. Depuis les années 1980, la situation des plus grandes entreprises sud-coréennes s'est nettement stabilisée : entre 1983 et 2000 seules deux d'entre elles ont perdu leur place dans le classement des dix premières entreprises.

Pour être complet, il convient de fournir quelques de précisions sur le style de capitalisme à la sud-coréenne basé sur les chaebol. Ce capitalisme est caractérisé par une industrie dirigée par l'État, où les sociétés sont dotées d'une hiérarchie et d'une bureaucratie influencées par le confucianisme. Effectivement, le style de management paternel dans les entreprises provient de la relation père-fils sous-jacente au confucianisme. Les entreprises devaient traiter les employés comme des fils et filles, et en retour, les employés devaient être loyaux, respectueux et gentils envers leurs responsables hiérarchiques, les considérer comme leurs pères. C'est ainsi qu'à partir des années 1960, les salaires dans les chaebol avaient été maintenus relativement bas et les syndicats interdits. Ce qui permit aux chaebol d'être compétitifs et performants sur le plan international. La philosophie de l'entreprise était de « croître, progresser ensemble », chacun travaillant pour un seul et même but : la sortie de la pauvreté et le développement économique de la Corée du Sud. Les dirigeants des chaebol ne possédaient qu'un faible pourcentage de leur société, du fait du poids de leur dette ; le reste appartenait aux banques et à l'État.

Néanmoins, si les chaebol ont prouvé leur compétitivité à l'échelle internationale, ça l'a été moins sur le plan local. En réalité, le consommateur sud-coréen n'avait pas d'autre choix que les produits fabriqués par les chaebol, souvent de moins bonne qualité. De plus, la puissance des chaebol supportés par l'État laissait peu de place à la culture d'entreprise en Corée du Sud et à la créativité. Le système des chaebol dans les années 1960 et 1970 était adapté au contexte de l'époque. En revanche, il ne l'est pas pour une économie large et moderne. Malgré ses défauts, ce système a permis à la

Corée du Sud de générer une croissance économique rapide et de sortir de la pauvreté. Les exportations ont crû de 100 millions $US en 1964 à 10 milliards $US en 1977 et le PIB par habitant est passé de 100 $US à 1 000 $US dans cette même période. Ce système, bien que côtoyant le favoritisme et la corruption, est apparu comme une solution pragmatique combinant, la puissance de l'État avec l'incitation du profit, et la capacité du confucianisme à amener chacun à être en ligne avec son patron. A son tour, ce dernier était, et devrait être, en ligne avec le président Park, le dépositaire de la vision stratégique. Il convient de rappeler ici que ce succès économique s'est passé pendant la période de dictature, avant l'avènement de la démocratie, de la fin des années 1980 au début des années 1990. Une transformation politique qui sera aussi spectaculaire que l'essor économique rapide de la Corée du Sud.

Graphique 30 : Evolution de la croissance de la Corée du Sud sur la période 1961-2017

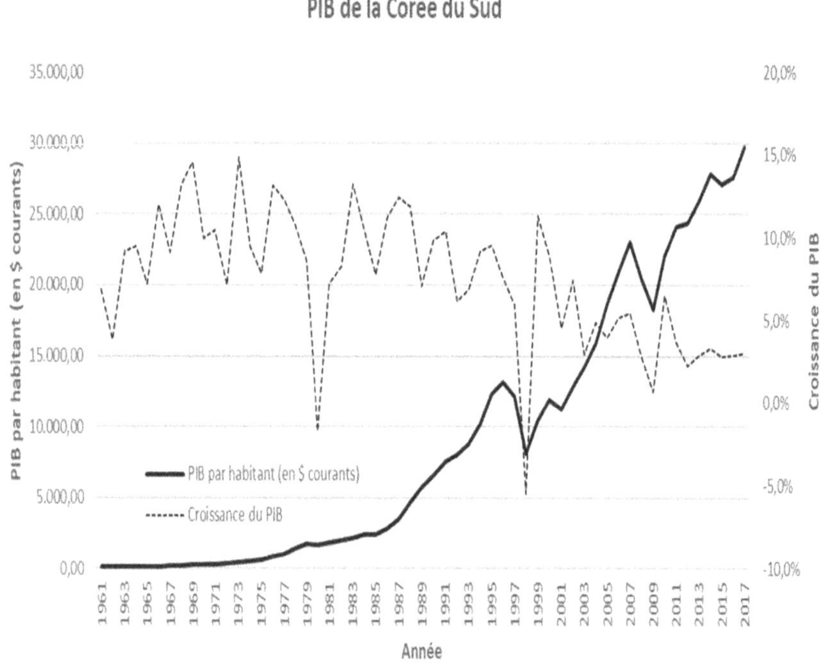

La Corée du Sud a réalisé une croissance annuelle moyenne de son PIB de 7.4% sur l'ensemble de la période 1961-2017 (soit environ six décennies consécutives, en prenant en compte l'impact des différentes crises financières et pétrolières survenues au cours de cette période). *Graphique 30* ci-dessus illustre cette performance.

De manière plus précise, selon les quatre sous-périodes suivantes, elle a réalisé une croissance annuelle moyenne de :

- 10% sur la période 1961-1979 (soit presque deux décennies consécutives) avant d'enregistrer une baisse de -1.7% en 1980 ;
- 9.1% sur la période 1981-1997 (sur 16 ans, à la suite des deux décennies précédentes) avant d'enregistrer sa plus forte baisse historique de -5.5% en 1998, consécutivement à la crise de l'Asie du sud-est de 1997/1998 ;
- 5.7% sur la période 1999-2008 (sur 9 ans) avant de voir la croissance chuter à 0.7% en 2009, à la suite de crise financière de 2008/2009 ;
- 3.4% sur la période 2010-2017 (sur 8 ans).

IV. Avènement de la démocratie en Corée du Sud

L'expression « miracle du fleuve Han [1] » renvoie au développement économique spectaculaire de la Corée du Sud depuis les années 1960. Le deuxième miracle est la transformation politique dans les années 1990, où la Corée du Sud s'est érigée en modèle de démocratie en Asie, continent dans lequel certains pays sont économiquement prospères, mais politiquement sous la houlette de régimes autoritaires, à l'exception du Japon. Ce changement aussi radical que spectaculaire de la Corée du Sud peut s'expliquer par un certain nombre de facteurs culturels et historiques. Il s'agit principalement de l'importance de l'éducation dans la société, la création du Hangul (l'alphabet coréen), ainsi que la forte tradition de révolte et de protestation des Coréens.

Si le respect pour l'éducation remonte au confucianisme, le héros de l'alphabétisation en Corée est le roi Sejong Le Grand (1418-1450) qui, au début de l'ère de la dynastie Joseon, confia aux savants la mission de création d'un alphabet coréen (le Hangul) ; instituant ainsi un des plus grands facteurs d'égalitarisme dans la société coréenne. Bien avant le Hangul, les Coréens utilisaient les caractères chinois – ou hanja – qui étaient complexes et nombreux, plus accessibles à l'élite, et moins aux paysans. Les touristes étrangers sont toujours surpris par la facilité avec laquelle on apprend à lire les mots coréens. Le roi Sejong avait délibérément fait concevoir le Hangul pour le rendre le plus accessible possible. Aujourd'hui, le taux d'analphabétisme en Corée est quasiment nul. Contrairement à de nombreux pays dans le monde, toutes les personnes s'intéressant à la politique ont la possibilité de communiquer leur point de vue. Ils ont également accès à un système d'éducation leur permettant d'avoir des

[1] Le Han (ou Hangang) est un fleuve de Corée qui se jette dans la mer Jaune en séparant la Corée du Sud de la Corée du Nord.

connaissances fondamentales sur l'instruction civique et d'autres disciplines telles que la théorie politique, l'histoire politique et l'administration politique.

La Corée du Sud a une forte tradition de protestation qui remonte très loin dans le temps, les Coréens n'hésitant pas à exprimer ouvertement, bruyamment et en grand nombre leurs revendications, par rapport à d'autres pays asiatiques. Le côté rebelle des Coréens est principalement rattachable à la période de la dynastie Joseon – de 1392 à 1910 – où l'État était fragilisé et divisé, les citoyens ordinaires s'inquiétaient des rigueurs de la hiérarchie prônée par le confucianisme. Pendant que l'Europe affrontait sa propre période révolutionnaire, l'État coréen devait faire face aux soulèvements des paysans, du fait d'une taxation excessive et de leur sentiment de surexploitation. C'est ainsi qu'en 1862, les paysans de la province de Gyeondsang, sous la direction d'un savant (Yu Gye-chun), se rebellèrent contre le vol de leurs revenus, avec la complicité de fonctionnaires corrompus. Ils brûlèrent des bâtiments administratifs et tuèrent des fonctionnaires locaux. Ce qui contraignit les autorités à faire des réformes militaires et agraires, ainsi qu'à prendre des mesures de réduction de la fraude. En 1894, eut lieu la révolution paysanne Donghak[1], un mouvement initié dans les années 1860 par Choi Je-woo, un prêcheur d'une philosophie hybride combinant le confucianisme et le bouddhisme, qui soutenait l'égalité entre les hommes, la démocratie et les droits humains. Cette philosophie était surtout bien accueillie par les paysans qui y voyaient un message d'espoir. Pour combattre cette révolution, le gouvernement Joseon fit appel à l'aide de la Chine qui envoya une troupe de trois mille soldats afin de contenir la rébellion et négocier un cessez-le-feu. Cette incursion de la Chine poussa le Japon à intervenir pour affirmer son influence sur la Corée, avec la ferme intention d'annexer celle-ci. Le Japon envoya ainsi une troupe de huit mille soldats en guise de représailles, saisit le palais royal et remplaça les principaux membres du gouvernement en place par des dirigeants acquis à sa cause. Ce conflit entre la Chine et le Japon en Corée fut l'une des causes majeures de la première guerre sino-japonaise de 1894-1895. En octobre 1894, l'armée rebelle des Donghak continua son combat en direction du nord de la Corée. En chemin, elle se heurta aux troupes japonaises qui lui infligèrent une défaite cinglante. Toutefois, le nouveau gouvernement sous influence japonaise institua les réformes Gabo[2] qui allaient bousculer l'ordre traditionnel, notamment en mettant fin au système de classes, en établissant le principe de nominations des membres du gouvernement sur la base du mérite exclusivement, et en permettant le remariage des veuves et veufs.

---

[1] Qui signifie, apprentissage de l'Est.

[2] Un ensemble de réformes effectuées entre 1894 et 1896, à la fin de la période Joseon (1392-1897), dans l'actuelle péninsule de Corée, sous le règne du roi Kojong, en réponse à la rébellion paysanne du Donghak.

La défaite du Japon à l'issue de la Seconde Guerre mondiale mit fin à son impérialisme en Corée qui recouvrit son indépendance. Cependant, à partir de 1948, elle allait être divisée en deux : la Corée du Sud, pro-américaine, et la Corée du Nord, pro-Union soviétique. Les deux régimes en vigueur dans chacune des deux parties de la Corée étaient tous autoritaires, toutefois, avec des différences considérables. Dans le Nord, Kim Il-sung, aidé par le russe Joseph Staline, était un dictateur dans tous les sens du terme. Au Sud, sous l'administration militaire des États-Unis, jusqu'en 1948, des institutions étaient établies avec une tenue d'élections démocratiques ; les Américains exigeant aux premiers dictateurs sud-coréens, le maintien d'une certaine dose de démocratie. C'est ainsi que même dans les périodes sombres de la dictature sud-coréenne, l'opposition a toujours existé, a été identifiée et représentée par des figures emblématiques. Le chemin qui allait conduire la Corée du Sud à la démocratie dans les années 1980 est passé par plusieurs étapes résumées ci-après.

1948 – Mai 1961

Syngman Rhee (appelé par la suite, Rhee), anticommuniste proaméricain, fut le premier président de la Corée du Sud, élu par le Parlement en 1948, avec une nouvelle Constitution inspirée du système américain qui prévoyait notamment la séparation des pouvoirs exécutif et législatif et l'indépendance de la justice. Toutefois, le président Rhee allait s'affirmer comme un dictateur, menant la vie dure à ses opposants qu'il n'hésitait pas à emprisonner voire exécuter. En 1952, après avoir perdu le soutien du Parlement, il déclara la loi martiale – i.e. une loi autorisant le recours à la force armée –, en menaçant d'exécuter ceux qui ne le soutiendraient pas dans sa quête de devenir président à vie. En se finançant au travers de la corruption[1], il était parvenu à se faire réélire en rachetant des votes et en recrutant des mercenaires chargés d'obliger les gens à voter pour lui, sous peine de menaces. Il avait ainsi pu appliquer des règles autocratiques, profitant de la confusion qui régnait entre la période postcoloniale avec Japon et la guerre de Corée. A la suite d'une révolution étudiante - où deux cents étudiants ont été tués le 19 avril 1960 - le président Rhee s'enfuit à Hawaï. Il s'en suivit alors une très courte période démocratique qui fut interrompue par un coup d'État du Général Park en mai 1961.

Mai 1961 – Octobre 1979

En prenant le pouvoir par un coup d'État, le Général Park devait respecter les restrictions et conditions imposées par l'administration américaine, à savoir, renoncer à son rôle militaire et devenir un leader civil. Ce qu'il fit effectivement. Il remporta sa première élection présidentielle en 1963. Il fut réélu pour un deuxième mandat grâce au succès de sa politique économique. En 1969, il essaya de modifier la Constitution en vue d'obtenir un troisième

[1] Tout homme d'affaires voulant prospérer devait payer des pots-de-vin au parti.

mandat. Malgré une popularité en baisse, il parvint à se faire réélire de justesse en 1971, mais en battant frauduleusement son adversaire avec un faible écart de 8% des voix. Voyant qu'il avait perdu le contrôle de la situation, il décida de suspendre la Constitution, dissoudre le Parlement et déclarer une loi martiale en 1972. C'est ainsi qu'il promulgua une nouvelle Constitution, la Constitution Yushin, qui conférait au président un mandat de six ans (au lieu de quatre ans précédemment) sans limite de renouvellement. Ce mandat remplaçait les élections présidentielles par un collège électoral fixe en sa faveur, permettant au président de nommer un tiers des membres du Parlement ; ce qui lui garantissait virtuellement une majorité à l'assemblée. Ces réformes furent approuvées au travers d'un référendum truqué. En guise de réponse à ces manipulations, un vaste mouvement de protestation se déclencha, initié par les étudiants des trois universités – Séoul, Corée et Yonsei – qui mirent sur pied tout un système de codes de communication, afin de coordonner leurs actions et se prévenir des représailles. Entre 1974 et 1975, le président Park allait signer une série de décrets extrêmement répressifs envers les étudiants, rendant notamment illégale la critique de la Constitution Yushin, leur interdisant toute activité politique, et autorisant l'armée à entrer dans l'enceinte des universités. Mais, contrairement à son prédécesseur, sa chute n'a pas été provoquée par les étudiants. En effet, il fut tué par balle dans une réception privée, le 26 octobre par l'un de ses anciens camarades de l'académie militaire, Kim Jae-gyu. C'est alors que son Premier ministre, Choi Kyu-ha, lui succéda. Mais, en moins d'un an, ce dernier fut forcé à la démission par l'officier de l'armée Chun Doo-hwan, le 1er septembre 1980.

Septembre 1980- Décembre 1987

Comme l'ancien président Park, le président Chun établit une nouvelle Constitution lui conférant certes un pouvoir étendu, mais moins autoritaire que la précédente. Ayant conquis le pouvoir sans aucune légitimité, le président Chun allait s'imposer par la violence. En mai 1980, il déclara la loi martiale. Mais par la suite, il entreprit d'assouplir habilement sa politique. Et, malgré l'échec de son parti aux élections parlementaires de 1985 (avec seulement 35% des votes), il déclara frauduleusement avoir reçu la majorité des sièges. Cette fraude électorale flagrante déclencha la demande de l'établissement d'une véritable démocratie dans le pays et avisa l'opinion publique sur les intentions du président de vouloir imposer son protégé, Roh Tae-woo, comme son successeur à la présidence du pays en 1987, sans passer par la tenue d'une élection présidentielle libre et démocratique. En effet, la Constitution qu'il avait établie à sa prise de pouvoir limitait son mandat à sept ans. En mai 1987, les révélations sur les circonstances du décès d'un étudiant activiste mort par torture provoquèrent la révolte de l'opinion publique, matérialisée par des manifestations de plusieurs millions de personnes dans l'ensemble du pays. C'est ainsi qu'au bout de deux mois,

Roh Tae-woo, le protégé du président Chun, fit une déclaration historique concernant la tenue d'une élection, libre et démocratique, suivie d'une nouvelle Constitution. Ceci déclenchait le basculement du système politique sud-coréen, de la dictature à la démocratie.

V. Synthèse des performances de la Corée du Sud au travers de huit indices de référence

Tableau 18 ci-après résume le classement de la Corée de Sud au niveau mondial, en termes d'indicateurs socio-économiques et autres indicateurs (gouvernance, corruption...).

Tableau 18 : Performances de la Corée du Sud au travers de huit indices de référence

Indice de performance	**Classement au niveau mondial**	**Premier pays au niveau mondial**
Indice de perception de la corruption (1)	45ième/180	Danemark
Indice de démocratie (2)	20ième/167	Norvège
Indice de compétitivité (3)	15ième/140	États-Unis
Indice d'innovation globale 2018 (4)	12ième/126	Suisse
Indice de développement humain (5)	22ième/189	Norvège
PIB PPA 2017 ($ constant 2011) par habitant (6)	32ième/187	Qatar
Indice de la facilité de faire des affaires (7)	5ième/190	Nouvelle Zélande
Indice des inégalités des revenus (8)	136ième/164	Afrique du Sud

(1) Transparency International - Corruption Perceptions Index 2018.
(2) Democracy Index 2017 - The Economist, intelligence Unit.
(3) The Global competitiveness report 2017-2018 - World Economic Forum.
(4) The Global Innovation Index 2018 - World Intellectual Property. Organisation/Cornell SC Johnson College of Business/INSEAD.
(5) Rapport 2018 - Programme de Nations Unies pour le Développement (PNUD).
(6) Produit intérieur brut par habitant 2017 en parité de pouvoir d'achat et en valeur constante 2011 - Données site internet - Banque Mondiale.
(7) Doing Business 2019 - A World Bank Group Flagship Report, 16th edition.
(8) Indice de Gini - dernières valeurs connues (mises à jour à différentes dates) - site internet de la Banque Mondiale.

Tableau 18 montre à quel point la Corée du Sud est à la pointe de l'innovation, est compétitive et redoutable dans le sens des affaires, se rapprochant ainsi des standards des grandes puissances économiques mondiales, avec un PIB par habitant (en $ constants de 2011, parité de pouvoir d'achat compris) de $ 35 938[1]. De plus, le pays est crédité d'un très bon niveau en termes de développement humain et de répartition des revenus. Comme décrit précédemment, la Corée du Sud s'illustre également en matière de démocratie.

En revanche, en termes de perception de la corruption, la Corée du Sud se situe à un niveau correct. Sa performance est comparable à celle réalisée par le Cap-Vert et le Rwanda, respectivement 3e et 4e pays africains les mieux classés, derrière les Seychelles et le Botswana. Toutefois, la Corée du Sud est largement devancée par les principaux pays développés (en dehors de la Chine).

Par ailleurs, il est à noter que le taux de chômage reste élevé chez les jeunes sud-coréens, en dépit d'un système éducatif très performant. Ceci est certainement dû au poids important des chaebol dans l'économie qui font de l'ombre au secteur des petites et moyennes entreprises, très peu développé et pourtant potentiellement pourvoyeur d'emplois.

Tableau 19 fournit la notation financière, ou rating (en anglais), que les principales agences de notations attribuent à la Corée du Sud. Elle correspond à leur perception du niveau de risque représenté par la Corée du Sud. Elle joue un rôle important, notamment dans le coût de l'accès aux capitaux auprès des marchés financiers.

Tableau 19 : Notation financière de la Corée du Sud en novembre 2019

Agence de Notation	**Moody's**	**Standard & Poor's**	**Fitch**
Notation de la dette souveraine par les agences de notation en 2019	Aa2	AA	AA-
Qualité de la notation	Haute Qualité (*)		

(*) C'est le deuxième niveau de qualité de signature (sur dix niveaux), après « Première Qualité » qui correspond à la notation AAA (Standard & Poor's), c'est-à-dire, le meilleur niveau attribué aux pays considérés comme sans risque (Allemagne, Australie, Canada, Suisse, Danemark, Liechtenstein, Luxembourg, Pays-Bas, Norvège, Suède, Singapour, États-Unis). Avec cette

[1] Ce qui correspond aussi à un PIB par habitant (en $ courants 2017) de $ 29 743.

notation, ou rating (en anglais), la Corée du Sud emprunterait plus facilement sur les marchés financiers que n'importe quel pays africain (y compris le Botswana qui a actuellement[1] la meilleure notation financière en Afrique).

[1] Il convient de préciser que la notation financière d'un pays peut être revue par les agences de notations en fonction de leur perception de l'évolution du risque de ce pays.

Annexe 1

DONNÉES UTILISÉES DANS L'ANALYSE DE PERFORMANCE DES PAYS

I. Indices utilisés

Pays	X_1	X_2	X_3	X_4	X_5	X_6	X_7 (en $)	X_8	X_9	X_{10}	X_{11}
Seychelles	46,8	66	73,2	62,41	4,3	2,19%	26.657	25,1	0,80	58,5	94,3
Maurice	35,8	51	79,5	79,58	8,2	3,63%	20.320	31,3	0,79	63,7	76,8
Algérie	27,6	35	50,2	49,65	3,6	1,83%	13.900	23,9	0,75	53,8	55,8
Tunisie	32,8	43	63,5	66,11	6,3	2,14%	10.849	32,9	0,73	55,6	69,0
Botswana	53,3	61	68,5	65,4	7,8	2,49%	15.474	28,2	0,72	54,5	36,8
Lilye	42,6	17	28,3	33,44	2,3	-1,19%	17.882	25,1	0,71	47,2	81,4
Gabon	38	31	42,4	45,58	3,6	-0,45%	16.464	25,1	0,70	47,2	30,7
Afrique du Sud	63	43	68	66,03	7,2	1,50%	12.294	35,1	0,70	60,8	78,5
Egypte	31,8	35	49,9	58,56	3,4	2,12%	10.551	27,2	0,70	53,6	85,8
Maroc	39,5	43	58,4	71,02	4,9	3,05%	7.476	31,1	0,67	58,5	64,9
Cap Vert	47,2	57	71,1	55,95	7,9	2,95%	6.283	25,1	0,65	50,2	48,0
Namibie	59,1	53	68,6	60,53	6,3	2,57%	9.517	28,0	0,65	52,7	28,7
Congo	48,9	19	39,8	39,83	3,3	0,60%	4.958	25,1	0,61	47,2	17,5
Ghana	43,5	41	68,1	59,22	6,7	3,56%	4.092	24,5	0,59	51,3	28,8
Guinée Equatoriale	42,6	16	30,9	41,94	1,8	4,34%	22.214	25,1	0,59	47,2	18,2
Kenya	40,8	27	59,8	70,31	5,1	2,01%	2.993	31,1	0,59	53,7	25,6
Sao Tomé-et-Principe	30,8	46	59,2	45,14	4,3	2,00%	3.053	25,1	0,59	47,2	27,1
Eswatini	51,5	38	48,7	58,95	3,0	1,77%	7.871	25,1	0,59	45,3	25,8
Zambie	57,1	35	56,2	65,08	5,7	3,32%	3.665	20,7	0,59	46,1	22,3
Angola	42,7	19	38,3	43,86	3,6	2,65%	6.052	25,1	0,58	37,1	19,0
Cameroun	46,6	25	46,2	47,78	3,6	1,55%	3.383	23,9	0,56	45,1	19,8
Tanzanie	37,8	36	58,5	53,63	5,2	3,34%	2.679	28,1	0,54	47,2	12,5
Zimbabwe	43,2	22	44,7	50,44	3,2	-1,51%	2.212	23,2	0,53	42,6	24,5
Nigéria	43	27	47,9	52,89	4,4	3,33%	5.351	22,4	0,53	47,5	22,4
Rwanda	43,7	56	64,3	77,88	3,2	5,12%	1.857	26,5	0,52	50,9	20,8
Lesotho	54,2	41	57,1	60,6	6,6	2,40%	2.665	25,1	0,52	42,3	16,0
Mauritanie	32,6	27	43,4	51,99	3,8	1,59%	3.598	25,1	0,52	40,8	16,1

Pays	X_1	X_2	X_3	X_4	X_5	X_6	X_7 (en $)	X_8	X_9	X_{10}	X_{11}
Madagascar	42,6	25	49	48,89	5,1	-0,11%	1.416	24,8	0,52	47,2	10,7
Ouganda	42,8	26	55	57,06	5,1	2,87%	1.698	25,3	0,52	46,8	20,6
Bénin	47,8	40	58,7	51,42	5,6	1,28%	2.069	20,6	0,51	44,4	16,2
Sénégal	40,3	45	63,3	54,15	6,2	1,61%	3.143	26,5	0,51	49	26,0
Comores	45,3	27	47,5	48,66	3,7	0,27%	2.501	25,1	0,50	47,2	23,5
Togo	43,1	30	49,1	55,2	3,1	1,25%	1.512	18,9	0,50	47,21	13,0
Soudan	35,4	16	30,8	48,84	2,2	4,02%	4.467	25,1	0,50	47,21	15,4
Côte d'Ivoire	41,5	35	54,5	58	3,9	1,16%	3.586	20,0	0,49	47,6	22,0
Malawi	44,7	32	55,8	59,59	5,5	1,39%	1.095	23,1	0,48	42,4	21,0
Djibouti	41,6	31	45,1	62,02	2,8	2,00%	5.698	25,1	0,48	47,2	24,5
Ethiopie	39,1	34	46,5	49,06	3,4	6,24%	1.730	25,1	0,46	44,5	9,7
Gambie	35,9	37	54,9	51,72	4,1	-0,02%	1.544	25,1	0,46	45,5	28,6
Guinée	33,7	28	45,9	51,51	3,1	2,16%	2.042	20,7	0,46	43,2	14,8
RD Congo	42,1	20	32,1	36,85	1,6	2,04%	808	25,1	0,46	38,2	8,1
Guinée-Bissau	50,7	16	40,2	42,85	2,0	0,75%	1.549	25,1	0,46	47,2	13,5
Erythrée	42,6	24	29,3	23,07	2,4	2,00%	5.698	25,1	0,44	47,2	8,2
Mozambique	54	23	51	55,53	4,0	4,23%	1.136	23,1	0,44	39,8	12,5
Libéria	35,3	32	51,6	43,51	5,5	2,00%	1.168	25,1	0,44	40,5	14,5
Mali	33	32	50,1	53,5	5,6	1,90%	2.016	23,3	0,43	43,6	15,9
Burkina Faso	35,3	41	57,1	51,57	4,8	2,72%	1.696	19,0	0,42	43,9	17,1
Sierra Leone	34	30	50,9	48,74	4,7	2,51%	1.391	25,1	0,42	38,8	9,9
Burundi	38,6	17	39,8	47,41	2,3	-0,40%	668	25,1	0,42	37,5	15,1
Tchad	43,3	19	35,4	39,36	1,5	3,45%	1.768	25,1	0,40	36,5	7,2
Sud Soudan	46,3	13	19,3	35,34	4,3	2,00%	5.698	25,1	0,39	47,2	4,6
RCA	56,2	26	29,9	36,9	1,5	-1,21%	661	25,1	0,37	47,2	12,0
Niger	34,3	34	51,2	53,72	3,8	1,22%	926	20,6	0,35	47,2	5,3
Somalie	42,6	10	13,6	20,04	4,3	2,00%	5.698	25,1	0,54	47,2	3,4

Nom des variables

X_1 : Indice des inégalités des revenus ;

X_2 : Indice de perception de la corruption ;

X_3 : Indice de gouvernance globale ;

X_4 : Indice de facilité des affaires ;

X_5 : Indice de démocratie ;

X_6 : Taux de croissance du PIB par habitant sur la période 2000-2017 avec parité de pouvoir d'achat, en valeurs constantes 2011 ;

X_7 : PIB par habitant 2017 en $;

X_8 : Indice d'innovation ;

X_9 : Indice de développement humain ;

X_{10} : Indice de compétitivité ;

X_{11} : Indice de développement en infrastructures.

II. Retraitement des données manquantes

Il est à noter que les indices suivants avaient des données manquantes pour certains pays. Dans ce cas, c'est la valeur moyenne de l'indice qui a été attribuée aux pays concernés pour les besoins de l'analyse.

Indice (ou variable)	Valeur moyenne de l'indice	Nom de données manquantes dans l'indice
X_1	42,6	4
X_5	4,3	4
X_6	2.00%	6
X_7	5 698 $	4
X_8	25,1	26
X_9	0,54	1
X_{10}	47,2	16

III. Effet sur l'analyse en composantes principales

Dans l'analyse en composantes principales présentée dans le document *Dossier 1*, la prise en compte de la moyenne pour palier à la valeur manquante a eu un effet très marginal sur les résultats, à quelques exceptions près. Par exemple, Seychelles a été pénalisée au niveau de la gouvernance globale, car ayant une donnée manquante pour l'indice démocratie. Bien que persuadés qu'elle se situe plutôt au niveau d'un pays comme Maurice, nous avons considéré la convention de la moyenne (X_5= 4,3).

IV. Effet sur le calcul de l'indice synthétique

Dans le calcul de l'indice synthétique présentée dans le document *Dossier 1*, la prise en compte de la moyenne pour palier à la valeur manquante n'a eu aucun effet direct. En utilisant des variables centrées pour les variables (indices) ayant des valeurs manquantes, la variable centrée correspondante devient égale à zéro.

Le fait d'utiliser les variables X_8 (indice d'innovation) et X_{10} (indice de compétitivité) qui n'ont que 28 et 38 observations sur 54 respectivement, a un effet marginal sur les résultats, voire pas du tout. Il est à noter que la plupart des pays absents dans ces deux indices, ne sont effectivement considérés ni innovants ni compétitifs. De plus, le fait de normaliser (centrer et réduire) l'ensemble des variables utilisées, réduit cet effet.

BIBLIOGRAPHIE

- ARFI F., COLLOMBAT B., CHAVANT T., DESPRATX M., GUEGUEN E., LE GUILCHER G., *Sarkozy-Khadafi. Des billets et des bombes,* La Revue dessinée, Editions Delcourt, 2018.
- ASSIDON E., *Île Maurice. Ajustement et développement, 1979-1989. Une dépendance extérieure protégée.*, In: Tiers-Monde, tome 31, n°122, 1990. Technologie et développement. pp. 437-460; doi : https://doi.org/10.3406/tiers.1990.3925
- BANQUE AFRICAINE DE DEVELOPPEMENT (BAD), *Indice de développement des infrastructures 2018*; BAD, Département des Statistique, Décembre 2018
- BARJOT D., *Le développement économique de la Corée du Sud depuis 1950,* Les cahiers de Framespa, 8/2011
- BERTHENET T., *Le Botswana et son président donnent encore l'exemple*, Le Figaro du 29-03-2018
- BORIS S., *Calcul macroéconomique et modes de gouvernement : les cas de la Mauritanie et du Burkina Faso,* Editions Khartala, Politique africaine, 2011/4 n°124, pp 101-126
- BOUDET C., *L'émergence de la démocratie consociative à Maurice (1948-1968),* Extrait de l'annuaire des pays de l'océan Indien XVII, 2001-2002
- BRASSINE DE LA BRUSSIERE J., DUMONT G-H., *Les autorités belges et la décolonisation du Congo,* CRISP, « Courrier hebdomadaire du CRISP », 2010/18, n° 2063-2064 pp. 9-117
- BUREAU D., MOUGEOT M., STUDER N., *Mesurer la performance de la gestion publique à la lumière de l'analyse économique*, La Documentation française, « Revue française des affaires sociales », 2010/1-2, pp. 89-104
- CAMPBELL B., *Le chiffre comme outil politique, la mesure du développement,* Université du Québec – CIRDIS, Groupe de recherche sur les activités minières en Afrique, 2012
- CAMPBELL B., *Que cache la focalisation sur les flux de financement externes ?* De Boeck Supérieur, Mondes en développement, 2017/2 n°178, pp 77-92
- CIPRIANO S., FASTRE S., *Suivi des politiques publiques : Quels indicateurs construire ?,* Institut Bruxellois de Statistique et d'Analyse, 2014
- CLAVEL D., *Afrique : Une politique semencière sous influence,* EDP Sciences, « Natures Sciences Sociétés », 2016/2, vol. 24 pp.168-172
- COUPLET X., HEUCHENNE D., *Religion et développement*, Economica, 1998

- CHAN LOW J., *Maurice : Histoire politique de 1942 à 2005*, Université de Maurice
- DECRAENE P., *Deux décennies de politique extérieure malienne (1960-1980)*, Politique étrangère, n°2 – 1980, pp. 437-451
- DENBOW J., C. THEBE P., *Culture and Customs of Botswana,* Greenwood Press, 2006
- DUNCAN T., JEFFERIS K., MOLUTSI P., *Botswana: développement social dans une économie riche en ressources* (www.unicef-irc.org)
- DUTTA S., WUNSCH-VINCENT S., *Global Innovation Index 2018, Energizing the world with innovation 11th edition*, Cornell University, INSEAD, and the World Intellectual Property Organization, 2018
- HUBERT H., *Religion et identité créole à l'Ile Maurice*, Edition Karthala, « Histoires et missions chrétiennes », 2009/4 n° 12 pp. 53-71
- GALDEMAR V., GILLES L., SIMON M.O., *Performance, Efficacité, Efficience : Les critères d'évaluation des politiques sociales sont-elles pertinentes ?,* www.credoc.fr, *décembre 2012*
- GREGOIRE E., *Mondialisation : L'avenir incertain de l'île Maurice*, Outre-terre, 2005
- HARVEY R., *What Role for Natural Resources in Botswana's Quest for Economic Diversification,* SAIIA, 2015
- HOUBERT J., *Décolonisation aux Mascareignes, pp. 78-96*
- INA[1], *De Gaulle : Discours de Brazzaville le 30 janvier 1944*
- INA, *Les chemins politiques, de Brazzaville à la Communauté (1944-1958),* Parcours thématiques
- INA, *De Gaulle : Discours à Dakar le 26 août 1958*
- INA, *La crise politique au sein de la Fédération du Mali,* ORTF, 1960
- INA, *Un bilan de la décolonisation de l'Afrique française,* ORTF, 1962
- KNOEPFEL P., VARONE F., *Mesurer la performance publique : méfions-nous des terribles simplificateurs.,* Politiques et management public, vol. 17, n° 2, 1999
- KOOP K., *La diversité culturelle de l'Ile Maurice comme facteur de son succès économique,* UMR 5194 Pacte – CNRS, Université Joseph Fourier, Grenoble, France
- LAFOURCADE O., *L'aide au développement : un état des lieux, des interrogations,* Epargne sans frontières, « Techniques financières de développement », 2014/4 (n° 117), pp. 11-19
- LE CAPITAL HUMAIN, COMMENT LE SAVOIR DETERMINE NOTRE VIE, *La valeur des gens*, OCDE – février 2007, *www.oecd.org.*
- LE MONDE DIPLOMATIQUE, *Avant le Basutoland et le Swaziland, le Bechuanaland s'apprête à affronter l'épreuve de l'indépendance,* Mars 1966, page 11

1 Institut national de l'audiovisuel, www.ina.fr

- MARC M., *Une décolonisation confisquée ? Perspectives sur la décolonisation du Cameroun sous tutelle de la France 1955-1960*, Revue française d'histoire d'outre-mer, tome 86, n°324-325, 2e semestre 1999
- MARTINEZ M., *Rencontre entre Sékou Touré et Charles de Gaulle: deux discours pour l'histoire*, Article RFI Afrique du 25-08-2018, www.rfi.fr/afrique
- MICHEL M., *Une décolonisation confisquée ? Perspectives sur la décolonisation du Cameroun sous-tutelle de la France 1955-1960*, Revue française d'histoire d'outre-mer, 1999, tome 86 n° 324-325 pp. 229-258
- MIGANI G., *La CEE ou la France, l'impossible choix de Sylvanus Olympio, président du Togo*, Matériaux pour l'histoire de notre temps, « Monde(s) », 2005, n°77 pp. 25-31
- MIGANI G., *L'indépendance par la monnaie : la France, le Mali et la zone franc, 1960-1963,* PUF, « Relations internationales », 2008/1, n°133 pp. 21-39
- MIGANI G., *Sékou Touré et la contestation de l'ordre colonial en Afrique Sub-Saharienne, 1958-1963*, Armand Colin, « Monde(s) », 2012/2, n°2 pp. 257-273
- MO IBRAHIM FOUNDATION., *2018 Ibrahim Index of African Governance, Index Report, 1958-1963*, Mo Ibrahim Foundation, October 2018
- PADAYACHY R., *Le développement économique de Maurice : Un parcours atypique*, CCI Info, Bulletin n°4, Juin 2010
- SCHULER K., *Les institutions monétaires et le sous-développement : histoire et recommandations pour l'Afrique*, Labyrinthe, 16/2003
- SCHWAB K., *The Global Competitiveness Report 2018*, World Economic Forum, 2018
- SILVE A., *Botswana et Maurice, deux miracles africains – Profiter de ses rentes sans hypothéquer son développement*, De Boeck Supérieur, 2012/2 n°242 pp. 29-45
- THE ECONOMIST INTELLIGENCE UNIT, *Democracy Index 2017 – Free speech under attack*, The Economist Intelligence Unit Limited, 2018
- THIEBAULT J-L, *Comment les pays émergents se sont-ils développés économiquement ? La perspective de l'économie politique*, De Boeck Supérieur, 2011/3 Vol. 18, pp 11-46
- TUDOR D., *Korea: The impossible country*, Tuttle, 2012
- VAN KEMPEN J-L., *Le système scolaire finlandais: un exemple à suivre ?,* Analyse de l'Union des Fédérations des Associations des Parents de l'Enseignement Catholique (UFADEC), Bruxelles, Belgique, 2008
- WORLD BANK, *Doing Business 2019 – Training for reform,* A World Bank Group Flagship Report, 16th edition, 2019

ABREVIATIONS

A

- ABAKO : Alliance des Bakongo
- ACP (région) : Afrique-Caraïbes-Pacifique
- ACP (mathématiques) : Analyse en Composantes Principales
- AEF : Afrique Equatoriale Française
- AfDB : African Development Bank
- AIDI : Africa Infrastructure Development Index
- AMF : Accords Multifibres
- APD : Aide Publique au Développement

B

- BAD : Banque Africaine de Développement
- BDF : Botswana Defense Force
- BDP : Botswana Democratic Party
- BCEAO : Banque Centrale des États de l'Afrique de l'Ouest
- BEAC : Banque des États de l'Afrique Centrale
- BMC : Botswana Meat Corporation

C

- CAM : Comité d'Action Musulman
- CFA : Colonie Française d'Afrique
- CEE : Communauté Economique Européenne
- CUT : Comité de l'Unité Togolaise

D

- DOM-TOM : Département d'Outre-mer - Territoire d'Outre-mer
- DFSC : Disciplined Forces Service Commission

E

- EIC : État Indépendant du Congo
- EPZ : Export Processing Zone

F

- FED : Fonds Européen de Développement
- FLN : Front de Libération Nationale
- FMI : Fonds Monétaire International

G

- GII : Global Innovation Index

I

- IDH : Indice de Développement Humain
- IFB : Independent Forward Bloc
- IIAG : Ibrahim Index of Africa Governance
- INED : Institut National d'Etudes Démographiques
- IPC : Indice de Perception de la Corruption
- IRS : Integrated Resort Scheme

M

- MMM : Mouvement Militant Mauricien
- MNC : Mouvement National Congolais
- MSM : Mouvement Socialiste Militant

O

- OCDE : Organisation de Coopération et de Développement Economiques
- OMC : Organisation Mondiale du Commerce
- OMS : Organisation Mondiale de la Santé
- ONG : Organisation Non-Gouvernementale
- ONU : Organisation des Nations Unies
- OUA : Organisation de l'Unité Africaine

P

- PCF : Parti Communiste Français
- PDCI : Parti Démocrate de Côte d'Ivoire
- PDG : Parti Démocratique de Guinée
- PED : Pays en développement
- PIB : Produit Intérieur Brut
- PME : Petite et Moyenne Entreprise
- PMSD : Parti Mauricien Social-Démocrate
- PNUD : Programme des Nations Unies pour le Développement
- PPA : Parité de Pouvoir d'Achat
- PPP : Partenariat Public-Privé
- PRA : Parti du Regroupement Africain
- PRITS : Pays à Revenus Intermédiaires de la Tranche Supérieure
- PSM : Parti Socialiste Mauricien
- PTCI : Partenariat Transatlantique de Commerce et d'Investissement (équivalent en anglais de TAFTA et TTIP)
- PTP : Parti Togolais du Progrès
- PTU : Parti de l'Unité Togolaise

R

- R&D : Recherche et Développement
- RDA : Rassemblement Démocratique Africain
- RMM : Rassemblement Militant Mauricien
- RNB : Revenu National Brut

S

- SAIIA : South African Institute of International Affairs
- SDN : Société des Nations (devenue Organisation des Nations Unies en 1945)

T

- TAFTA : Transatlantic Free Trade Agreement
- TIC : Technologies de l'Information et de la Communication
- TTIP : Transatlantic Trade Investment Partnership

U

- UA : Union Africaine
- UAM : Union Africaine et Malgache
- UMHK : Union Minière du Haut Katanga
- UPC : Union des Populations du Cameroun
- UPS : Union Progressiste sénégalaise
- URSS : Union des Républiques Socialistes Soviétiques

W

- WEF : World Economic Forum
- WID : Wealth and Income Data

Z

- Zlecaf : Zone de libre échange continentale africaine

LISTE DES TABLEAUX ET GRAPHIQUES

I. Tableaux

II. Graphiques

TABLES DES MATIERES

Structures éditoriales du groupe L'Harmattan

L'Harmattan Italie
Via degli Artisti, 15
10124 Torino
harmattan.italia@gmail.com

L'Harmattan Hongrie
Kossuth l. u. 14-16.
1053 Budapest
harmattan@harmattan.hu

L'Harmattan Sénégal
10 VDN en face Mermoz
BP 45034 Dakar-Fann
senharmattan@gmail.com

L'Harmattan Cameroun
TSINGA/FECAFOOT
BP 11486 Yaoundé
inkoukam@gmail.com

L'Harmattan Burkina Faso
Achille Somé – tengnule@hotmail.fr

L'Harmattan Guinée
Almamya, rue KA 028 OKB Agency
BP 3470 Conakry
harmattanguinee@yahoo.fr

L'Harmattan RDC
185, avenue Nyangwe
Commune de Lingwala – Kinshasa
matangilamusadila@yahoo.fr

L'Harmattan Congo
67, boulevard Denis-Sassou-N'Guesso
BP 2874 Brazzaville
harmattan.congo@yahoo.fr

L'Harmattan Mali
Sirakoro-Meguetana V31
Bamako
syllaka@yahoo.fr

L'Harmattan Togo
Djidjole – Lomé
Maison Amela
face EPP BATOME
ddamela@aol.com

L'Harmattan Côte d'Ivoire
Résidence Karl – Cité des Arts
Abidjan-Cocody
03 BP 1588 Abidjan
espace_harmattan.ci@hotmail.fr

L'Harmattan Algérie
22, rue Moulay-Mohamed
31000 Oran
info2@harmattan-algerie.com

L'Harmattan Maroc
5, rue Ferrane-Kouicha, Talaâ-Elkbira
Chrableyine, Fès-Médine
30000 Fès
harmattan.maroc@gmail.com

Nos librairies en France

Librairie internationale
16, rue des Écoles – 75005 Paris
librairie.internationale@harmattan.fr
01 40 46 79 11
www.librairieharmattan.com

Lib. sciences humaines & histoire
21, rue des Écoles – 75005 Paris
librairie.sh@harmattan.fr
01 46 34 13 71
www.librairieharmattansh.com

Librairie l'Espace Harmattan
21 bis, rue des Écoles – 75005 Paris
librairie.espace@harmattan.fr
01 43 29 49 42

Lib. Méditerranée & Moyen-Orient
7, rue des Carmes – 75005 Paris
librairie.mediterranee@harmattan.fr
01 43 29 71 15

Librairie Le Lucernaire
53, rue Notre-Dame-des-Champs – 75006 Paris
librairie@lucernaire.fr
01 42 22 67 13

www.ingramcontent.com/pod-product-compliance
Lightning Source LLC
LaVergne TN
LVHW011948220826
846092LV00001B/123
* 9 7 8 2 3 4 3 1 9 1 0 7 2 *